Karl W. Schwarz

„Wie verzerrt ist nun alles!"

Die Evangelisch-Theologische
Fakultät in Wien in der NS-Ära

Karl W. Schwarz

„Wie verzerrt ist nun alles!"

Die Evangelisch-Theologische
Fakultät in Wien in der NS-Ära

Bibliografische Information der Deutschen Nationalbibliothek
Die Deutsche Nationalbibliothek verzeichnet diese Publikation in der Deutschen Nationalbibliografie; detaillierte bibliografische Daten sind im Internet über http://dnb.de abrufbar.

Alle Rechte, insbesondere das Recht der Vervielfältigung und Verbreitung sowie der Übersetzung, vorbehalten. Kein Teil des Werkes darf in irgendeiner Form (durch Fotokopie, Mikrofilm oder ein anderes Verfahren) ohne schriftliche Genehmigung des Verlages oder der Autoren/Autorinnen reproduziert oder unter Verwendung elektronischer Systeme gespeichert, verarbeitet, vervielfältigt oder verbreitet werden.

Umschlagbild: Studentenschaft (März 1938) vor dem Gebäude der Ev.-theol. Fakultät (I., Liebiggasse 5).

© 2021 by new academic press, Wien
www.newacademicpress.at

ISBN: 978-3-7003-2214-6

Druck: PrimeRate, Budapest

Inhalt

Einleitung 7

„Haus in der Zeit" 13

Karl Beths Weg ins Exil. 97

Gerhard Kittel und seine Lehrtätigkeit an der Universität Wien 118

Eine politisch motivierte Ehrenpromotion an der
Universität Wien im Jahre 1940. 145

Gerhard May und der Wiener Lehrstuhl für
Diasporawissenschaften. 163

Ein Osteuropäer aus „Profession": Hans Koch 189

Der Fall „Gustav Entz"*. 208

Quellenverzeichnis. 223

Register 225

Einleitung

Der Titel des vorliegenden Buches ist ein Zitat. Am 12. März 1938 schrieb Jochen Klepper diesen Satz in sein Tagebuch[1]. „Von gestern auf heute in Österreich der Nationalsozialismus an der Macht. [...] An den Gedanken des Zusammenschlusses Österreichs und Deutschlands wird der Deutsche immer wieder hängen. Aber wie verzerrt ist nun alles. [...]". Kleppers Tagebucheintragung ruft die großdeutsche Tradition in Erinnerung, die durch das Geschehen der Märztage 1938 „verzerrt" würde. Gleichwohl konzedierte er angesichts der Menschenmassen, die in Wien dem deutschen Reichskanzler beim Zelebrieren seines Einzugs zujubelten, dass „in alledem [...] viel ehrlicher Wille" stecke, mag die Gesamtentwicklung auch gefährlich sein.

Ich habe dieses Zitat schon einmal verwendet, um in einem Aufsatz die Haltung der Evangelischen Kirche zum Anschluss Österreichs an Hitlerdeutschland auf den Punkt zu bringen[2]. Ich habe dabei Kleppers Analyse durch ein Zitat des Wiener Pfarrers Georg Traar illustriert. Dieser hatte die Verbrüderungsszenerie vom Wiener Heldenplatz nicht als Begeisterung für den Nationalsozialismus interpretiert, sondern als Freude über den Anschluss an das Deutsche Reich. So schildert es der als Referent zur Evangelischen Woche angereiste Berliner Konsistorialrat Eugen Gerstenmaier[3] – und er sah bei seinem Freund Traar „Tränen in den Augen", weil das Ziel aller großdeutschen Bemühungen mit einem Schlag erreicht war.

Wenn es nun gilt, die Geschichte der Evangelisch-Theologischen Fakultät in diesen Zeitläuften darzustellen, greife ich abermals zu diesem Satz von Jochen Klepper, um die Ambivalenz auszudrücken, die es auch an der kleinen Wiener Fakultät 1938 zu beobachten gilt. Die große Begeisterung für den Anschluss – auf der einen Seite, denn einige der Professoren verstanden sich geradezu als „Agenten" der Anschlussbewegung – und das Ende der Lehrtätigkeit eines Professors auf der anderen Seite, dem nicht nur sein Amt als gewählter Dekan des Studienjahres 1937/38 aberkannt, sondern dem auch die Weiterführung

---

[1] Jochen Klepper, Unter dem Schatten deiner Flügel. Aus den Tagebüchern der Jahre 1932 bis 1942, hrsg. von Hildegard Klepper, Stuttgart 1956, 563 f.
[2] Karl Schwarz, „... Wie verzerrt ist nun alles!" Die Evangelische Kirche und der Anschluß Österreichs an Hitlerdeutschland im März 1938, in: Gerhard Besier (Hrsg.), Zwischen „nationaler Revolution" und militärischer Aggression. Transformationen in Kirche und Gesellschaft 1934–1939 (= Schriften des Historischen Kollegs. Kolloquien 48), München 2001, 167–191.
[3] Eugen Gerstenmaier, Streit und Friede hat seine Zeit, Frankfurt/M. 1981, 105.

seines Lehramtes untersagt wurde. Zwei Jahre zuvor war Karl Beth am 29. April 1936 im Mittelpunkt einer akademischen Feier anlässlich seines dreißigjährigen Amtsjubiläums gestanden; an dieser hatte als Rektor Oswald Menghin teilgenommen, der als Minister im März 1938 die Absetzung von Beth als Dekan und Professor zu verantworten hatte. Als Gutachter durfte Beth noch an zwei Promotionsverfahren am 25. Mai 1938 teilnehmen, nachdem seine Kollegen schon am 15. Mai über seine Nachfolge beraten und einen einhelligen Besetzungsvorschlag erarbeitet hatten. Dass die Kollegen alles taten, „um dem Kollegen zu zeigen, dass wir dieses Vorgehen der Behörde bedauerten", kann deshalb nur als nachträgliche beschönigende Geste verstanden werden, die in Entzens Lebenserinnerungen[4] das schlechte Gewissen über dieses dunkle Kapitel der Fakultätsgeschichte zu überlagern versucht.

Mit Gustav Entz, dem im März 1938 eingesetzten Dekan, ist die zentrale Persönlichkeit genannt, die das Fakultätsleben zwischen 1938 und 1945 – und darüber hinaus maßgeblich gestaltete. Er bemühte sich wie kein anderer um die organisatorische Stabilität der Fakultät. Er war es, der die Verhandlungen mit den Behörden in Wien und Berlin führte und geschickt gegeneinander ausspielte, um sein Projekt sicher zu stellen. „Sein Projekt", das war der Ausbau der Wiener Fakultät für die Ausbildung der volksdeutschen Diasporakirchen im Südosten Europas. Sie sollte als „Grenzlandfakultät" personell und institutionell gesichert werden. Dafür war er auch bereit, entsprechende ideologische Vorkehrungen zu treffen. Er wurde nicht müde, seine Fakultät ins Gespräch zu bringen und sie dementsprechend zurechtzubiegen. An seiner Rhetorik ist zu ersehen, wie er die geläufigen und höheren Orts erwünschten Propagandaphrasen einbrachte, um den Erfolg einzufahren, aber letzten Endes am Nein der Münchener Parteikanzlei scheitern musste. Dort wird dem Ausbau der Grenzlandfakultät nicht nur ein Riegel vorgeschoben, sondern überhaupt der Versuch unternommen, die Theologie aus dem universitären Raum zu verdrängen, sofern sie sich nicht durch spezifische Kompetenzen (Judenforschung, Erforschung religiöser Volkskultur, völkische Diasporaforschung) als dienstbar erweisen konnte. Diese Propagandaphrasen begegnen im vorliegenden Buch an vielen Stellen, sie markieren eine politische Instrumentalisierung, die Entz bewusst in Kauf nahm.

Der Band widmet sich in sieben Kapiteln der Wiener Fakultätsgeschichte in

---

4 Gustav Entz, Erinnerungen aus fünfzig Jahren kirchlicher und theologischer Arbeit, masch. Manuskript, 160.

den „Wirrnissen" jener Epoche. Der Einleitungsaufsatz ist die überarbeitete Fassung meines Hauptbeitrags in der Fakultätsfestschrift „Zeitenwechsel und Beständigkeit"[5]. Flankiert wird dieser Beitrag durch einzelne Vorträge, die ich an verschiedenen Orten, zumeist im Rahmen der von mir geleiteten „Arbeitsgemeinschaft zur Fakultätsgeschichte" gehalten habe. Sie wurden für diese Publikation überarbeitet und erhielten auch veränderte Überschriften. Thematisch handeln sie von: Karl Beths Weg in die Emigration 1938[6], Gerhard Kittels Lehrtätigkeit 1939–1943[7], dem rumänisch-orthodoxen Theologieprofessor Nichifor Crainic und dessen Ehrenpromotion 1940[8], dem Lehrstuhl für Diasporakunde für den aus Slowenien zu berufenden Pfarrer D. Gerhard May (1939)[9], dem Osteuropahistoriker Hans Koch und dessen wissenschaftliche Wurzeln an der Wiener Fakultät[10], schließlich von Gustav Entz selbst[11]. Dessen vergebliche Parteibeitrittsbemühungen festigten nach 1945 seine zunächst umstrittene Position, ja veranlassten ihn sogar, für die nun verfemten Kollegen einzutreten und in deren Entnazifizierungsverfahren als Entlastungszeuge zu fungieren. Dabei kultivierte er geradezu den ihm zugeschriebenen Status eines Widerstandskämpfers gegen den Nationalsozialismus.

Die Beiträge zeigen das Panorama einer politisch in hohem Maße instrumentalisierten Fakultät und verdunkeln nicht den hohen Preis, den Dekan Entz zu bezahlen bereit war, um den Lehrbetrieb aufrecht zu erhalten. Dabei wurde ihm „beispielgebendes Geschick" attestiert, freilich auch eine erhebliche Portion „politischer Arglosigkeit und Naivität". Dass die Zahl der Studie-

---

5 „Haus in der Zeit": Die Fakultät in den Wirrnissen dieses Jahrhunderts, in: Karl Schwarz / Falk Wagner (Hrsg.), Zeitenwechsel und Beständigkeit. Beiträge zur Geschichte der Evangelisch-Theologischen Fakultät in Wien 1821–1996, Wien 1997, 125–204.
6 Karl Beths Weg ins Exil. Zur Geschichte der Evangelisch-Theologischen Fakultät der Universität Wien im März 1938, in: Wilfried Engemann (Hrsg.), Glaubenskultur und Lebenskunst. Interdisziplinäre Herausforderungen zeitgenössischer Theologie = WJTh 10, Göttingen 2014, 173–191.
7 „Sie haben (...) geholfen, den nationalsozialistischen Einbruch in unsere Kirche abzuwehren.": Anmerkungen zu Gerhard Kittel und dessen Lehrtätigkeit in Wien, in: Uta Heil / Annette Schellenberg (Hrsg.), im Erscheinen [WJTh 2021].
8 Zwischen kulturpolitischem Kalkül und theologischem Interesse: Die Ehrenpromotion von Nichifor Crainic an der Universität Wien, in: Zeitschrift für Balkanologie 56 (2020) 1, 69–85.
9 Zur evangelischen Diaspora in Slowenien vor und nach 1918. Der Pfarrer von Cilli/Celje Gerhard May als theologischer Zeitzeuge und Interpret, in: Angela Ilić (Hrsg.), Bekenntnis und Diaspora. Beziehungen und Netzwerke zwischen Deutschland, Mittel- und Südosteuropa im Protestantismus vom 16. bis 20. Jahrhundert, Regensburg 2021, 177–202.
10 Ein Osteuropäer aus „Profession": Hans Koch. Anmerkungen zu Biographie und Wirken, in: Marija Wakounig / Wolfgang Mueller / Michael Portmann (Hrsg.), Nation, Nationalitäten und Nationalismus im östlichen Europa. Festschrift für Arnold Suppan zum 65. Geburtstag, Wien-Münster 2010, 641–658.
11 Der „Fall Gustav Entz". Die Evangelisch-Theologische Fakultät in der NS-Zeit und im ersten Nachkriegsjahrzehnt, in: Karl W. Schwarz (Hrsg.), Gustav Entz – ein Theologe in den Wirrnissen des 20. Jahrhunderts, Wien 2012, 111–125.

renden radikal schrumpfte und kaum mehr als ein Dutzend Hörer ausmachte, war auf den Kriegsdienst zurückzuführen, zu dem auch die Theologiestudenten einberufen wurden.

Mir gibt zu denken, dass einer seiner Hörer dem Dekan Entz für dessen „entscheidende" Rolle im Fakultätsleben den „größten Respekt" zollte. Darin waren sich die meisten seiner Studierenden einig, die über ihren Fakultätsvater, den sie liebevoll „Papa Entz" nannten, nichts kommen ließen. Sein seelsorgerlicher Beistand, weit über das Ende des Studiums hinaus, nahm alle für ihn ein, auch wenn eine kritische Analyse der Fakultätsgeschichte höchst Widersprüchliches hervorbrachte – etwa die massive Beteiligung der Professorenschaft am Eisenacher Institut zur „Erforschung und Beseitigung des jüdischen Einflusses auf das deutsche kirchliche Leben", wo seit 1939 der Versuch unternommen wurde, „die jüdischen Wurzeln des Christentums zu tilgen, alle positiven Hinweise auf das Volk Israel und das Judentum aus der Heiligen Schrift zu entfernen sowie Lehre und gottesdienstliche Praxis der evangelischen Kirche an die nationalsozialistische Ideologie anzupassen"[12]. Nur der reformierte Systematiker Josef Bohatec von der alten Professorenriege stand abseits, er hatte sich mit seinen Calvinstudien in eine innere Emigration begeben.

Dass einer der Wiener Doktoranden Zsigmond Varga, 1945 26jährig im KZ Mauthausen ums Leben kam, wohin er aufgrund einer kritischen Predigt im Collegium Hungaricum eingeliefert worden war, wollte Entz nicht zur Kenntnis nehmen. Heute erinnert ein Bild an der Fakultät an diesen Zeugen des Evangeliums[13].

Es bleibt der Eindruck einer gravierenden Widersprüchlichkeit, die ich am besten in der eingangs erwähnten Tagebucheintragung von Jochen Klepper zusammengefasst sehe: „Wie verzerrt ist nun alles!"

Am Schluss steht der Dank: Er gilt den Mitarbeitern in der Arbeitsgemeinschaft zur Fakultätsgeschichte, namentlich seien genannt: Karl-Reinhart Trauner, Ernst Hofhansl, Pál Lackner und Reinhard Mühlen, aber auch den Gesprächs- und DiskussionspartnerInnen an der Fakultät, in der Gesellschaft für die Geschichte des Protestantismus in Österreich, in der Österreichischen Ge-

---

12 So steht es auf einer am 6. Mai 2019 enthüllten Gedenktafel vor der Geschäftsstelle des „Entjudungsinstituts" in Eisenach am Fuße der Wartburg.
13 Albert Stein, Zsigmond Varga zum Gedächtnis. Gedenkrede anlässlich des Tages der antifaschistischen Universität am 26. November 1980 in der Ev.-theologischen Fakultät, Wien 1981; ders., Zsigmond Varga, ein Wiener Theologiestudent als Opfer des Faschismus und Zeuge des Evangeliums, JGPrÖ 97 (1981) 124–132.

sellschaft für Wissenschaftsgeschichte und im Archiv der Universität Wien. Das vorliegende Buch versteht sich als Bilanz meiner fakultätsgeschichtlichen Forschungen. Es hätte nicht erscheinen können, wenn es nicht von freundlichen Stellen durch Druckkostenzuschüsse gefördert worden wäre. Ich bedanke mich beim Gustav-Adolf-Verein in Leipzig, beim Evangelischen Oberkirchenrat in Stuttgart, beim Martin-Luther-Bund in Erlangen und in Österreich sowie bei Bischof Michael Chalupka und der Evangelischen Kirche A.B. in Österreich.

Karl W. Schwarz

„Haus in der Zeit"
Die Fakultät in den Wirrnissen des 20. Jahrhundert

Eine Wanderung auf die Sophienalpe...

Der 8. Juni 1921 war ein sonniger Tag. Über den Höhen des Wienerwaldes lachte die Sonne, als eine Gruppe wohlausgerüsteter Wanderer von Neuwaldegg aus zur Sofienalpe aufstieg. Es waren Gäste aus aller Herren Länder, die zur Franz-Karl-Aussicht strebten, um von dort die Aussicht zu genießen, die aufgrund der herrlichen Wetterlage nichts zu wünschen übrigließ. Im Süden konnte mühelos der Schneeberg, weiter östlich das Leithagebirge ausgenommen werden; im Osten begrenzten die Kleinen Karpaten den Horizont.

Zu den beeindruckten Wanderern gehörten Professoren aus Christiania/Oslo und Rostock, der Rektor der Universität Greifswald sowie etliche andere Hochschullehrer ausländischer Universitäten und aus Wien, zu denen sich eine Schar Wiener Studenten hinzugesellten.

... im Rahmen des Hundertjahrjubiläums der Wiener Fakultät

Was sie miteinander verband, war das Hundertjahrjubiläum der Wiener Evangelisch-Theologischen Fakultät, das in den Tagen vom 5. bis 8. Juni 1921 begangen wurde[1]: durch Gottesdienst, durch einen Gesellschaftsabend, einen feierlichen Festakt im Großen Festsaal der Universität, durch einen Festkommers und eben den geschilderten Ausflug auf die Sophienalpe.

Es war ein großes gesellschaftliches Ereignis, das die Wiener Fakultät für einen Augenblick in den Mittelpunkt eines – fast stimmt die Bezeichnung – gesamteuropäischen Theologenkongresses rückte, wie er dann ein knappes Halbjahrhundert später von dort seinen Ausgang nehmen wird[2]. Und es war eine Manifestation des gesamteuropäischen Protestantismus, der hier in der Gestalt zahlreicher Theologen erstmals nach dem Ende des Ersten Weltkrieges zusammengefunden hatte. Wien beherbergte illustre Gäste aus Norwegen, Schweden, Dänemark, aus Holland, aus der Schweiz, aus dem nahen Pressburg/Bratislava, aus Prag, vor allem aber aus Deutschland. Das Gäste-

---

1 Fritz Wilke, Die Hundertjahrfeier der evangelisch-theologischen Fakultät in Wien. Festbericht, Wien-Breslau 1923.
2 Fritz Zerbst / Wilhelm Dantine, Eine Fakultät jubiliert, AuG 23 (1972) 101–108, hier 105.

buch der Fakultät verzeichnet 174 Namen und liest sich wie ein „Who is who". Von den prominenten Theologieprofessoren seien hier namentlich genannt: Paul Feine (1859-1933), Halle-Wittenberg, Alfred Bertholet (1868-1951), Dekan Göttingen, Carl Steuernagel (1869-1958), Dekan Breslau, Eberhard Vischer (1865-1946), Basel, Franz Rendtorff (1860-1937), Leipzig, Friedrich Wilhelm Thümmel (1856-1928), Jena, Ludwig Radermacher (1867-1952), Sekretär der Akademie der Wissenschaften, Johannes Kunze (1865-1927), Rektor Greifswald, Herman Huber Kuyper (1864-1945), Dekan Amsterdam, Erik Aurelius (1874-1935), Lund, Frederik Torm (1870-1953), Kopenhagen, William Jan Aalders (1870-1945), Groningen, Johannes Meinhold (1861-1937), Bonn, Herman Bakels (1871-1952), Amsterdam, Paul Volz (1871-1941), Tübingen, Johannes Herrmann (1880-1960), Rostock, Alfred Uckeley (1874-1955), Königsberg i.Pr., Franz Böhl (1882-1976), Groningen, Ernst Sellin (1867-1946), Kiel.

Und wer nicht durch persönliche Delegationen in Wien vertreten sein konnte, schickte Glückwunschadressen: Åbo, Debrecen, Dorpat/Tartu, Eperies/Prešov, Göteborg, Helsingfors, Kampen, Leiden, Ödenburg/Sopron, Pápa – um nur einige zu nennen.

Zur Besonderheit der Wiener Fakultät

Was war das Besondere an der Wiener Fakultät, das die anderen europäischen Fakultäten veranlasste, an diesem Hundertjahrjubiläum Anteil zu nehmen?

Es waren vornehmlich zwei Gründe: Zum einen stand diese Fakultät in einem lebendigen Austausch mit den europäischen Hochschulen. Gar nicht einmal so wenige Lehrer an deutschen Fakultäten waren in der zweiten Hälfte des 19. Jahrhunderts in Wien tätig gewesen. Zum Teil nahmen sie nunmehr in akademischen Ämtern ihrer neuen Wirkungsstätten am Wiener Jubiläum teil, wie beispielsweise der Rektor der Universität Greifswald Geheimrat Professor Johannes Kunze, der zwischen 1903 und 1905 dem Wiener Professorenkollegium angehörte, oder der Prorektor der Universität Kiel Geheimrat Prof. Ernst Sellin, der in den Jahren 1897-1908 in Wien AT lehrte, Geheimrat Prof. Paul Feine aus Halle-Wittenberg, der 1894-1907 den Lehrstuhl für NT bekleidete, oder schließlich der Prodekan der Theologischen Fakultät in Rostock Prof. Johannes Herrmann, der sich in Wien für AT habilitierte und 1908/09 den betreffenden Lehrstuhl supplierte. Für diese Vertreter war Wien ein exponierter Vorposten im Südosten des deutschen Sprachraumes, den es in die deutschsprachige Fakultätslandschaft zu integrieren galt.

Wien war vor allem nach Prag (1348) die älteste Universitätsgründung (1365) auf dem Boden des Heiligen Römischen Reiches Deutscher Nation. Und es handelte sich dabei um eine Universität, die eine traditionelle Gliederung in vier Fakultäten: Theologische, Juridische, Philosophische, Medizinische Fakultät aufwies.

Eine Fakultät ... außerhalb der Universität

Die in den Mittelpunkt gerückte Fakultät, die 1821 als Protestantisch-theologische Lehranstalt ihre Tätigkeit aufgenommen hatte und erst im Zuge der nach dem Kultusminister Leo Thun-Hohenstein benannten Studienreform in den Rang einer selbständigen Fakultät erhoben worden war[3], sie stand außerhalb der Universität. Wohl hatte sie längst das Recht, Promotionen und Habilitationen durchzuführen[4], auch trugen die an ihr tätigen Professoren seit 1912 Rang und Titel von Universitätsprofessoren[5], wie schließlich auch das offizielle Vorlesungsverzeichnis der Universität Wien die Lehrveranstaltungen dieser kleinen Fakultät verzeichnete, um den wissenschaftlichen Verkehr zwischen den Fakultäten zu erleichtern. Aber das änderte nichts an der Tatsache, dass die Evangelisch-Theologische Fakultät in den Verband der Alma Mater Rudolfina nicht inkorporiert war.

Vergebliche Bemühungen

Zwar hatte es im Jahr 1848 so ausgesehen, als würde es Studierenden und Lehrenden gelingen, in den Universitätsverband als fünfte Fakultät aufgenommen zu werden[6], doch diese Aussicht trog. Auch wenn der Bann gebrochen schien und die Aufnahme der Protestantisch-theologischen Lehranstalt von den meisten übrigen Fakultäten begrüßt wurde, kam es nicht dazu. Aufgrund des katholischen Stiftungscharakters der Universität wurde der diesbezügliche Antrag über Forderung des Kanzlers der Universität vom Universitätskonsistorium mit knapper Mehrheit abgelehnt[7]. Und auch späterhin scheiterten die

---
3   Erlass des MCU vom 8.10.1850, RGBl. Nr. 388/1850.
4   Erlass des MCU vom 8.10.1850 § 4.
5   Erlass des Ministeriums für Cultus und Unterricht Z. 22.690/20.5.1912, Archiv des Ev. Oberkirchenrates Wien [AEvOKR], Neuere Allg. Reihe Fasz. 433, Nr. 3093/12.
6   Karl W. Schwarz, „Ein verlassenes Stiefkind" vor dem „Tempel der Freiheit". Die Wiener Protestantisch-theologische Lehranstalt im Frühjahr 1848, in: Mitteilungen der Österreichischen Gesellschaft für Wissenschaftsgeschichte 25 (2007) 145–160, hier 155 f.
7   Johann Baptist Rudolf Kutschker, Erklärung des Kanzlers der Universität Wien über die Bitte der protestantisch-theologischen Fakultät um Einverleibung in die genannte Hochschule, abgegeben in der Sitzung des venerabl. Consistoriums v. 12.5.1863.

mit großer Geduld vorgetragenen Bemühungen am katholischen Selbstverständnis der Hohen Schule – ungeachtet der Tatsache, dass sie in der zweiten Jahrhunderthälfte[8] eine interkonfessionelle Institution geworden war. Dieser Prozess ist schon wiederholt beschrieben und die Zähigkeit gewürdigt worden, mit der Fakultät und Kirche immer wieder Anlauf nahmen, um dieses Ziel zu erreichen[9]. Auch die beiden aus Deutschland berufenen Professoren Sellin und Feine ließen die Gelegenheit ihrer Rückberufung nicht ungenützt, um bei den Abwehrverhandlungen ihre wissenschaftliche Reputation zugunsten der Inkorporierung auf die Waagschale zu legen[10]. Vergeblich.

Eine Fakultät für den Vielvölkerstaat

Eine weitere besonders zu erwähnende Eigenschaft der Wiener Fakultät war das große Einzugsgebiet ihrer Studenten. Sie war bekanntlich 1821 als Ausbildungsstätte für den geistlichen Nachwuchs der evangelischen Kirchen im gesamten Habsburgerreich[11] ins Leben gerufen worden und im Unterschied zu den Ausbildungsstätten der lutherischen Kirche in Pressburg/Pozsony/Bratislava, Ödenburg/Sopron und Eperies/Prešov und der reformierten Kollegien in Debrecen, Sárospatak, Pápa, Budapest und Klausenburg/Kolozsvár/Cluj Napoca seit 1861 mit dem Promotionsrecht ausgestattet gewesen. Dementsprechend bunt war die Hörerschaft: sie kamen aus den evangelischen Gemeinden in Siebenbürgen, aus Ungarn, insbesonders aus Oberungarn, sie kamen aus Österreichisch-Schlesien, wo der Schwerpunkt des österreichischen Protestantismus lag, aus Böhmen und Mähren, Galizien, aus der Bukowina, aus den Gemeinden der Donauschwaben, schließlich aus den kaiserlichen Stammlanden, aus dem heutigen Österreich, aber diese bildeten nur eine Minderheit. Aus

---

8 Gesetz vom 27. April 1873 betreffend Organisation der akademischen Behörden, RGBl. Nr. 63/1873.
9 Grete Mecenseffy, Die historischen Vorgänge um die Eingliederung der Evang.-theol. Fakultät in die Universität Wien, in: Gottfried Fitzer (Hrsg.), Geschichtsmächtigkeit und Geduld. Festschrift der Ev.-theologischen Fakultät der Universität Wien, München 1972, 14–22; Gustav Reingrabner, Geschichtsmächtigkeit und Geduld: Probleme um die Eingliederung der Evangelisch-Theologischen Fakultät der Universität Wien, in: Karl Schwarz / Falk Wagner (Hrsg.), Zeitenwechsel und Beständigkeit. Beiträge zur Geschichte der Evangelisch-Theologischen Fakultät in Wien 1821–1996, Wien 1997, 99–119.
10 Die Zeitschrift „Der österreichische Protestant" [öP] 1908/33, 261 berichtet von erfolglosen Verhandlungen der genannten Professoren mit dem Kultusminister Dr. Marchet, dass sie ihr Bleiben in Wien von der Inkorporierung der Fakultät abhängig gemacht hätten: Richard Kukula, Zeitungsartikel in: Österreichische Rundschau 15.3.1907; Paul Feine, Die k.k. ev.-theologische Fakultät in Wien, in: Österreichische Rundschau 11 (1907) 198–206.
11 Die evangelisch-theologische Fakultät in Wien, in: Protestantische Jahrbücher für Österreich 3 (1856) 183 ff.; Karl-Reinhart Trauner, Die eine Fakultät und die vielen Völker: Die Evangelisch-Theologische Fakultät im nationalen Spannungsfeld der Habsburgermonarchie, in: Schwarz/Wagner, Zeitenwechsel und Beständigkeit, 71–98.

dieser großen Bandbreite der Studierenden ergab sich zwangsläufig, dass die Fakultät ethnisch gemischt war und somit an dem in der zweiten Hälfte des 19. Jahrhunderts überhand nehmenden Nationalitätenkonflikt der Habsburgermonarchie Anteil nahm[12].

Freilich hatte sie dem Anspruch einer zentralen Ausbildungsstätte für die gesamte Monarchie nicht wirklich gerecht werden können. Wohl hat es nicht an Initiativen gefehlt, sowohl die slawischen als auch die magyarischen Studenten stärker an Wien zu binden, etwa durch die Vita communis in dem 1904 eröffneten Theologenheim[13], sie schlugen aber grosso modo fehl. Denn die politische Absicht ihrer Gründung, das Auslandsstudium an den deutschen Universitäten hintanzuhalten[14] und die Peregrination der ungarländischen Studenten nach Wien umzulenken, um ihnen hier einen gesamtösterreichischen Patriotismus einzupflanzen und einen (deutsch-)österreichischen Integrationspunkt für den vielgestaltigen Protestantismus zu schaffen, belastete die Entwicklungsmöglichkeiten der Lehranstalt. Die deutsche Unterrichtspraxis (nur für die reformierten Disziplinen wurde Latein als Vortragssprache vorgesehen, um den magyarischen Studenten entgegenzukommen) erzwang von den tschechischen, slowakischen und polnischen Studenten ein sacrificium linguae. Die tschechischen, überwiegend reformierten Studenten beschränkten sich auf die vorgeschriebenen zwei Wiener Pflichtsemester, insbesondere als der für ihre theologische Sozialisation so wichtige reformierte Lehrstuhl fast vierzehn Jahre 1899–1913 vakant blieb. Da sank die Studentenfrequenz auf ein bisher nicht gekanntes Minimum.

Der Verlust der ost-südostmitteleuropäischen Dimension

Der Zusammenbruch der Donaumonarchie bedeutete für den österreichischen Protestantismus schlicht eine Katastrophe: Die Evangelische Kirche im alten Österreich wurde durch die neue Grenzziehung nach 1918 förmlich zersplittert und das berühmte Wort des französischen Ministerpräsidenten Clemenceau „Der Rest ist Österreich" kann mit guten Gründen auch auf diese Kir-

---

12 Karl Schwarz, „Ein Glück für die Lehranstalt, daß sie von diesen Slawenaposteln verschont blieb." Nationalismus und nationalistische Motive im Spiegel der Wiener Evangelisch-theologischen Fakultät, in: Peter Švorc / Ľubica Harbuľová / Karl Schwarz (Hrsg.), Cirkvi a národy strednej Európy (1800–1950) / Die Kirchen und Völker Mitteleuropas (1800–1950), Prešov-Wien 2008, 59–73.
13 Karl-Reinhart Trauner, Zur Gründungsgeschichte des Evangelischen Theologenheimes in Wien, Gols 1994.
14 Trauner, „.... jeder möglichen Beirrung der Gemüther vorbeugen!" Die Metternich'sche Repressionspolitik an den Universitäten (...), Archiv für Hochschul- und Studentengeschichte 3 (1996) 41–57.

Prof. Josef Bohatec, bekleidete den Lehrstuhl für Systematische
Theologie H.B. (1913-1947/1951) und Kirchenrecht (1919-1947/1951)

che angewendet werden: Was übrigblieb, das waren etwa 74 Pfarrgemeinden mit insgesamt 206.000 Mitglieder – das war nun die Gesamtgemeinde der Evangelischen des einen und des anderen Bekenntnisses im altösterreichischen Teil des Bundesstaates. So hieß es in einem Erlass des Oberkirchenrates vom 18. Juli 1922, dessen Stilisierung nur allzudeutlich die Handschrift seines enttäuschten Präsidenten Wolfgang Haase (1870–1939) erkennen ließ.

Insbesondere die Reformierte Kirche war durch den Wegfall der Gemeinden in Böhmen, Mähren, Galizien, in der Untersteiermark (Marburg/Maribor, Cilli/Celje) in Krain (Laibach/Ljubljana) und in Triest/Trieste/Trst arg reduziert und zählte kaum mehr ein Zehntel ihrer vormaligen Größe. Diese Katastrophenmeldung hatte aber auch Relevanz für die Fakultät. Denn es musste befürchtet werden, dass der Lehrstuhl für Reformierte Theologie, auf den 1913 nach langer Vakanz der Tscheche **Josef Bohatec** (1876–1954) berufen worden war, nicht mehr nachbesetzt worden wäre, wenn der Lehrstuhlinhaber in dieser kritischen Phase die Fakultät verlassen und den an ihn ergangenen Ruf an die neu gegründete Hus-Fakultät in Prag angenommen hätte. Insgesamt muss jedenfalls konstatiert werden, dass der Verlust der ost-südostmitteleuropäischen Dimension der altösterreichischen evangelischen Kirche auch für die Wiener Fakultät einen argen Aderlass bedeutete.

Der religionslose Staat ...

Nach dem Untergang der Habsburgermonarchie, die eine so enge Achse von Thron und (römisch-katholischem) Altar dargestellt hatte, schien sich eine Tür aufzutun – bezeichnenderweise in jener Ersten Republik, von der einige prominente Stimmen wie der Kultuspolitiker und vorletzte Ministerpräsident der Habsburgermonarchie Max Hussarek von Heinlein (1865–1935) zu behaupten wussten, sie sei ein religionsloser Staat[15]. Noch sind wir nicht so weit, jene besondere Pointe der Geschichte zu registrieren. Fragen wir vorher nach dem zweiten Grund für die hohe Beteiligung deutscher Fakultätsdelegationen am Wiener Jubiläum – er hängt mit der angeblichen Religionslosigkeit der nach dem Zusammenbruch der Monarchie gebildeten neuen Staatsform zusammen.

... richtet sich gegen Theologie und Kirche?

Die Fakultät war aus Gründen des katholischen Stiftungscharakters der Universität nicht in diese inkorporiert worden. Nach 1918 wurde dieses Argument überlagert durch die allgemeine Bestandsbedrohung der Theologischen Fakultäten überhaupt – und zwar nicht nur in Österreich[16], sondern auch in Deutschland. Dort gelang es aber dem als Fachmann zu den Verfassungsverhandlungen in Weimar beigezogenen Kirchen- und Wissenschaftshistoriker Adolf von Harnack (1851–1930) mit seinem Votum über den Wissenschaftscharakter der Theologie eine verfassungsrechtliche Bestandssicherung dieser umkämpften Fakultäten zu erreichen[17]. In Art. 149 Abs. 3 proklamierte die Reichsversammlung ausdrücklich: „Die Theologischen Fakultäten an den Hochschulen bleiben erhalten". So vermochte sich der laizistische Zeitgeist mit seiner doktrinären Formel „Trennung von Staat und Kirche" an dieser Stelle nicht durchzusetzen.

Was Österreich betrifft, so wurde von den Sozialdemokraten am 7. Juli 1920 ein Grundrechtsentwurf eingebracht, der eine vom Staat zu besorgende Seelsorgerausbildung kategorisch ablehnte (Art. 143 I)[18]. Das bedeutete im Klar-

---

15 Max von Hussarek-Heinlein, Die kirchenpolitische Gesetzgebung der Republik Österreich, in: Alois Hudal (Hrsg.), Der Katholizismus in Österreich, Innsbruck 1931, 27–40, hier 38.
16 Schwarz, Theologie in laizistischen Zeiten. Der Untergang der Habsburgermonarchie und seine Auswirkungen auf die protestantischen Ausbildungsstätten im Donau- und Karpatenraum, Zeitschrift der Savigny-Stiftung für Rechtsgeschichte 137 Kanonistische Abteilung 106 (2020) 327–347.
17 Dazu eingehend Wolfgang Huber, Kirche und Öffentlichkeit, München ²1991, 302–308.
18 Inge Gampl, Österreichisches Staatskirchenrecht 1918 bis 1920, in: Convivium utriusque iuris. Festschrift für Alexander Dordett, Wien 1976, 367–380; Schwarz, Ging 1918 die Ehe von Thron und Altar in Brüche? Religionsrechtliche Überlegungen zum Wechsel von der Monarchie zur Republik, öarr 65 (2018) 31–44.

text, dass die Sozialdemokraten den Bestand der Theologischen Fakultäten nicht nur für entbehrlich hielten, sondern deren akademischen Standort von ihrer antiklerikalen Einstellung her massiv bekämpften. Demgegenüber votierten die Christlichsozialen in ihrem Linzer Verfassungsentwurf ausdrücklich zugunsten der Erhaltung der Theologischen Fakultäten (Art. 130 V). Gerade an diesem Punkt der Kultus- und Wissenschaftspolitik trennte die beiden Koalitionspartner zwischen 1918 und 1920 so viel, dass es nur geringer Störungen bedurfte, um die wackelige Koalition zum Bruch zu bringen[19]. Es war auch der weltanschauliche Gegensatz, der die erste Große Koalition zwischen der Christlichsozialen Partei und der Sozialdemokratischen Partei im Juni 1920 scheitern ließ[20].

Bei den anschließenden Regierungsverhandlungen 1921/22 spielte die Frage der Beziehung zwischen Kirche und Staat jedenfalls eine ganz erhebliche Rolle, auch wenn es am 1. Oktober 1920 noch eine konsensuale Lösung bezüglich der Bundesverfassung gab[21]. Dabei wurden freilich jene sensiblen Bereiche wie das künftige „Religionsrecht" ausgespart. Dieses Defizit auszugleichen, waren die Beteiligten aber nicht verlegen. Sie beschlossen mit der Verfassung von 1920 auch die Rezeption des Staatsgrundgesetzes über die allgemeinen Rechte der Staatsbürger von 1867 (Art. 149 B-VG)[22]. Das geschah, wie einer der Väter dieser Verfassung Hans Kelsen (1881–1973) einmal rückblickend feststellte, auf eine durchaus geglückte Weise, denn „das alte Staatsgrundgesetz (war) nicht das schlechteste Produkt des politischen Liberalismus des 19. Jahrhunderts"[23].

---

19 Dieser Gesichtspunkt wurde allerdings beim Symposium „Bruch der Koalition" (1980) der Wissenschaftlichen Kommission des Theodor-Körner-Stiftungsfonds und des Leopold-Kunschak-Preises zur Erforschung der österreichischen Geschichte der Jahre 1918 bis 1938 zu wenig beachtet, höchstens in Ansätzen bei Isabella Ackerl, Die Bedeutung der Deutschnationalen beim Auseinanderbrechen der Koalition, in: Rudolf Neck / Adam Wandruszka (Hrsg.), Koalitionsregierungen in Österreich. Ihr Ende 1920 und 1966, Wien 1985, 46–52 (Diskussion 87).
20 Ernst Hanisch, Der lange Schatten des Staates. Österreichische Gesellschaftsgeschichte im 20. Jahrhundert, Wien 1994, 292–294.
21 Hanisch, Der lange Schatten, 269.
22 Bundes-Verfassungsgesetz, StGBl. Nr. 450/1920 = BGBl. Nr. 1/1920.
23 Gerald Stourzh, Hans Kelsen, die österreichische Bundesverfassung und die rechtsstaatliche Demokratie, in: ders., Wege zur Grundrechtsdemokratie. Studien zur Begriffs- und Institutionengeschichte des liberalen Verfassungsstaates, Wien-Köln 1989, 309–334, hier 328.

Die Koalition rettet die Theologischen Fakultäten

Der Parteiführer der Christlichsozialen Prälat Ignaz Seipel (1876–1932) hatte als Devise für die Koalitionsverhandlungen das „Halten aller Bastionen" ausgegeben. Dem hielten die Sozialdemokraten die „Trennung von Staat und Kirche" ohne Punkt und Komma als politische Forderung entgegen, darunter die für den Theologieprofessor Seipel unannehmbare Entfernung der Theologischen Fakultäten von den Universitäten. Die Großdeutschen, denen sich nunmehr Seipel zuwandte, hatten sich auf die Weimarer Reichsverfassung als Grundlage ihrer Verfassungsüberlegungen gestellt und waren auch bereit, die Bestandsfestigkeit der Theologischen Fakultäten mitzutragen – allerdings unter einer Bedingung: Sie verlangten die Inkorporierung der Evangelisch-Theologischen Fakultät in den Verband der Universität Wien. Das war für die Christlichsozialen leichter zu akzeptieren als der laizistische Kurs der Sozialdemokraten. Dass es die Großdeutsche Volkspartei gewesen ist, die jenen politischen Hebel ansetzte, bestätigt die wiederholt festgestellte Affinität zwischen dem nationalen Lager und dem Protestantismus in der Ersten Republik[24].

Soll die Fakultät nach Graz übersiedeln?

Die allgemeine Bestandsbedrohung der Theologischen Fakultäten nach dem Ersten Weltkrieg hatte aber auch die Evangelischen selbst verunsichert, ob die Fakultät ihren Standort Wien beibehalten soll. Der Grazer Kirchenbote äußerte sich dazu noch im Winter 1919, dass sie im Falle des Anschlusses Deutschösterreichs an das Deutsche Reich aufzulösen – oder allenfalls nach Graz zu verlegen wäre, „wo eine gesündere Atmosphäre für sie ist, als im kosmopolitisch-jüdisch-klerikalen Wien"[25]. Dieser Artikel provozierte einen gegenteiligen Aufruf der Wiener Hörerschaft[26] und eine Stellungnahme des Dekans Richard Adolf Hoffmann (1872–1948), der schon vom „Fortbestehen" der Fakultät „als gesichert" sprechen konnte, auch wenn „der langersehnte und zugunsten unserer völkischen Selbständigkeit so bitter nötige Anschluss an das Deutsche Reich" vollzogen würde[27]. Der Artikel informiert des Weiteren über das Ausscheiden des Fakultätsseniors, des Praktischen Theologen Gustav Adolf Skalský (1857–1926), der als Angehöriger der tschechischen Nation den österreichischen Staatsdienst quittiert hatte; er erörtert aber auch allfällige Spar-

---

24 Walter B. Simon, Österreich 1918–1938. Ideologien und Politik, Wien 1984, 64.
25 Grazer Kirchenbote 1919, 3.
26 Ev. Kirchen-Zeitung 1919/4–5, 34 f.
27 Ev. Vorzeitung 1919/2.

maßnahmen, denen die Lehrkanzel für Systematische Theologie H.B. zum Opfer fallen könnte, und die Verhandlungen über die Eingliederung in den Universitätsverband, die – so der Tenor seiner Überlegungen – „auf keine unüberwindlichen Schwierigkeiten" stoßen würde.

Tschechische Anwürfe gegen Wien haben eine lange Vorgeschichte

In demselben Jahrgang der Evangelischen Vorzeitung finden sich noch weitere Artikel, die sich mit der Situation der Fakultät nach dem Zusammenbruch beschäftigen[28], insbesondere mit „Tschechische[n] Anwürfe[n]"[29] gegen die Fakultät, die im Zusammenhang mit dem Wegzug des Praktischen Theologen Skalský und zweier tschechischer Studenten erhoben worden waren[30]. Mögen die in Prag ausgestreuten Behauptungen vielleicht aus der Luft gegriffen worden sein, sie zeigen jedenfalls, wie schwierig das Verhältnis im Studentenkreis geworden war – schon in den 70er-Jahren des 19. Jahrhunderts, als sich der Nationalitätenkonflikt auch auf den Mikrokosmos der Fakultät auswirkte, verstärkt aber nach Beginn des Ersten Weltkrieges und erst recht durch die Los-von-Wien-Parolen des Prager Philosophieprofessors Tomáš Garrigue Masaryk (1850–1937). Der Konflikt wurde auf der Ebene der Studentenvereine ausgetragen[31], wobei die tschechischen Studenten von den beiden Professoren Michael Seberiny (1825–1915) und Skalský bei der Verteilung der „Freitische" angeblich bevorzugt wurden, aber bei Fakultätsfeiern benachteiligt waren.

So erlaubte Dekan Feine als „Alter Herr" der evangelischen Studentenverbindung „Wartburg" seinen Verbindungsbrüdern das Erscheinen bei seiner Inauguration 1906 im vollen Wichs, während er den tschechischen Studenten des Vereins „kruh" (= Kreis) verbot, tschechische Embleme zu tragen. Diese Maßnahme wurde als beleidigende Zurücksetzung und Demütigung der tschechischen Nation empfunden. Sie war die Ursache für einen heftigen Protest sämtlicher Pfarrgemeinden tschechischer Zunge, die ihren Unmut an die Adresse des Oberkirchenrates richteten[32] – und führte zu einem weiteren emp-

---

28 H. Hartmeyer, Grundsätzliches zur Frage der Ev.theologischen Fakultät, Ev. Vorzeitung 1919/4.
29 Ev. Vorzeitung 1919/6 [April 1919] gibt Meldungen aus der Wiener tschechischen Zeitung Videňský (Dezember 1918) und der ev. Wochenschrift Kostnické Jiskry [Konstanzer Funken] Nr. 4/23.1.1919 wieder, die vom erlittenen Unrecht tschechischer Studierender, ja sogar von der „Enthebung" Skalskýs wegen „seines aufrichtigen Bekenntnisses zur tschechischen Nationalität" sprachen.
30 Vgl. Ev. Kirchen-Zeitung 1919/11–12, 96 f.
31 Hans Koch, Die „Wartburg" in Wien, EvDia 17 (1935) 198–206.
32 „Stižnost českých bohoslovců na ústrky na německé bohoslovecké fakultě ve Vídni" (Februar 1907) – AEOKR Wien, Fasz. 412, Fakultät: Meritorisches.

findlichen Rückgang der reformierten Theologiestudenten. Die Fakultät, die schon wiederholt versucht hatte, die Anzahl der Wiener Pflichtsemester von zwei auf drei Semester zu erhöhen[33], musste diese Entwicklung mit Besorgnis zur Kenntnis nehmen. Die Antwort der Synode H.B., welche die Erhöhung der Pflichtsemester ablehnte, führte als Begründung den Umstand an, dass die reformierte Konfession im Lehrerkollegium nicht ausreichend vertreten sei[34].

Wiederholt war schon die Anregung ausgesprochen worden, den konfessionellen Proporz des Professorenkollegiums (A.B.: H.B.) demjenigen der Studentenschaft anzugleichen, aber der Kreis der deutschnational gesinnten Professoren witterten dahinter eine Ausweitung des tschechischen Einflusses auf die Fakultät und eine „Gefährdung" des „nationalen Besitzstandes". Dementsprechend heftig stemmten sie sich dagegen und verwiesen auf die Wissenschaftlichkeit der Bewerber als einzig zulässiges Kriterium bei der Besetzung der Lehrstühle. Das spielte zumal bei der Nachbesetzung der Professur für Reformierte Theologie nach der Emeritierung des langjährigen Lehrstuhlinhabers Eduard Böhl (1836–1903) im Jahre 1899 eine große Rolle, denn einer der tschechischen Kandidaten, der Pfarrer František Kozák (1857–1926) wurde wegen mangelnder wissenschaftlicher Eignung abgewiesen, obwohl er an der Fakultät 1899 mit einer Arbeit über den Wahrheitsbegriff zum Lic.theol. promoviert wurde. 1911 wurde er mit einem Ehrendoktorat ausgezeichnet[35]. Nach der Vorgeschichte wirkt diese Auszeichnung fast wie eine Entschuldigung.

Das grundsätzliche Dilemma wurde durch die Berufung des tschechischen Pfarrers Gustav Adolf Skalský auf den Lehrstuhl für Praktische Theologie 1895 keineswegs gelöst, weil dieser – wie seinem programmatischen Vornamen zu ersehen – zur kleinen lutherischen Kirche unter den Tschechen gehörte und seine Ausbildung in Erlangen im Sinne des fränkischen Luthertums genossen hatte.

Die ziemlich verkrampfte Situation war 1913 durch die Berufung des Tschechen Josef Bohatec etwas beruhigt worden, obwohl auch da der „nationale Besitzstand" zur Sprache gebracht wurde[36]. Als Lösung wurde ins Auge gefasst, dass nach der zu erwartenden Entpflichtung Skalskýs ein deutschsprachiger Praktologe berufen werden sollte und die tschechisch-slowakische Tradition am Lehrstuhl für Praktische Theologie ein Ende findet.

---

33 Denkschrift der Fakultät (30.7.1895) an die VI. Generalsynode, abgedruckt in: Theodor Haase (Hrsg.), Die sechste Generalsynode (...) A.B. (1895), Wien 1898, 155–158, hier 156.
34 Justus E. Szalatnay, Die VI. Generalsynode (...) H.B. (1895), Wien 1899, 47.
35 Schwarz / Wagner, Zeitenwechsel und Beständigkeit, 521.
36 Schwarz, Von Prag über Bonn nach Wien: Josef Bohatec und seine Berufung an die Evangelisch-Theologische Fakultät im Jahre 1913, Communio Viatorum 35 (1993) 232–262.

Im Verlauf des Ersten Weltkrieges wurde der Nationalismus radikalisiert, verschärfte sich der Gegensatz unter den Studenten. Eine ganze Reihe tschechischer Studenten, zumal jene, die in Basel immatrikuliert waren, pilgerten im Juli 1915 zur Hus-Feier nach Genf, wo Masaryk am 6. Juli 1915 die Losung ausgegeben hatte[37], dass es „zwischen Österreich und der wahrlich hussitischen Nation keine Versöhnung geben [könne]". Masaryk begründete dies mit dem Sinngehalt der Geschichte, den er durch die Lektüre des historiographischen Werkes von František Palacký (1798–1876) ermittelte: „Der Sinn unserer Reformation gibt Sinn unserem nationalen Leben." „Jeder bewusste Tscheche findet in der Geschichte unserer Reformation sein nationales Ideal." Daher müsse er sich „entweder für die Reformation oder für die Gegenreformation entscheiden, für die tschechische Idee oder für die Idee Österreichs, des Organs der europäischen Gegenreformation und Reaktion."

Unter den Studenten, denen zur Last gelegt wurde, dass sie sich in Basel „voll Hass gegenüber Österreich" geäußert, sich mit Masaryk auf die „Losreißung eines Teils des Kaisertums Österreich" hingearbeitet hätten, befanden sich Jan Řezníček (1890–1970) und František Věchet, die Ende Juli bei ihrer Rückreise verhaftet und des Hochverrates beschuldigt und zum Tode verurteilt wurden („Tod durch den Strang")[38]. Ihnen wurde vor allem der Kontakt mit dem vom offiziellen Österreich als Staatsverräter gebrandmarkten Masaryk zur Last gelegt. Die verhängte Todesstrafe wurde 1916 in eine 18-jährige schwere Kerkerstrafe umgewandelt, im Jahre 1917 wurden beide amnestiert. Řezníček kehrte nach Böhmen zurück und fand in der ostböhmischen Gemeinde Chotzen/Choceň eine Anstellung, wo er seine Erfahrungen mit der österreichischen Justiz publizierte[39]. Dass diese eine zweite Auflage erlebten, darf wohl als ein Zeichen seiner Popularität gewertet werden. Věchet musste sich zu Beginn des Wintersemesters 1917/18 wieder in Wien immatrikulieren. Als er die geforderten Nachweise (Begnadigung, Befreiung vom Wehrdienst, Abgangszeugnis der Universität Basel) vorlegte, wurde die Durchführung seiner Immatrikulation aufgrund eines Protestes der Studentenverbindung Wart-

---

37 Richard Georg Plaschka, Nationales Selbstverständnis, Geschichtsverständnis, Glaubensperspektive, KZG 6 (1993) 28–34; Martin Schulze-Wessel, „Die tschechische Nation ist tatsächlich die Nation Hussens". Der tschechische Huskult im Vergleich zum deutschen Lutherkult, in: Stefan Laube / Karl-Heinz Fix (Hrsg.), Lutherinszenierung und Reformationserinnerung, Leipzig 2002, 199–210.
38 Karl-Reinhart Trauner, „Das Urteil lautet: ... Tod durch Strang". Der Theologiestudent Jan Řezníček und der Zusammenbruch der Habsburgermonarchie, Communio Viatorum 2005, 1, 3–32.; ders., Vom Hörsaal in den Schützengraben. Evangelische Theologiestudenten im Ersten Weltkrieg, Szentendre ²2014, 75 ff.; ders., Religionen im Krieg 1914–1918. Evangelische Kirche in Österreich, Wien 2014, 408–413.
39 Jan Řezníček, Ve věži smrti [Im Turm des Todes], Chozen/Choceň 1928, 1936².

burg ausgesetzt. Der am Abschluss seines Studiums behinderte Věchet wandte sich an seinen Superintendenten Ferdinand Čisař (1850–1932) um Hilfe. Dieser drückte in einem Schreiben an den Evangelischen Oberkirchenrat vom 5. April 1918[40] „sein Befremden" aus, dass die Fakultät dem Protest der Wartburg wie ein „amtlich befugtes Einschreiten" behandelt und die Immatrikulation verhindert hätte, obwohl zur Suspension kein Anlass vorhanden war. Deshalb und „um einen jungen, wenn auch auf kurze Zeit irregeführten, nunmehr aber einwandfreien Theologen (...) vor möglichem Untergang und vor etwaigen politischen Verbitterung zu retten", ersuchte er um Intervention des Oberkirchenrates beim zuständigen Ministerium für Kultus und Unterricht – „in erbarmender und doch auch loyaler Weise". Der Oberkirchenrat hat davon aber Abstand genommen, er wollte nicht in die akademischen Interna eingreifen.

Die Fälle Řezníček und Věchet markieren einen Höhepunkt der Entfremdung unter den Studenten an der Fakultät. Nach Skalskýs Übersiedlung nach Prag beeilte sich die Fakultät, auf den einheitlich deutschen Charakter der Professorenschaft hinzuweisen – und dies in einem von Dekan Bohatec gezeichneten Aufruf des Professorenkollegiums[41]. Dieser hatte den Ruf an die neu gegründete Hus-Fakultät in Prag abgewiesen und war in Wien verblieben, wo sich seine aus dem Siegerland stammende Gattin gut akklimatisieren konnte und er selbst mentalitätsmäßig assimiliert wurde. Dieser Aufruf richtete sich insbesondere an die evangelischen Volksdeutschen in Ost- und Südostmitteleuropa, für die regelmäßige Vorlesungen zur Kirchengeschichte Osteuropas eingerichtet werden sollten. Die Fakultät empfand als vordringliche Aufgabe, „Trägerin und Pflegerin des deutschen Geistes im wahren Sinn des Wortes" zu werden, ohne aber nichtdeutsche Studierende auszuschließen.

Die Wiener Fakultät aus der Sicht des Südostens

Aus der Warte der „Sprachinsel- und Koloniendeutschen des Südostens", also der Donauschwaben und Jugoslawiendeutschen, äußerte sich in diesem Zusammenhang der Laibacher Pfarrer Erwin Schneider (1892–1969), der nach dem Zweiten Weltkrieg als lutherischer Systematiker dem Wiener Professorenkollegium angehören und als erster Rektor der Alma Mater Rudolfina vorstehen wird. Er berichtet[42] von ca. zwanzig evangelischen Theologiestudenten aus Jugoslawien, die an ungarischen Theologischen Akademien eingeschrie-

---

40 Schreiben Z. 147/5.4.1918 – AEOKR Fasz. 415, Nr. 2327/18.
41 Ev. Vorzeitung 1919/10.
42 Erwin Schneider, Noch ein Wort zur „Wiener Fakultätsfrage", Ev. Kirchenzeitung 1919, 119 f.

ben sind, aber nach dem Umsturz noch nicht heimgekehrt seien. Von den politischen Behörden sei eine Erlaubnis zum Auslandsstudium nur für Preßburg/ Bratislava zu erhalten. Wien sei verpönt, erst recht die reichsdeutschen Fakultäten. Dem einzigen Studenten aus der Untersteiermark [Gerhard May (1898–1980) aus Cilli/Celje] konnte vorerst nur die Einreise in die Schweiz ermöglicht werden. Auch wenn sich die Neugründung einer theologischen Fakultät für die mehr als 200.000 Mitglieder starke Kirche am Horizont abzeichne, würde doch vorderhand Wien als wichtigste Studienstätte in Betracht kommen. Wien würde demnach eine „Fakultät des Ostens", wie schon bisher, sein und bleiben. Es frage sich nur, so schreibt Schneider, ob sie einen Wert darauf lege, dem Osten zu dienen, oder ob ihr die Aufgabe schöner erschiene, „sich norddeutschen Fakultäten ähnlich zu machen". So war es mindestens in dem zitierten Aufsatz des Preußen Hoffmann angeklungen.

Zwischen Prussifizierung und Provinzialisierung

Diese letzte Bemerkung bezieht sich ganz offensichtlich auf die Berufungspolitik der Fakultät. Seit der zweiten Hälfte des 19. Jahrhunderts standen sich hier zwei Optionen unvermittelt gegenüber: einerseits zugunsten ausländischer, d.h. reichsdeutscher Wissenschaftler um den Preis einer nicht unerheblichen Prussifizierung, andererseits zugunsten inländischer Lehrer, die meist aus der Praxis des Kirchendienstes kamen und wohl dem Bild eines pastor doctus entsprachen und über Kenntnis der verschiedenen Arbeitsfelder verfügten, aber möglicherweise eine wissenschaftliche Provinzialisierung der Fakultät bedeuteten. Zuletzt waren die beiden Exegeten Fritz Wilke (1879–1957) 1909 und Hoffmann 1915 aus Königsberg geholt worden. Nun standen abermals zwei Ordinariate vor der Wiederbesetzung, jenes für Kirchengeschichte, weil sich der langjährige Historiograph des österreichischen Protestantismus Georg Loesche (1855–1932) aus gesundheitlichen Gründen schon während des Weltkrieges emeritieren ließ und nach Arco am Gardasee, später an den Königssee in Bayern zurückgezogen hatte[43]. Die zweite Vakanz betraf die Praktische Theologie nach dem Wegzug Skalskýs nach Prag.

In seinem oben zitierten Artikel votierte Schneider entschieden für einen österreichischen Pfarrer und stellt sich gegen den Versuch, „einen durchaus zeitgemäß gerichteten Wissenschaftler" zu berufen, „um damit ... einen Fehler der Vergangenheit zu korrigieren", wobei er nicht Skalský meinte, einen Leh-

---

43 Peter F. Barton (Hrsg.), Georg Loesches Autobiographie, JGPrÖ 99 (1983) 3–29, hier 6.

rer von „unbedingt verlässlichem Charakter, voll goldenen Humors und ein Studentenvater wie seinerzeit kein zweiter", sondern dessen Nationalität und Idiom. Aus dem weiteren Anforderungsprofil für diesen Lehrstuhl, wie es vom Laibacher Pfarrer skizziert wurde, ist unschwer sein Wiener Amtsbruder Gustav Entz (1884–1957) zu erkennen.

Hierin sollte sich Schneider aber täuschen, denn Entz wurde 1920 nicht berufen. Der Ruf erging vielmehr an den Privatdozenten für Kirchengeschichte Karl Völker (1886–1937). Von Haus aus Kirchenhistoriker war dieser als Studieninspektor des Evangelischen Theologenheimes mit den Fragen der Praktischen Theologie durchaus vertraut. Trotzdem lag dieser Berufung das Eingeständnis zugrunde, dass Völker bei der Besetzung des Lehrstuhls für Kirchengeschichte zu Unrecht übergangen worden war. Dem um die Kirchengeschichte Osteuropas so hochverdiente Forscher, Mitglied der Akademie der Wissenschaften in Krakau, sollte der Makel einer Hausberufung erspart werden, deshalb wurde der Lehrstuhlinhaber von Breslau nach Wien berufen, um Völker die Chance zu geben, auf den für die Kirchengeschichte Polens bedeutsamen Lehrstuhl in Breslau zu wechseln. Indes, so klug es auch ausgedacht gewesen sein mag, das Lehrstuhlkarussell funktionierte nicht. Völker erhielt den Ruf nach Breslau nicht, sondern blieb als Dozent in Wien hängen und wurde 1921 mit dem Breslauer theologischen Ehrendoktorat getröstet. Erst durch den Weggang des Kirchenhistorikers Johannes von Walter (1876–1940) nach Rostock konnte dieses Berufungsknäuel wieder entwirrt werden, manche Verletzungen aber blieben.

Der Deutschösterreichische Kirchentag 1919

Von richtungweisender Bedeutung wurde der Kirchentag im Herbst 1919, der sich auch mit der Fakultät befasste – und zwar in dem Sinne, dass man die Aufrechterhaltung der Fakultät unbedingt gewährleistet wissen wollte, nicht irgendwo, sondern in Wien und, wie mit „aller Entschiedenheit" gefordert wurde, inkorporiert in die Alma Mater Rudolfina[44].

Für die Sprache der Zeit ist charakteristisch, was der Berichterstatter über den Lehrbetrieb sagte: Die Fakultät solle manchen gelehrten Ballast vergangener Jahrhunderte abstreifen, „dafür manches für die Gegenwart Wertvolle und Notwendige mehr als bisher betonen und pflegen", nämlich die Auseinander-

---

44 Deutschösterreichischer evangelischer Kirchentag in Wien vom 21. bis 24. Oktober 1919. Verhandlungsschrift, Wien o.J., 49 f.

setzung mit der modernen Naturwissenschaft, mit Materialismus und Sozialismus, mit der allgemeinen und religiösen Volkskunde sowie mit Pädagogik und Psychologie. Es wird den Lehrern aber auch nahegelegt, „die religiös-sittliche Gedankenwelt der Germanen in vorchristlicher Zeit und ihren Bund mit dem Christentum" zu untersuchen. Diesen Anregungen wird sich die Fakultät stellen und schon nach kurzer Frist ihre erste große Fakultätspublikation dem weiten Themenfeld „Religion und Sozialismus" (1921)[45] widmen. Der lutherische Systematiker Karl Beth (1872–1959) wird sich verstärkt religionswissenschaftlichen Fragen widmen und vor allem die Religionspsychologie als eigenständigen Forschungszweig aufbauen[46].

Nicht unerwähnt soll bleiben, dass der Abgang des bisherigen Praktologen Skalský registriert und dessen Nachfolger mit der Forderung konfrontiert wurde: er müsse ein Mann sein, der „deutsch ist und deutsch fühlt"[47].

Zur Gründung der Hus-Fakultät in Prag

Der Lutheraner Skalský, der in Wien seit 1908 auch eine außerordentliche Ratsstelle im Wiener Oberkirchenrat bekleidet hatte und als solcher den Berufstitel Hofrat führte, optierte für Prag und ließ sich dort 1919 als Gründungsdekan mit der Aufgabe betrauen, eine von der Karlsuniversität separierte Theologische Fakultät (Husova čs. evangelická fakulta bohoslovecká) aufzubauen[48]. Obwohl er sich sehr kritisch zu den Unionsplänen im 19. Jahrhundert geäußert hatte, oblag ihm nun die Sorge für eine Fakultät, welche den geistlichen Nachwuchs der böhmischen Unionskirche auszubilden hatte. Diese vereinigte im Dezember 1918 die tschechischen Gemeinden der altösterreichischen Kirche A.u.H.B. und wurde als Evangelische Kirche der Böhmischen Brüder anerkannt. Dass sie nicht in den Verband der Karlsuniversität aufgenommen wurde, hing mit der laizistischen Politik der Tschechoslowakischen Republik zusammen, deren Präsident die Losung von der „Entösterreiche-

---

45 Religion und Sozialismus. Festschrift zur hundertjährigen Jubelfeier der evangelisch-theologischen Fakultät in Wien, Berlin-Lichterfelde 1921.
46 Susanne Heine, Grundlagen der Religionspsychologie, Göttingen 2005, 43; Isabelle Noth, Karl Beth über Religionspsychologie, Seelsorge und Freud. Zur Auseinandersetzung der Wiener Theologischen Fakultäten mit der Psychoanalyse, in: WJTh 7 (2008) 313–326, hier 316 f.
47 Deutschösterreichischer evangelischer Kirchentag, 50.
48 Jan Roskovec / Ota Halama (Hrsg.), Sto let evangelické teologické fakulty v Praze [Hundert Jahre evangelisch-theologische Fakultät in Prag], Praha 2019, 11 f.; Schwarz, Tomáš Garrigue Masaryk und die Tschechoslowakische Evangelische Hus-Fakultät in Prag, in: ders., Von Mathesius bis Masaryk. Über den Protestantismus in den böhmischen Ländern zwischen Asch/Aš und Teschen/Těšín/Cieszyn, hrsg. von Jan B. Lášek, Prag 2019, 174–187.

rung"[49] ausgegeben hatte und damit das Aufbrechen der engen Verbindung von Staat und Kirche meinte, die er im Habsburgerreich erkannt und verurteilt hatte. Als Konsequenz daraus wurde bei Universitätsneugründungen in Brünn und Bratislava auf Theologische Fakultäten verzichtet und die Hus-Fakultät von der Alma Mater Carolina ferngehalten. In Bratislava blieb die bestehende Theologische Akademie in kirchlicher Trägerschaft bestehen, nunmehr unter betont slowakischer Regie[50].

Neugründungen in Ungarn und Polen

Anders verhielt es sich in Ungarn. Hier suchte (nach einer kurzen revolutionären Phase) der Staat die Nähe zu den Kirchen, um diese in Pflicht zu nehmen und von ihnen Impulse zur Bewältigung der großen Identitätskrise nach Trianon einzufordern. Die kirchliche Akademie in Ödenburg wurde der Königin-Elisabeth-Universität angegliedert, die von Pressburg/Pozsony/Bratislava nach Pecs/Fünfkirchen übersiedelt war. In einer Zeit der Untergangsstimmung war Trost und Zuspruch gefragt. Mit dem überraschenden Ergebnis der Volksabstimmung in Ödenburg (1921), die zum Verbleib der Stadt bei Ungarn führte, wurde diese Stadt zur civitas fidelissima und geradezu zu einem Hoffnungsort, der dadurch ausgezeichnet wurde, dass er „für immerwährende Zeiten" Standort einer universitären Ausbildungsstätte werden sollte[51].

Für den geistlichen Nachwuchs der galiziendeutschen Gemeinden bot sich nach Kriegsende, als sie in den wieder errichteten polnischen Staat integriert wurden, eine 1919 gegründete Theologische Fakultät an der Universität Warschau als Ausbildungsstätte an, die 1920 ihren Betrieb eröffnete[52]. Sie propagierte den „polnischen Evangelizismus" und unterstützte die Polonisierungsstrategie des Warschauer Konsistoriums unter der Führung von Julius Bursche (1862–1942), stieß deshalb auf erbitterten Widerstand der sich um Theodor Zöckler (1867–1949), den „Bodelschwingh des Ostens", gescharten Gemeinden.

---

49 Schwarz, „Entösterreichern!" Der Protestantismus in Tschechien nach dem Zerfall der Habsburgermonarchie, in: Von Mathesius bis Masaryk, 161–173.
50 Martin Schulze Wessel / Martin Zückert (Hrsg.), Handbuch der Religions- und Kirchengeschichte der Slowakei im 20. Jahrhundert, Göttingen (in Vorbereitung).
51 Tibor Fabiny, Auswirkungen der beiden Weltkriege auf die Entwicklung der Evangelischen Pfarrgemeinde A.B. Ödenburg (Sopron), in: Burgenländische Heimatblätter 49 (1987) 49–64, hier 58.
52 Eduard Kneifel, Geschichte der Evangelisch-Augsburgischen Kirche in Polen, Niedermarschacht 1962, 213 ff.

Die Inkorporierung der Fakultät 1922 ...

Eine ganz wesentliche Zäsur in der Geschichte der Fakultät bedeutete die seit 1848 angestrebte, aber erst im 101. Jahr ihres Bestehens verwirklichte Inkorporierung in die Alma Mater Rudolfina. Noch beim großen Festakt anlässlich des Hundertjahr-Jubiläums der Fakultät, der ersten größeren akademischen Veranstaltung der Nachkriegszeit, hatte der Rektor der Berliner Universität, der Jurist Geheimrat Emil Seckel (1868–1924) pikiert festgestellt, dass es der Universität Wien zur Unehre gereiche, eine angesehene Fakultät vor dem Palast warten zu lassen wie in einem Pförtnerhäuschen[53].

Es wird in der Literatur vielfach dieser eindrucksvollen Veranstaltung am 7. Juni 1921 zugeschrieben, nota bene im Großen Festsaal der Alma Mater Rudolfina, dass der Stein nunmehr ins Rollen kam und der Akademische Senat die Eingliederung der Fakultät in Angriff nahm[54]. Dazu bedurfte es noch eines vom Parlament zu verabschiedenden Gesetzes betreffend die Abänderung des Universitätsorganisationsgesetzes von 1873: Das geschah am 20. Juli 1922[55] nicht nur vor dem Hintergrund der erwähnten Bestandsbedrohung der Theologischen Fakultäten, sondern auch jener Koalitionsvereinbarung zwischen den Christlichsozialen und Großdeutschen. Als besondere Pointe wurde empfunden, dass es erst nach dem Zusammenbruch der katholischen Habsburgermonarchie und unter republikanischer Flagge gelang, den „katholischen Stiftungscharakter der Universität" zu überwinden.

... und der Dank der Kirche

In aller Form hat dafür der Evangelische Oberkirchenrat in einem Schreiben vom 18. Oktober 1922 an das Präsidium des Nationalrates seinen Dank ausgedrückt. Er tat es auf eine protokollarisch bemerkenswerte Form nämlich „im Namen der Gesamtheit der hierländischen evangelischen Gemeinden beider Bekenntnisse und ihrer Seelsorger"[56].

---

53 Georg Loesche, Geschichte des Protestantismus im vormaligen und im neuen Österreich, Wien-Leipzig ³1930, 621.
54 Fritz Wilke, Zur Geschichte der Ev.-theol. Fakultät in Wien, AuG 1 (1947) 101–104. 124–128, hier 127.
55 Stenographisches Protokoll der 130. Sitzung des Nationalrates, Donnerstag 20.7.1922, 4182–4185; 1090 der Beilagen: Bericht des Ausschusses für Erziehung und Unterricht vom 7.7.1922 – Der Berichterstatter Dr. Hans Angerer berief sich ausdrücklich auf das oben mitgeteilte Zitat des Berliner Rektors Prof. Seckel (ebd. 4183).
56 Stenographisches Protokoll der 140. Sitzung (...), 20.10.1922, 4465.

Zum Beginn des Frauenstudiums an der Fakultät

Es versteht sich von selbst, dass mit der Inkorporierung der Fakultät die Frage des Frauenstudiums, die seit 1897, seit der Öffnung der Philosophischen Fakultät, mit Nachdruck diskutiert wurde, nun auch für die Fakultät aktuell geworden war. Freilich wäre es verfehlt, das Datum der Eingliederung als Terminus a quo für das Frauenstudium an der Fakultät zu benennen[57]. Dieses Datum ist irreführend, auch wenn es der Tatsache Rechnung trägt, dass sich das Professorenkollegium in diesem Jahr zugunsten des Frauenstudiums aussprach. Der diesfalls erstattete Bericht an das Ministerium ist allerdings mit 5. März 1923 datiert und wurde umgehend an den Evangelischen Oberkirchenrat zur Stellungnahme weitergeleitet. Dort stieß er aber keineswegs auf ungeteilte Zustimmung. Eine Reaktion des Oberkirchenrates musste vorerst unterbleiben, wollte er doch die Ergebnisse der 1925 einberufenen Synoden der Kirche abwarten. Dort legte sich die Synode H.B. (im Unterschied zur Synode A.B.[58]) quer und verzögerte eine Beschlussfassung. Erst über Urgenz des Oberkirchenrates im Jahr 1928 fasste der Synodalausschuss H.B. einen Mehrheitsbeschluss für die Zulassung von Frauen als ordentliche Hörerinnen, wobei dessen Vorsitzender Superintendent Dr. Gustav Zwernemann (1872–1958) diese Stimmenmehrheit mit der Bemerkung kommentierte, dass er den Beschluss „mit Rücksicht auf die zu gewärtigenden Konsequenzen" sehr bedaure[59]. Nunmehr konnte dem Ministerium berichtet werden, dass gegen das Frauenstudium „vom kirchlichen Standpunkt kein Einwand erhoben wird". Der daraufhin ergangene Ministerialerlass vom 2. April 1928[60] bildete somit die rechtliche Grundlage für das Frauenstudium an der Fakultät, auch wenn es schon zuvor zur Immatrikulation von Studentinnen gekommen war – etwa im Wintersemester 1907/08 als erste Studentin die aus Reichenberg/Böhmen gebürtige Olga Tugemann (1887–1973)[61], die schon 1909 nach Zürich wechselte und 1915 in Leipzig als erste Theologin zum Lic.theol. promoviert wurde und 1919 mit

---

57 So aber Waltraud Heindl, Zur Entwicklung des Frauenstudiums in Österreich, in: diess. / Marina Tichy (Hrsg.), „Durch Erkenntnis zu Freiheit und Glück …". Frauen an der Universität Wien (ab 1897), Wien 1993, 17–26, hier 18. 25. 85; Lieselotte Eltz-Hoffmann, Die evangelische Theologin, in: Martha Forkl / Elisabeth Koffmann (Hrsg.), Frauenstudium und akademische Frauenarbeit in Österreich, Wien-Stuttgart 1968, 36 ff., hier 38.
58 Hans Rieger / August Kirchert, Bericht über die erste ordentliche Generalsynode der ev. Kirche A.B. (…) vom 19.–23.4.1925, Wien 1931, 27.
59 Bericht des Synodalausschusses H.B. an den OKR, Z. 257/1928, 4.1.1928 – AEOKR Wien, Neuere Allgemeine Reihe, Fasz. 414, Nr. 88/28.
60 Z. 1441-I-1, abgedruckt in: Verlautbarungen des Ev. Oberkirchenrates (…), Wien 1931, Nr. 62, 18 f.
61 Sabine Maurer, Die Theologin Olga Lau-Tugemann, JGPrÖ 130 (2014) 135–178, hier 136.

der Leitung der Evangelisch-sozialen Frauenschule betraut wurde[62]. Im Studienjahr 1923/24 waren eine Ausländerin als ordentliche und zwei Österreicherinnen als außerordentliche Hörerinnen eingeschrieben[63].

Dass das Professorenkollegium das Anliegen des Frauenstudiums sehr positiv aufgegriffen hat, mag an zwei Gründen gelegen sein: Es unterrichteten bereits seit einiger Zeit zwei ausländische Religionslehrerinnen mit ministerieller Genehmigung in Wien – sowie das frauenrechtliche Engagement von Marianne Beth (1890–1984), der Gattin des lutherischen Systematikers Karl Beth, die zu den ersten promovierten Absolventinnen der Philosophischen Fakultät (Fachrichtung Orientalistik) gehörte, 1921 als erste Frau zum Doktor utriusque iuris promoviert worden war und als Pionierin der Religionspsychologie gilt[64]. Sie war 1908 auch die erste Hörerin an der Fakultät[65] und setzte sich vehement für die Anliegen der Frauenbewegung ein[66].

Der Lehrkörper 1922

Als die Fakultät mit Beginn des Wintersemesters 1922/23 der Alma Mater Rudolfina angegliedert wurde, war sie im Stadtkonviktsgebäude am Alsergrund (IX., Türkenstraße 4) untergebracht, bald danach im April 1924 übersiedelte sie in das ehemalige Ackerbauministerium (I., Liebiggasse 5)[67]. An ihr wirkten sechs Ordinarien für die (in den Vorlesungsverzeichnissen aufgelisteten) Disziplinen: Religionsgeschichte, Religionsphilosophie und Apologetik, Pädagogik, Alttestamentliche Wissenschaft, Neutestamentliche Wissenschaft, Kirchengeschichte, Systematische Theologie, Religionspsychologie, Kirchenrecht, Praktische Theologie, Kirchliche Kunst.

Dem Dienstalter nach gegliedert waren dies die Herren: Karl Beth (1906), Fritz Wilke (1909), Josef Bohatec (1913), Richard Adolf Hoffmann (1915), Karl Völker (1920/1922), Gustav Entz (1922). Die Lehrkanzeln waren nur einfach besetzt, es gab bis 1927 keinen akademischen Mittelbau, weder Dozenten noch

---

62 Helene Miklas, Die Evangelisch-soziale Frauenschule von 1918 bis 1939, in: Siegfried Kreuzer / Dagmar Lagger / Helene Miklas (Hrsg.), „Wir haben hier keine bleibende Stadt" (Hebr. 13,14). 100 Jahre Evangelische Frauenschule – Evangelische Religionspädagogische Akademie – Kirchliche Pädagogische Hochschule, Wien 2018, 16–32, hier 21.
63 Heindl/Tichy, Durch Erkenntnis, 154 f.
64 Jacob A. Belzen, Pionierin der Religionspsychologie: Marianne Beth (1890–1984), Archive for the Psychology of Religion 32 (2010) 125–145.
65 Bericht Prof. Beth, zit. bei Franz Graf-Stuhlhofer, Wiener Evangelische Professoren der Theologie im Spiegel der Gau-Akten, JGPrÖ 116 (2000/2001) 191–225, hier 194.
66 Irene Bandhauer-Schöffmann, Zum Engagement der österreichischen Frauenvereine für das Frauenstudium, in: Heindl / Tichy, Durch Erkenntnis, 49–78, hier 72.
67 Wilke, Geschichte der Ev.-theol. Fakultät, 127.

Assistenten, und auch auf nichtwissenschaftliche Hilfskräfte mussten die Professoren verzichten, nicht einmal dem Dekan stand anfänglich eine Schreibkraft zur Verfügung.

Einige der Professoren sind oben bereits genannt worden, namentlich die beiden von Königsberg in Preußen berufenen Exegeten Wilke und Hoffmann, zwei Exponenten des nationalen Flügels, Mitglieder des „Deutschbunds", der Großdeutschen Partei, des Deutschen Volksbundes für Niederösterreich und der Studentenverbindung „Wartburg", letzterer wegen seiner spiritistischen Ambitionen auch „Gespensterhoffmann" genannt[68], sodann der Praktische Theologe Karl Völker, ein Altösterreicher aus Lemberg/Lwów/L'viv in Galizien, der von Hause aus Kirchenhistoriker war und 1922 dem Balten Johannes von Walter auf dem kirchenhistorischen Lehrstuhl folgte und in der Praktischen Theologie dem Wiener Pfarrer Gustav Entz Platz machte. Dessen (kirchen-)politische Optionen werden die Fakultät als „Haus in der Zeit" erheblich bestimmen. Die Systematische Theologie vertraten einerseits Karl Beth, der 1906 aus Berlin, und Josef Bohatec, der 1913 aus Bonn berufen wurde. Beth war um den Brückenschlag zur Moderne bemüht[69] und konnte als Religionspsychologe einen internationalen Ruf erwerben[70]. Der Altösterreicher Bohatec, ein renommierter Calvinforscher, wirkte als Ordinarius für Reformierte Theologie und Kirchenrecht; ein Kind des mährischen Protestantismus, äußerst sprachbegabt, erinnert seine Physiognomie an den letzten Bischof der Böhmischen Brüder Jan Amos Comenius (1592–1670). Zu Recht wird sein Name als der eines Polyhistors in der österreichischen Wissenschaftsgeschichte festgehalten[71], ehrte ihn die Fakultät als einen ihrer größten Absolventen und Lehrer[72].

So standen sich mit Bohatec, Völker und Entz drei Altösterreicher drei Reichsdeutschen Beth, Wilke und Hoffmann gegenüber und hielten eine Parität, die im Laufe des 20. Jahrhunderts verlorengehen wird.

---

68 Die „Murren" des Hans von Campenhausen. „Erinnerungen, dicht wie ein Schneegestöber". Autobiografie, hrsg. von Ruth Slenczka, Norderstedt 2005, 194; Sabine Taupe, Richard Adolf Hoffmann und seine Theologie. Intellektuelle Biographie eines neutestamentlichen Bibelwissenschaftlers, Parapsychologen und Spiritisten sowie radikalen Deutschen Christen, theol. Dipl.Arbeit Wien 2010.
69 Ingrid Tschank, Positive Theologie der Moderne: Der österreichische Theologe Karl Beth, in: Martin Berger / Matthias Geist / Ingrid Tschank, Gott und die Moderne. Theologisches Denken im Anschluss an Falk Wagner, Wien 1994, 116–122. 234 f.
70 Heine, Grundlagen der Religionspsychologie, 43; Noth, Karl Beth, 316 f.; Belzen, Marianne Beth, 130–135.
71 Wolfgang Huber, Zur Geschichte der Wissenschaften, in: Erika Weinzierl / Kurt Skalnik (Hrsg.), Geschichte der Ersten Republik 1918–1938 Bd. 2, Graz-Wien-Köln 1983, 559–588, hier 583.
72 Evangelisch-theologische Fakultät, in: 625 Jahre Universität Wien, Wien 1990, 14–17.

Die Herkunft der Studenten

Die Eingliederung in den Universitätsverband 1922 hatte sich zwar nicht sofort auf die Studentenfrequenz ausgewirkt. Die Studentenzahlen[73] halten vorerst bei knapp fünfzig, eine Steigerung auf achtzig bis hundert zeigt sich erst gegen Ende der 20er-Jahre. Im Wintersemester 1928/29 steigt die Hörerzahl auf 102. Bei diesen Zahlen gilt es zu beachten, dass nach dem Zerfall der Donaumonarchie die tschechischsprachigen Studenten in Prag, jene polnischer Muttersprache aber in Warschau eine Ausbildungsstätte zur Verfügung hatten. Von beiden Fakultäten wird ebenso wie von der Theologischen Hochschule in Pressburg und der Fakultät in Ödenburg berichtet, dass sie sich bemühten, Studenten auch aus den volksdeutschen Gemeinden anzuziehen und zum Teil auch ein Lehrangebot in deutscher Sprache präsentierten.

Hingegen nahm die Zahl der Gaststudenten aus Deutschland und von anderen Fakultäten erheblich zu. Ein Höhepunkt wird im Sommersemester 1932 erreicht, in dem 222 inskribierte Studenten gezählt wurden, davon 116 reichsdeutscher Herkunft. Die andere Hälfte setzte sich aus Österreichern (44), Sudetendeutschen (21), Galiziendeutschen (15), Donauschwaben (10), Siebenbürger Sachsen (10), zwei Ungarn, einem Balten, einem Schweizer und einem Studenten aus der Freistadt Danzig zusammen. Ausgerechnet in dem darauf nachfolgenden Herbst schlitterte die Fakultät in eine herbe Krise.

Einsparungspläne 1932

Für den österreichischen Unterrichtsminister des Jahres 1932 war ein heißer Herbst angesagt: Durch eine gezielte Indiskretion war bekannt geworden, dass im Finanzministerium an Einsparungsplänen gebastelt würde, die (man staune!) 110 Lehrkanzeln betroffen hätten. In den Tagen unmittelbar vor der Budgetrede des Finanzministers zum Bundesvoranschlag 1933 am 20. Oktober 1932 hatte eine richtiggehende Zeitungskampagne dieses Thema ausgereizt und die Regierung des Ausverkaufs von österreichischem Kulturgut geziehen.

Unter den als Einsparungsmöglichkeit aufgelisteten Instituten[74] befand sich auch die Evangelisch-Theologische Fakultät der Universität Wien[75], die

---

73 Graphik bei Schwarz, „Grenzburg" und „Bollwerk". Ein Bericht über die Wiener Evangelisch-theologische Fakultät in den Jahren 1938–1945, in: Leonore Siegele-Wenschkewitz / Carsten Nicolaisen (Hrsg.), Theologische Fakultäten im Nationalsozialismus, Göttingen 1993, 361–389, hier 389.
74 Franz Sertl, Die Freidenkerbewegung in Österreich im 20. Jahrhundert, phil. Diss. Wien 1995, nach 154 (Flugblatt der Freidenkerorganisation).
75 AEOKR Wien, NAR, Fasz. 414: Erhebungen in der Angelegenheit der Auflassung der ev.-theol. Fakultät, Aktenvermerk [AV] Präsident Capesius, 22.10.1932, Zl. 5208/1932.

jüngste der Wiener Fakultäten. Es war nun aber nicht die kurze universitäre Verankerung, die den Einsparungskommissär zu dieser Option veranlasste, sondern, wie später bekannt wurde, der Umstand, dass die Fakultät hauptsächlich von Ausländern besucht werde und dass auf der anderen Seite ohnedies auch schon jetzt viele Ausländer in den Dienst der Evangelischen Kirche in Österreich treten. Daraus zog das Finanzministerium den Schluß, dass die Sistierung der Fakultät keinen großen Nachteil bedeuten würde.

Seit eine erste Zeitungsmeldung am 18. Oktober konkret von der drohenden Schließung der Fakultät gesprochen hatte, war die Evangelische Kirche in allergrößte Aufregung versetzt. Noch am 19. Oktober verfasste der Oberkirchenrat eine scharfe Protestnote[76]; ihm folgten die beiden Synodalausschüsse A.B. und H.B.[77]; Interventionen im Unterrichteministerium, bei Sektionschef Dr. Egon Loebenstein (1877–1962) und Ministerialrat Dr. Paul Scapinelli (1878–1973) zeigten wohl alsbald die Haltlosigkeit gerade dieses Einsparungsobjekts, weil es die einzige Theologische Fakultät evangelischen Bekenntnisses in Österreich betraf. Die Intervenienten konnten so beruhigt werden, dass die Gefahr wohl fürs erste gebannt sei, aber ein hochrangiger Ministerialbeamter wusste dennoch den vertraulichen Rat zu geben, dass es von Vorteil wäre, wenn eine persönliche Vorsprache beim Unterrichtsminister stattfände.

Interventionen beim Unterrichtsminister

Zu dieser Audienz beim Minister Dr. Anton Rintelen (1876–1946) kam es am 29. Oktober[78]. Dabei führten der Präsident des Oberkirchenrates, Sektionschef Dr. Viktor Capesius (1867–1953) und der Dekan der betroffenen Fakultät Prof. Dr. Fritz Wilke nicht nur die Verletzung der konfessionellen Gleichberechtigung ins Treffen, sondern auch den Umstand, dass die Wiener Fakultät die Ausbildungsstätte für die volksdeutschen Kirchen in Rumänien, Ungarn, Jugoslawien, Polen und der Tschechoslowakei sei und dass deshalb auch der Präsident des Deutschen Evangelischen Kirchenausschusses seine Unterstützung zugesagt hätte. Der Minister zeigte sich sehr interessiert an den Reaktionen im Deutschen Reich und bemerkte, dass sich dieser Tage ein katholischer Theologieprofessor aus Berlin, Monsignore Schreiber bei ihm eingefunden hätte

---

76 Allgemeines Verwaltungsarchiv [AVA] Wien, Kultus, Fasz. 4 B1, Nr. 28275/32: Eingabe des Ev. Oberkirchenrates, Z. 5159/20.10.1932 an das Bundesministerium für Unterricht.
77 AVA Wien, Kultus, ebd. Nr. 28270/32. Eingabe der Synodalausschüsse vom 21.10.1932.
78 AEOKR Wien, ebd. Zl. 5349/1932: AV Capesius betr. Vorsprache beim Bundesministerium für Unterricht und beim Bundesministerium für Finanzen.

und ihn dringend ersucht habe, von einer Auflassung der Evangelisch-Theologischen Fakultät Abstand zu nehmen, weil sonst zu befürchten sei, dass in Deutschland katholische Fakultäten ein ähnliches Schicksal erleben könnten. Zweifellos handelte es sich bei dem Gesprächspartner aus Deutschland um den sogenannten „Reichsprälaten" Georg Schreiber (1882–1963), der bis 1933 dem Reichstag angehörte und als Experte der Zentrumspartei für Fragen der Wissenschaftspolitik galt[79].

Mehrfach betonte nun der Minister gegenüber der Delegation, dass für die Bundesregierung die Einsparung dieser Fakultät nicht mehr in Frage käme, sie sei also nicht bloß als aufgeschoben zu betrachten. Dennoch war die Aufregung anhaltend und sie verstärkte ein gesamtkirchliches Verantwortungsbewusstsein gegenüber der Fakultät. Die kirchliche Presse berichtete denn auch eingehend von der „knapp verhinderten Schließung" der Fakultät[80].

Welches Argument den Unterrichtsminister letztlich zum Einlenken bewog, kann nicht mehr festgestellt werden. Ob die konstatierte Verletzung der Glaubens- und Gewissensfreiheit oder der Hinweis auf eine schwerwiegende Paritätsverletzung oder vielleicht der politische Druck aus Berlin dafür verantwortlich waren, bleibt von der Aktenlage ungeklärt. Späterhin bekannte sich der Präsident des Deutschen Evangelischen Kirchenausschusses Hermann Kapler (1867–1941) dazu[81]: Oberkonsistorialrat D. Theodor Heckel (1894–1967) habe mit „maßgebenden katholischen Kreisen" Fühlung genommen, um begreiflich zu machen, „dass ein derartiger, gegen die Evangelisch-theologische Fakultät in Wien gerichteter Akt in den Folgen in höchstem Maße eine antikatholische Bewegung auslösen würde".

Heckel wird später als Leiter des Kirchlichen Außenamtes und seit 1934 als Auslandsbischof ein besonderes Interesse an der Wiener Fakultät hegen und sich über personelle Veränderungen laufend informieren lassen.

---

79 Rudolf Morsey, Georg Schreiber (...), in: ders. (Hrsg.), Zeitgeschichte in Lebensbildern II: Aus dem deutschen Katholizismus des 20. Jahrhunderts, Mainz 1975, 177–185.
80 Reingrabner, Konkordat und Protestanten – Das österreichische Konkordat von 1933 und die Evangelischen in Österreich, in: Hans Paarhammer / Franz Pototschnig / Alfred Rinnerthaler (Hrsg.), 60 Jahre Österreichisches Konkordat, München 1994, 273–292, 281.
81 AEOKR Wien, ebd. Zl. 5432/32: Schreiben Kapler an den Ev. Oberkirchenrat Wien, 3.11.1032.

Ein Memorandum im Neuen Wiener Tagblatt
Angeführt zu werden verdient aber auch die Überlegung, die Dekan **Wilke** in einem Memorandum ausführte[82]:

Die Evang.-theol. Fakultät der Universität Wien hat jedoch außer der allgemeinen auch noch eine besondere Kulturmission zu erfüllen, eine Aufgabe, die sich aus der heute mit Recht wieder stark betonten historischen und kulturellen Sendung Österreichs ergibt: sie ist die eigentliche und einzige deutsche, evangelisch-theologische Bildungsstätte für das gesamte Deutschtum in Südost- und Osteuropa. Die weitverzweigten deutschen Gemeinden in Jugoslawien, Siebenbürgen, in der Bukowina, in Bessarabien, Ungarn, Galizien, polnisch Schlesien und in der Tschechoslowakei besitzen keine deutsche, evangelisch-theologische Hochschule, an der ihre künftigen Geistlichen und Lehrer eine wissenschaftliche Ausbildung erhalten könnten. Für sie alle bildet die Evang.-theol. Fakultät in Wien heute wie ehedem das geistige Zentrum, die Stätte, an der der junge akademische Nachwuchs mit der deutschen Wissenschaft und österreichischen Kultur bekannt wird. Erfüllt von den hohen Kulturgütern, die die Wiener Fakultät ihnen zu vermitteln hat, treten die jungen Pfarrer und Lehrer an die Spitze ihrer Gemeinden und helfen ... als geistige Führer ...mit, der österreichischen Kultur und dem österreichischen Warenexport die Wege zu ebnen.

Dieses Argument des Kulturauftrags wurde von Wilke noch dadurch verstärkt, dass er auf die Neugründungen evangelisch-theologischer Fakultäten und Hochschulen mit nichtdeutscher Unterrichtssprache hinwies: Prag (1919), Pressburg, Ödenburg, Warschau. Alle diese Anstalten bemühten sich durch Gewährung von Studienerleichterungen, Stipendien und Wohnmöglichkeiten auch die deutschen Theologiestudierenden anzuziehen. Zu diesem Behufe seien sogar Lehrkanzeln mit deutscher Unterrichtssprache eingerichtet worden. Die Schließung der „blühenden" Wiener Fakultät, so setzte der besorgte Dekan fort, „würde Österreich demzufolge unter das Kulturniveau der Nachbarstaaten herabdrücken und zur Folge haben, dass unzählige junge Theologen der deutschen Diaspora des Ostens und Südostens ihre wissenschaftliche Ausbildung fortan in Prag, Preßburg, Ödenburg und Warschau suchen müssten". Sie würden dem Einfluss der österreichischen Kultur entzogen und damit dem deutschen Volkstum für immer verlorengehen. Es sei „schwer zu

---
82 AEOKR Wien, ebd. Zl. 5158/32: Fritz Wilke, Memorandum zu der vom Bundesministerium für Finanzen vorgeschlagenen „schrittweisen Auflassung" der Evangelisch-theologischen Fakultät der Universität Wien, 19.10.1932 – auszugsweise abgedruckt in: Neues Wiener Tagblatt Nr. 293/22.10.1932, 7.

glauben, dass eine österreichische Regierung die Verantwortung für den unermeßlichen kulturellen, nationalen und materiellen Schaden ... vor der Mit- und Nachwelt übernehmen sollte".

Volksdeutsche Interessenswahrung

Ähnlich argumentierten auch die Kirchenleitungen volksdeutscher Kirchen dieses Raumes[83]. In einem Schreiben vom 5. November 1932 führte etwa der Landesbischof der jugoslawiendeutschen Kirche Dr. Philipp Popp (1893–1945) aus, dass die Studierenden aus seiner Kirche „den größten Teil ihrer Studienzeit an der Wiener Fakultät verbringen" und dort auch ihre Prüfungen absolvieren. Er zog daraus die Schlußfolgerung, dass diese Fakultät für die evangelischen Deutschen in seinem Land „durch Ausbildung einer geistlichen und geistigen Führerschaft in kirchlicher und völkischer Hinsicht von unermeßlicher Bedeutung" sei. So wie die Wiener Universität, setzte das Schreiben fort, „hauptsächlich die Bildungsstätte für die geistige Schicht unseres gesamten deutschen Volkstums in Jugoslavien ist, so ist dies Ihre Fakultät in kirchlicher Hinsicht für den evangelischen Teil des jugoslavischen Deutschtums". Die Fakultätsschließung würde unermeßlichen Schaden anrichten, „da doch bekanntlich unsere evangelischen Pfarrer im Kampfe um unsere völkischen Interessen in erster Reihe stehen". Wien liege geographisch am nächsten und könne auch aus wirtschaftlichen Gründen, selbst unter den gegenwärtigen schweren Verhältnissen, am leichtesten besucht werden. Namens seiner Landeskirche ersuchte der Bischof um geeignete Intervention bei der österreichischen Bundesregierung, daß die Fakultät „als Pflegerin wichtigster evangelischer und deutscher Lebensinteressen" in den Nachfolgestaaten auch künftig erhalten bleibe.

Dieser Brief bestätigte die Argumentation des Dekans, er ist aber auch aus einem anderen Grund äußerst interessant: er enthält ein volkspolitisches Credo von beachtlicher Aussagekraft, wie es für das Grenzland- und Auslanddeutschtum typisch war. Es erinnert an die Vaterländische Kundgebung am Kirchentag in Königsberg im Juni 1927, der dem Thema „Kirche und Volkstum" gewidmet war und die enge Achse zwischen Christentum und Deutsch-

---

[83] AVA Wien, Kultus, ebd. Nr. 8249/33: Abschrift zweier Stellungnahmen zugunsten der Wiener Fakultät durch die Deutsche Evangelische Kirchenleitung in Böhmen, Mähren und Schlesien, Gablonz an der Neiße, 7.3.1933 gez. Kirchenpräsident D. Erich Wehrenfennig – und durch das Bischofsamt der Deutschen ev.-christlichen Kirche A.B. im Königreich Jugoslawien, Zagreb 5.11.1932, gez. Landesbischof Dr. Philipp Popp.

tum hervorkehrte: „Durch deutsche Art hat unser Christentum sein besonderes Gepräge erhalten ...". Das war der Punkt, an dem auch die Evangelischen in Österreich um ihre Identität rangen. Kirche und Volk, Volkstumstheologie, wie sie in Königsberg durch den Erlanger Theologieprofessor Paul Althaus (1888–1966) inszeniert wurde, bestimmten das kirchliche Leben des außendeutschen Protestantismus, der volksdeutschen Minderheiten in den Nachfolgestaaten der Donaumonarchie. 1938 wird dieses Bewußtsein die Feder des nach dem Anschluß an Hitlerdeutschland eingesetzten Dekans Gustav Entz lenken.

Trutzprotestantismus und Neue Gegenreformation

Das Verhältnis zwischen dem „Christlichen", richtiger katholischen Ständestaat und den österreichischen Protestanten war äußerst konfliktreich und ist schon verschiedentlich dargestellt worden[84]. Seine Kulturpolitik im Großen und Ganzen stand unter dem Vorzeichen der Gegenreformation[85] und verstand sich als Abwehr gegen preußisch-reichsdeutsche-nationalsozialistische Einflüsse. Das Selbstverständnis des Ständestaates bestand in diesem Abwehrkampf gegen den Nationalsozialismus[86]. Einer seiner ideologischen Protagonisten, Dietrich von Hildebrand (1889–1977), hatte die Losung von der „Gegenreformation" ausgegeben: Dass dem kleinen Land eine „große säkulare Aufgabe anvertraut" sei, „groß wie die zur Zeit der Gegenreformation"[87]. Die Gleichsetzung des ideologischen Abwehrkampfes der Gegenwart mit der Gegenreformation geriet zu einem ganz wesentlichen identitätsstiftenden Historismus, ja gerann zur Parole von der Türkenabwehr, Protestantenabwehr, Hitlerabwehr[88].

In dieses Konzept fügte sich die Politik gegenüber der evangelischen Minderheitskirche ein; alle kultus-/religionsrechtlichen Maßnahmen des Staates waren von Mißtrauen und dem Bemühen bestimmt, die staatliche Kirchenauf-

---

84 Helmut Gamsjäger, Die Ev. Kirche in Österreich in den Jahren 1933 bis 1938 (...), phil. Diss. Wien 1967; Gerhard Schwarz, Ständestaat und ev. Kirche von 1933 bis 1938. Ev. Geistlichkeit und der Nationalsozialismus aus der sicht der Behörden (...), phil. Diss. Graz 1987.
85 Friedrich Heer, Der Kampf um die österreichische Identität, Wien-Köln-Graz ²1996, 399 ff.
86 Gottfried-Karl Kindermann, Österreich gegen Hitler. Europas erste Abwehrfront 1933–1938, München 2003.
87 Dietrich von Hildebrand, Österreichs Sendung, in: Der christliche Ständestaat Nr. 1/3.12.1933, 3.
88 Heer, Kampf um die österreichische Identität, 401. – Dazu auch die Kontroverse zwischen Rupert Klieber, Eine Gegenreformation in Neu-Österreich? Die Kirche(n) im autoritären Ständestaat und ihr Bild in der österreichischen Wochenschau, in: Michael Achenbach / Karin Moser (Hrsg.), Österreich in Bild und Ton. Die Filmwochenschau des austrofaschistischen Ständestaates, Wien 2002, 321–337 und Schwarz, „Für ein freies und deutsches, unabhängiges [...] christliches Österreich!" oder: „Heim ins Reich!". Die Evangelische Kirche und der März 1938, in: Markus Holzweber (Hrsg.), Von der Kunst der Sprache. Aus dem Alltag eines Kirchenhistorikers. Festschrift für Rupert Klieber, Wien 2019, 415–436, hier 423 f.

sicht, die Kontrolle über den kirchlichen Alltag peinlich genau wahrzunehmen, weil der kirchliche Widerstand gegen die Politik des Ständestaates als Option für den Anschluß an Hitlerdeutschland gewertet wurde und die Kirche mit ihrem weitverzweigten Vereinswesen als „Agentur" dieses Anschlusses galt. Dabei nahm der Staat sogar Grundrechtsverletzungen in Kauf, wie er auch nicht vor Eingriffen in die kirchliche Autonomie zurückschreckte. Das muss hier nicht im Einzelnen ausgeführt werden. Richten wir den Blick auf die kleine Evangelisch-Theologische Fakultät im Jahr 1933.

Volksdeutsch – deutsch-österreichisch – vaterländisch – evangelisch / oder: die Quadratur des Kreises

Im Sommersemester 1933 waren 189 Studierende an der Fakultät immatrikuliert[89], davon 42 Österreicher, 100 Reichsdeutsche, 17 Sudetendeutsche, 10 Galiziendeutsche, acht Donauschwaben, neun Siebenbürger Sachsen, ein Ungarndeutscher und zwei Balten. Daß die Studentenzahl im darauffolgenden Wintersemester um 63 zurückgeht auf 126, daß namentlich die Zahl der reichsdeutschen Studierenden um 79 abnimmt, sodaß nur mehr 21 gezählt wurden, muß auf die Tausendmarksperre zurückgeführt werden. Der Wirtschaftskrieg zwischen den beiden Nachbarstaaten wirkte sich ganz eklatant auf das Leben der Fakultät aus. Die Statistik der volksdeutschen Studierenden aus Ostmitteleuropa bleibt hingegen noch einigermaßen ausgeglichen, vorläufig mindestens.

An der Spitze der Fakultät stand im Studienjahr 1932/33 der Alttestamentler Fritz Wilke, der von seiner Fakultät als Kandidat für das Amt des Rektors der Universität für das Studienjahr 1933/34 vorgeschlagen werden sollte. Doch die weltpolitischen Ereignisse des Jahres 1933 ließen diesen Plan nicht reifen. Dekan im Studienjahr 1933/34 war der Systematiker Karl Beth. Im darauffolgenden Studienjahr sollte ihm in dieser Funktion der Neutestamentler Richard Hoffmann folgen. Vom Professorenkollegium gewählt, gab Hoffmann aber späterhin die Erklärung ab[90], dass er von seiner Wahl zurücktrete, weil in der Zwischenzeit ein ministerieller Erlass vom 5. Juli 1934 die Bestätigung der akademischen Funktionäre von deren Zugehörigkeit zur „Vaterländischen Front" abhängig machte und Hoffmann nicht geneigt war, dieser politischen Einheitsorganisation beizutreten. Diese Funktion nahmen in der Folge die VF-Mitglie-

---

89 Schwarz, Grenzburg und Bollwerk, 389.
90 AVA Wien, Unterricht, 4 D 2 evang.theol. Fakultät GZ 11002-I/1 1935. Einsichtsakt des BKA (Generaldirektion f.d. öffentliche Sicherheit) vom 27.3.1935.

der Bohatec (1934/35), Völker (1935/36), Wilke (1936/37) und Beth (1937/38) bis zum März 1938 wahr. Hoffmann hingegen gehörte gemeinsam mit seinem Fakultätskollegen Entz zu den sieben Professoren der Wiener Universität, die jenen politischen Schritt verweigerten und damit ihre Ablehnung des Ständestaates dokumentierten. Von nationalsozialistischer Seite wurde dieser Widerstand mit demjenigen der „Göttinger Sieben" von 1837 verglichen[91]. Hoffmann und Entz waren Mitglieder der Akademikergemeinschaft im Evangelischen Bund[92], die sich allwöchentlich im Presbyterzimmer der Evangelischen Pfarrgemeinde Wien-Innere Stadt A.B. (nicht im Pfarramt!) versammelten[93]. Der Zweck dieser Zusammenkünfte war ein ausschließlich politischer; der Evangelische Bund diente gewissermaßen als „Tarnung", um diese Treffen überhaupt zu ermöglichen.

In diesem Gremium wurde eine Denkschrift über den Beitritt zur Vaterländischen Front erarbeitet, die der Kronjurist des Evangelischen Bundes Dr. Robert Kauer (1901–1953) stilisiert hatte, ein seiner politischen Einstellung wegen aus dem öffentlichen Dienst entlassener Beamter. Diese Denkschrift wurde von Superintendent Johannes Heinzelmann (1873–1946) als „Vertrauensmann der Kirche" unterfertigt und dem Oberkirchenrat im Dienstweg zugemittelt. Dessen Präsident Viktor Capesius hatte das Operat zu seinem größten Bedauern dem Bundeskanzler vorzulegen. Hier ist die Argumentation vorgegeben, die sich eine Reihe von nationalsozialistischen Beamten zu eigen machten: Sie könnten es „mit ihrem Gewissen als treue Bekenner des reinen (!!!) evangelischen Glaubens nicht vereinbaren, der Vaterländischen Front anzugehören"[94]. Heinzelmann hat diesen Dissens kirchlicherseits bekräftigt und theologisch überhöht, indem er die heuristische Formel prägte: Für Protestanten käme wohl ein Anerkennen des Staates – nicht aber ein Bekenntnis zu diesem Staat katholischer Observanz in Frage[95]. Capesius, Mitglied des Staatsra-

---

91 Hans von Frisch, Die Gewaltherrschaft in Österreich 1933 bis 1938, Leipzig-Wien 1938, 97.
92 Trauner, Eine „Pressure-group in der Kirche". Die Evangelische Akademikergemeinschaft des Evangelischen Bundes in Österreich, in: KZG 16 (2003) 346–367 – Der Gründungsbericht (6.5.1935) ist abgedruckt in: Reingrabner/Schwarz, Quellentexte, 193–195; dazu auch Schwarz, Der Fall „Reisner". Eine Wiener Hörfunksendung (1936) ruft Widerspruch hervor, in: Joachim Mehlhausen (Hrsg.), ... und über Barmen hinaus. Studien zur Kirchlichen Zeitgeschichte. Festschrift für Carsten Nicolaisen, Göttingen 1995, 318–333, hier 322 ff.
93 Freundlicher Hinweis von Superintendent Prof. Erich Wilhelm (1912–2005), der darin ein gesteigertes Selbstbewusstsein der weltlichen Amtsträger der Gemeinde zu erkennen meinte.
94 AVA Wien, Kultus B 14, Nr. 16.396-K/b 1938: Denkschrift zum Beitritt zur VF, 28.6.1935, abgedruckt auch in: Reingrabner/Schwarz, Quellentexte, 200–208.
95 Briefwechsel Heinzelmanns mit dem Generalsekretär der VF Oberst a.D. Walter Adam, September/Oktober 1935, abgedr. bei Reingrabner/Schwarz, Quellentexte, 222–226, 225.

tes und als solcher ein honoriger Parteigänger des Ständestaates, hielt dem entgegen, dass die bekanntgegebenen Ziele der Vaterländischen Front, namentlich das mit dem Beitritt verknüpfte „Bekenntnis zu einem freien, unabhängigen, christlichen, deutschen Österreich", auch den Evangelischen einen Beitritt ermöglichten. Von seiner Seite sind auch regelmäßig Beitrittsaufforderungen an die Pfarrerschaft ergangen[96]. Auch an der Fakultät haben vier Professoren den Beitritt zurückgewiesen, drei von ihnen haben aber dieses profilierte Österreich-Bewusstsein[97] als Gegenmodell zum Anschluss nachvollzogen: Beth, Völker und Bohatec. Letzterer beteiligte sich an einem in holländischer Sprache gehaltenen Sammelwerk über die Beziehungen von Staat und Kirche in der unmittelbaren Gegenwart und im europäischen Horizont[98] und entledigte sich dieser Aufgabe in einer bemerkenswert unaufgeregten Art und Weise. In einer Zeit, in der in internationalen Medien von Verfolgung der Protestanten in Österreich gesprochen wurde[99], wirkt der Beitrag von Bohatec ausgesprochen nüchtern und hat auch einen anonymen Rezensenten zur Feststellung veranlasst, daß der Bericht „besser einem Nichtösterreicher übertragen worden wäre", denn die zu registrierende „politische Rücksicht ... läßt ein lückenhaftes Bild entstehen"[100]. Aber die Kritik wird nicht näher begründet; es wäre durchaus möglich, dass Bohatecens positive Stellungnahme zur naturrechtlichen Basis der österreichischen Verfassung („Alles Recht geht von Gott aus" – statt zuvor: „Alles Recht geht vom Volk aus"), die er „im Ursprung ganz reformatorisch" empfinden und mit Calvin belegen konnte[101], als Anbiederung an den von der Scholastik beeinflussten Zeitgeist verstanden und deshalb verurteilt wurde. Bohatecens Haltung zum Ständestaat ergibt sich auch aus einer Stellungnahme zu den „Bedenken gegen den Eintritt in die VF", die ein ober-

---

96 Reingrabner/Schwarz, Quellentexte, 216–218; Helmut Gamsjäger, Evangelische Kirche und „Vaterländische Front", Zeitgeschichte 6 (1978/79) 165–176.
97 Anton Staudinger, Austrofaschistische „Österreich"-Ideologie, in: Emmerich Tálos / Wolfgang Neugebauer (Hrsg), „Austrofaschismus". Beiträge über Politik, Ökonomie und Kultur 1934–1938, Wien ⁴1988, 287–316
98 Josef Bohatec, [Das Verhältnis von Staat und Kirche – unter besonderer Berücksichtigung der Evangelischen Kirche in Österreich], in: M.V. Slotemaker de Bruine (Hrsg.): De Kerk in de Branding. Het conflict tusschen Kerk en Staat toegelicht naar aanleiding van actuele toestanden in verschillende landen [Die Kirche in der Brandung. Der Konflikt zwischen Kirche und Staat erläutert auf Anlaß aktueller Zustände in verschiedenen Ländern], Nijkerk 1935, 111–123 – dazu Schwarz, Konkordat und Ständestaat im Spiegel eines Beitrags des evangelischen Kirchenrechtslehrers Josef Bohatec, in: Paarhammer / Pototschnig / Rinnerthaler, 60 Jahre Österreichisches Konkordat, 245–272.
99 A.G.H. van Hoogenhuyze, De Protestanten in Oostenrijk in onze dagen vervolgd, Amsterdam 1936; Gösta Hagelin, Katolskt och Protestantiskt i det „Nya Österrike" [Katholisch und protestantisch im Neuen Österreich], in: Julhälsning till församlingarna i ärkestiftet, Uppsala 1936.
100 Protestantische Rundschau 13 (1936) 2, 154.
101 CR LVII, 637 f.

österreichischer Pfarrer publizierte[102]. Hatte dieser seine Vorbehalte damit begründet, dass er in der der römisch-katholischen Kirche konkordatär zugesicherten freien Ausübung ihrer geistlichen Macht eine Gefährdung der Minderheitskirche erblicken müsse, so zerstreute Bohatec diese Befürchtungen, indem er die gewährleistete Autonomie der katholischen Kirche in die Schranken des für alle geltenden Gesetzes einzuordnen wusste.

Pflichtvorlesungen zur weltanschaulichen Erziehung

Das Hochschulerziehungsgesetz des Ständestaates (BGBl. Nr. 267/1935) schrieb vor, dass die Studierenden aller Fakultäten im Laufe ihres Studiums eine Weltanschauungslehrveranstaltung zu absolvieren hatten. Folgerichtig ordnete es solche Vorlesungen zur weltanschaulichen und staatsbürgerlichen Erziehung an und betraute in erster Linie katholische Theologen mit der Durchführung. Die erste Veranstaltung dieser Art fand am 15. Oktober 1935 statt und wurde vom Kanonisten Johannes Hollnsteiner (1895–1971), dem Soziologen August Maria Knoll (1900–1963) und einem Ministerialbeamten durchgeführt[103]. Die Betrauung von Klerikern rief seitens der Evangelischen Kirche nicht nur im Blick auf die Theologiestudenten, sondern auch auf die beachtliche Zahl von Studierenden evangelischer Konfession an anderen Fakultäten große Beunruhigung hervor. Als Vertreter der evangelischen Hochschullehrer sprachen daraufhin am 11. Oktober der Mediziner Prof. Franz Hamburger (1874–1954), Richard Hoffmann sowie der ehemalige Sozialminister Dozent Robert Kerber (1884–1947) beim Rektor vor, um dieser Beunruhigung Ausdruck zu geben[104]. Sogar der Oberkirchenrat hielt es für angemessen, einen Antrag an das Ministerium zu richten[105]: jene Studenten, deren Konfession einen allfälligen Gegensatz zur herrschenden katholischen Weltanschauung bedingen könnte, sollten die Pflichtvorlesung bei einem Hochschullehrer ihres Bekenntnisses absolvieren dürfen. Dazu wurde im Blick auf die beiden Grazer Hochschulen, an denen im Wintersemester 1934/35 insgesamt 435 Studierende evangelischer Konfession gezählt wurden, ein konkreter Vorschlag unterbreitet, nämlich den dortigen Privatdozenten Karl Sapper (1876–1964),

---

102 Reingrabner/Schwarz, Quellentexte, 184–187.
103 „Hochschule und weltanschauliche Bildung", Reichspost Nr. 286/16.10.1935, 6.
104 Mitteilungsblatt für die Amtsträger der deutschen evangelischen Kirchengemeinden in Österreich, der Tschechoslowakischen Republik und Jugoslawien, 1.11.1935.
105 AVA Wien, Unterricht, 4 A 3, evang.-theol. Fak. Z. 34 794-I/1. 1935 – Antrag des Ev. OKR an das BMU Z. 5603/19.10.1935 – Der Oberkirchenrat wurde durch eine von Prof. Hamburger unterfertigte Eingabe der Akademikergemeinschaft im Ev. Bund zur Intervention bei Sektionschef Loebenstein gedrängt: AEOKR Wien Nr. 5401/1935, 5603/1935, 5792/1935.

ein Mitglied des Evangelischen Bundes und Verfasser eines Flugblattes mit heftiger Kritik an der österreichischen Konkordatspolitik[106], mit der Durchführung zu betrauen. Im Blick auf die Wiener Studierenden evangelischer Konfession (bei der Zählung im Wintersemester 1934/35 wurden an den Wiener Hochschulen 1822, an der Universität Wien allein 1247 Protestanten ausgewiesen[107]) wurde angeregt, den evangelischen Theologieprofessor Karl Völker zur Durchführung der genannten Vorlesung zu beauftragen.

In seinem daraufhin ergangenen Erlass anerkannte das Ministerium die Argumentation lediglich im Blick auf die Studierenden an der Evangelisch-Theologischen Fakultät. In diesem Fall wurde in der Tat der Kirchenhistoriker Völker zum Abhalten der Vorlesung ermächtigt. Was die übrigen evangelischen Studierenden betrifft, wurde auf technisch-administrative Schwierigkeiten verwiesen, aber auch grundsätzliche Einwände geltend gemacht: Es sei bei der gegenwärtigen Organisation des Hochschulwesens unzulässig und auch unmöglich, „die Übereinstimmung des Religionsbekenntnisses aller Hörer einer Lehrveranstaltung mit jenem des Hochschulprofessors zur Voraussetzung für seine Betrauung mit der betreffenden Lehraufgabe zu machen"[108].

Protest der Studentenschaft

Mit einer solchen formalistischen Antwort gaben sich die Studierenden nicht zufrieden. In einer durch achtzig Unterschriften bekräftigten Eingabe[109] wandten sie sich gegen die unterschiedliche Behandlung der Studierenden an der Evangelisch-theologischen Fakultät und jener der übrigen Fakultäten. „Was für die evangelischen Theologen recht ist, ist für die übrigen evangelischen Akademiker billig", so argumentierten sie und unterstrichen dies mit Luthers Feststellung, dass alle Christen wahrhaftig geistlichen Standes seien. In der zentralen Aussage stimmten die Studierenden dem Gesetz zu, daß nur vom Kernpunkt der Weltanschauung das Leben eines jungen Menschen aufzubauen möglich sei. Doch sie richteten dieses Argument nun gegen die politischen Absichten der Regierung: Nur ein auf dem Boden des evangelischen Bekenntnisses stehender Lehrer könne sie, ohne daß sie es Gewissenszwang nennen müßten, weltanschaulich erziehen. Weiters heißt es: Die „letzte per-

---

106 Reingrabner/Schwarz, Quellentexte, 91–93. – dazu Reingrabner, Konkordat und Protestanten – Das österreichische Konkordat von 1933 und die Evangelischen in Österreich, in: Paarhammer / Pototschnig / Rinnerthaler, 60 Jahre Österreichisches Konkordat, 273–292, hier 281.
107 Verordnungsblatt des BMU Stück XVII/15.9.1935.
108 AVA Wien, ebd. Erlass des BMU GZl. 34794-I/1 vom 25.10.1935,
109 AVA Wien, ebd. Eingabe an das BMU, Wien 26.1.1936.

sönliche Entscheidung" könne ihnen kein Mensch abnehmen, sie seien dafür verantwortlich und hätten sich „für das lutherische Bekenntnis" entschieden. Würden sie daran deuteln, so wäre ihr weiteres Leben „eine Lüge". Nur „Wahrheit" habe Bestand, deshalb gelte ihr erstes Bemühen, „wahr zu sein".

Eine Gruppe evangelischer Hochschullehrer erhob ebenfalls „Vorstellungen"[110], es sei aus evangelischer Sicht grundsätzlich unmöglich, „Theologiestudenten und Laienstudenten verschieden zu werten".

Proteste aus den Gemeinden

Dass diese geschilderten Proteste nicht von Erfolg gekrönt waren, ergibt sich schon aus der Tatsache, dass Ende Juni 1936 der Ev. Bund ein hektographiertes Rundschreiben an alle Presbyterien der Ev. Kirche richtete. Eine scharfe Kritik am Hochschulerziehungsgesetz zeigte auf, dass der Sachverhalt sowohl für das Gewissen des Einzelnen als auch unter dem Gesichtspunkt der Gleichberechtigung der Evangelischen Kirche untragbar sei. Deshalb wurden die angeschriebenen Pfarrgemeinden aufgefordert, Vorstellungen an das zuständige Ministerium zu richten. Die Presbyterien folgten dieser Aufforderung in großer Zahl[111]. Federführend bei dieser Aktion waren die beiden Theologieprofessoren Entz und Hoffmann, die sich auch geweigert hatten, der Vaterländischen Front beizutreten[112].

Widerstand gegen die geforderte VF-Mitgliedschaft

Nicht nur den Dienstnehmern der öffentlichen Hand wurde der Beitritt zur Vaterländischen Front nahegelegt, sondern zunehmend wurden Leistungen des Staates von der Mitgliedschaft abhängig gemacht. Die VF geriet zu einem allseitigen Disziplinierungsinstrument, um ein „vertrauensvolles" Verhältnis zum Staat sicherzustellen. Das freiwillige Bekenntnis zum Neuen Österreich wurde etwa den Schülern in der Form eines Kruckenkreuzabzeichens abverlangt und auch auf die Studentenschaft wurde die Verpflichtung ausgedehnt, der VF beizutreten. Und zwar sollten Begünstigungen bei den Studiengebühren nur solchen Studierenden zugutekommen, „deren vaterlandstreue Haltung gewährleistet erscheint" – oder, im Falle von Ausländern, die sich „kei-

---

110 Mitteilungsblatt für die Amtsträger, 1.2.1936.
111 AEOKR Wien, Nr. 3971/36; 4099/36; das Protestschreiben des Presbyteriums Wien-Innere Stadt A.B. vom 10.7.1936 bei Reingrabner/Schwarz, Quellentexte, 244–246.
112 Graf-Stuhlhofer, Gau-Akten, 205 f.

nerlei Verstoß gegen die Loyalität gegenüber dem österreichischen Gastland und keine Verletzung der österreichischen Rechtsordnung zuschulden kommen ließen"[113].

Wie schon im Zusammenhang mit der an die Religionslehrer und Pfarrer gerichteten Beitrittsaufforderung so hat auch in diesem Fall Superintendent Johannes Heinzelmann das Wort genommen und nachdrücklich auf den zugrundeliegenden Gewissenskonflikt der evangelischen Theologiestudierenden hingewiesen[114]. Da ein unter wirtschaftlichem Druck erfolgter Beitritt für die VF selbst keinen Wert haben könne und vom ethischen Standpunkt bedenklich sei, regte er an, diese Verordnung des Ministeriums so zu handhaben, dass als Bedingung für die Befreiung von Studiengebühren „nur ein in jeder Hinsicht tadelloses und einwandfreies Verhalten zu gelten habe". Damit mochte sich das Ministerium freilich nicht zufriedengeben, denn in einem hierauf ergangenen Erlaß verzichtete es wohl auf die Mitgliedschaft, keineswegs aber auf die ausdrückliche Abgabe einer bekenntnishaften Loyalitätserklärung seitens der betroffenen Studierenden. Der Wortlaut einer solchen Erklärung wurde mitgeliefert[115]: „In dem Bewußtsein, daß die von mir erbetene Studiengebührenbegünstigung eine Belastung der Gemeinschaft zur Förderung eines Einzelnen darstellt, die dieser vor seinem Gewissen nur in Anspruch nehmen kann, wenn er sich in Treue zu der Gemeinschaft bekennt, erkläre ich: Ich bekenne mich in Treue zu meinem Vaterlande Österreich und zu seiner Ordnung als selbständiger und unabhängiger, christlicher, deutscher Bundesstaat auf berufsständischer Grundlage."

Akademischer Widerstand gegen den Ständestaat

„Mit den mir zur Verfügung stehenden Mitteln habe ich das Regime unermüdlich bekämpft". So bekannte Entz in seinen Lebenserinnerungen; er bestätigte damit aber auch, dass er seine Vortragstätigkeit in den Gemeinden als einen solchen akademischen Widerstand begriff. Landauf und landab war Entz in dieser Ära unterwegs, um an die Zeit der Gegenreformation zu erinnern, um „den Gemeinden ins Bewußtsein zu rufen, mit welch grauenhaften Mitteln unsere Heimat (...) wieder katholisch gemacht wurde, woraus sich für uns als den Nachkommen einer Kirche von Märtyrern und Bekennern umso mehr die

---

113 Wiener Zeitung Nr. 23/23.1.1937.
114 AEOKR Wien, Nr. 1838/37 – Schreiben Heinzelmann an das BMU, Villach 18.3.1937, Z. 411.
115 AEOKR Wien, Nr. 6097/37 – Erlass BMU Zl. 10672-I/1, 23.9.1937 an das Dekanat der Ev.-theol. Fakultät (Abschrift).

Die Professoren Entz (li) und Hoffmann (re)

Pflicht ergebe, unter den kirchlichen Bedrängnissen ebenso wie unter den schnöden Verlockungen der Gegenwart fest zu bleiben"[116].

Bei diesen populären Vorträgen, die den Versuch wagten, die Geschichte des Protestantismus in Österreich klar und faßlich auf einen Abend begrenzt aufzubereiten und darzustellen, nahm die Auseinandersetzung mit einem zum Kultbuch des Ständestaates aufgerückten „Goldenen Buch der vaterländischen Geschichte" von Joseph August Lux (1871–1947) breiten Raum ein. Dieses war vom Bundeskanzler Schuschnigg in seinem Vorwort als „Volksbuch" gepriesen worden, in dem identitätsstiftenden und integrierenden Sinn „alle zu einem Volksganzen zu schmieden" – und zwar basierend auf der Formel von der Gegenreformation, um von dort einen Österreich-Begriff zu profilieren und Österreichs kulturpolitische Sendung in der Gegenwart als gesamtdeutsche Aufgabe und den Ständestaat als den zweiten besseren deutschen Staat zu proklamieren. Die These von der Reformation als einem „fremden Gift"[117], als „eine jener geistigen Ansteckungen, die über Grenzen und Länder wirken und sich wie eine Seuche verbreiten", spitzt der Verfasser zur Feststellung zu, dass die Gegenreformation Österreichs größte Leistung für das Deutschtum gewesen sei. Den Höhepunkt der Gegenreformation erlebte Österreich unter Ferdinand II., mit dem er den Begründer des Ständestaates Engelbert Dollfuß unmittelbar verglich.

Gegen die beleidigenden Passagen traten die Evangelischen geschlossen auf. Der Oberkirchenrat erhob eine Beschwerde, der Ev. Bund brachte, allerdings vergeblich, eine Presseklage ein, die durch Fachgutachten der Fakultät unter Dekan Prof. Bohatec und der Gesellschaft für die Geschichte des Protestantismus in Österreich, gezeichnet von Prof. Völker und Präsident Wolfgang Haase (1870–1939), unterstützt wurden.

Und auf seine Weise kämpfte auch Gustav Entz gegen diese Geschichtskonstruktionen des Ständestaates an, nämlich durch seine zahlreichen Gemeindevorträge im In- und Ausland. Ein Vortragsabend in Baden bei Wien, der 34. in Serie, hatte ein publizistisches Nachspiel in der Reichspost. Zum Vortrag in der evangelischen Kirche war allgemein eingeladen worden. Im Gemeindeblatt stand die Einladung, kein Gemeindeglied sollte „ohne dringende Abhal-

---

116 Entz, Vierhundert Jahre Protestantismus in Österreich, Knittelfeld 1937; ders., Erinnerungen 119; Schwarz, Gustav Entz, 27.
117 Joseph August Lux, Das goldene Buch der vaterländischen Geschichte, Wien 1934/²1935, 212; Alfred Missong, Österreichs katholische Sendung, Österreichische Akademische Blätter 1936/XI. – Dazu Reingrabner, Feststellungen zur Bedeutung der Gegenreformation aus evangelischer Sicht, in: France M. Dolinar / Maximilian Liebmann / Helmut Rumpler / Luigi Tavano (Hrsg.), Katholische Reform und Gegenreformation in Innerösterreich 1564–1628, Klagenfurt/Graz 1994, 691–707, hier 704 ff.

tung" fehlen, denn es würde von berufener Seite „über unsere Vorfahren und ihren Kampf um die evangelische Kirche und ihre Passion [berichtet] – mit einem Ausblick auch in die Gegenwart"[118]. Ohne den Referenten beim Namen zu nennen, warf ihm die Reichspost vor[119], ein „Kauderwelsch verwegener Geschichtslügen, Verleumdungen und Verdächtigungen" geboten zu haben, und witterte „einen gröblichen Mißbrauch eines Gotteshauses zu einer politischen Propagandarede gröbster Sorte".

Eine solche Zeitungsmeldung veranlasste das Kultusamt, beim Oberkirchenrat einen Bericht über den Vorgang anzufordern[120]. Präsident Capesius wandte sich an den Ortspfarrer Senior Lic. Robert Fronius (1868–1954), der bei seiner Vorsprache einräumte, dass der Vortrag „nicht nach seinem Geschmack" gewesen sei[121], Entz hätte seiner Ansicht nach die Habsburger „in unangemessener Weise angegriffen". Umgekehrt seien die Presseberichte irrig, weil sie Aussagen über das 16. Jahrhundert, die Verbrennung des Anführers der Täufer Jakob Huter, auf Maria Theresia bezogen. Er werde diesen Vorfall zum Anlass nehmen, derartige Vorträge nicht mehr in der Kirche zuzulassen, was auf Zustimmung des OKR-Präsidenten stieß, der seine Meinung dahingehend zusammenfaßte, dass „derartige Vorträge in der jetzigen Zeit, selbst wenn sie sich von tendenziösen Entstellungen fernhielten, wohl geeignet erschienen, den konfessionellen Frieden zu beeinträchtigen"[122]. Der Zeitungsartikel in der Reichspost, dem bald ein weiterer in der Zeitschrift „Katholisches Leben" folgte[123], schloss mit der polemischen Frage, ob „derlei [Vorträge] etwa in Baden Mode werden" sollen. Entz strengte einen Presseprozess an, bei dem der verantwortliche Redakteur der Reichspost allerdings freigesprochen wurde, die erstrittene Entgegnung bezog sich dann aber nur auf Äußerlichkeiten und konnte den Vortragenden in keiner Weise zufriedenstellen[124].

---

118 Gemeindeblatt der ev. Pfarrgemeinde Baden 7 (1937) F. 5, 8 (Hervorhebung von mir, K.S.).
119 Reichspost Nr. 145/28.5.1937, 7: „Politische Hetze in einer Kirche"
120 AEOKR Wien, Fasz. 433, Nr. 3672/37: BMU Z. 19202/Kultusamt –b/7.6.1937.
121 Peter F. Barton (Hrsg.), Die Autobiographie des Badener Pfarrers Robert Fronius, JGPrÖ 97 (1981) 1–108, hier 58 – positive Erwähnung der Geschichtsvorträge der Professoren Völker und Entz in der Kirche.
122 AEOKR Wien, ebd. Nr. 3406/1937 – AV Capesius vom 29.5./10.6.1937.
123 Katholisches Leben Nr. 23/6.6.1937, 2: „Wo werden Protestanten verfolgt?".
124 Reichspost Nr. 239/30.8.1937, 4 – AEOKR Wien, ebd. Nr. 5538/37.

Zeitungsartikel von Prof. Hoffmann mit deutschchristlicher Tendenz [„Haus in der Zeit"]

Der Ruf der Fakultät jenseits der Grenzen

Nach dem Höhepunkt der Studentenzahlen im Sommersemester 1932 (116 „reichsdeutsche" Studierende) fanden sich im Sommersemester noch einmal 100 Studierende aus dem Deutschen Reich zum Studium an der Fakultät ein, dann stürzten die Zahlen auf knapp 20, um im Wintersemester 1934/35 noch weiter abzunehmen. Das hing mit der Tausendmarksperre zusammen, aber auch nach dem Juliabkommen 1936 kam es zu keiner Steigerung der Frequenz, obwohl es über die Deutsche Studentenschaft in Wien möglich war, die devisenrechtliche Betreuung dieser Studenten durchzuführen.

Das Kirchliche Außenamt hatte am 1. April 1937 an das Auswärtige Amt in Berlin über die Wiener Fakultät berichtet und dabei deren große „kulturpolitische Bedeutung" als Ausbildungsstätte für die jungen Theologen aus Ost- und Südosteuropa hervorgehoben. Sie gewinne dadurch „erhöhte Bedeutung", weil in vielen Fällen den volksdeutschen Studenten Schwierigkeiten von seiten ihrer Regierungen bereitet werden, wenn sie zum Studium ins Deutsche Reich ausreisen wollten. Für reichsdeutsche Studenten böte sich Wien deshalb an, um die „Probleme des Außendeutschtums" kennenzulernen. Deshalb bestünde ein großes kulturpolitisches Interesse daran, das „Ansehen der Fakultät" zu verbessern und den Lehrkörper „auf einem möglichst hohen Stand zu erhalten". Das Kirchliche Außenamt verband damit die Bitte an das Auswärtige Amt, es möchte bei einer allfälligen Lehrstuhlvakanz „die Frage des Nachfolgers unter diesen Gesichtspunkten mit besonderem Nachdruck fördern ..., damit eine hervorragende Kraft für Wien gewonnen wird". Eine weitere Förderung könnte erfolgen, wenn neben den bestehenden ordentlichen Lehrstühlen vorübergehend für ein bis zwei Jahre angesehene Gelehrte aus dem Reich, eventuell im Austauschwege, die Gelegenheit zu Vorlesungen in Wien bekämen. Als offenbar in diesem Zusammenhang der Jenaer Theologe Wolf Meyer-Erlach (1891–1982) eine Vortragsreise nach Österreich durchführte, wurden Bedenken dem Kirchlichen Außenamt zugetragen, dass dadurch die kirchenpolitischen Gegensätze in die österreichische Kirche hineingetragen würden[125].

Zur Anregung des Kirchlichen Außenamtes nahm der Dekan der Erlanger Fakultät Werner Elert (1885–1954) Stellung[126], er reagierte positiv, nahm aber

---

125 Vorsprache von Jugendpfarrer Georg Traar am 19.10.1937 im Kirchlichen Außenamt – Ev. Zentralarchiv Berlin, Bestand 5, Z. 1707.
126 Bayerisches Hauptstaatsarchiv München, MK 40643: Bericht Dekan Elert an den Rektor und das Staatsministerium für Unterricht und Kultus in München, Nr. 1875/11.8.1937.

eine reservierte Haltung zur Wiener Fakultät ein: An deren Bedeutung für die in diesem Bericht bezeichneten „besonderen Aufgaben" könne „selbstverständlich" kein Zweifel bestehen. Jede Möglichkeit, „Niveau und Anziehungskraft der Fakultät zu heben", muss begrüßt und das Studium reichsdeutscher Theologiestudierender in Wien „aus völkischen Erwägungen" gefördert werden. Ein „besonderer Gewinn in wissenschaftlicher Hinsicht" sei allerdings „in der augenblicklichen Lage" (11.8.1937) „kaum zu erwarten". Das Studium volksdeutscher Theologen an Universitäten des Deutschen Reiches sollte nachdrücklich unterstützt werden, deren „völkische Beeinflussung" könne im Reich „sehr viel eindringlicher erfolgen als in Wien", so lautet die Quintessenz der Elert'schen Stellungnahme.

An den Studentenzahlen ist zu ersehen, dass das Studium in Wien in den Jahren des katholischen Ständestaates für reichsdeutsche Studierende wenig attraktiv gewesen ist: Vom Sommersemester 1935 bis Wintersemester 1937/38 waren zwischen zwei und zehn Studenten inskribiert, hingegen eine beachtliche Zahl aus Ost- und Südostmitteleuropa. Der Ruf der Fakultät im Ausland war wenig schmeichelhaft. War sie für Elert 1937 wissenschaftlich bedeutungslos, so hatte sich Bohatec 1935 beeilt, in einem Literaturbericht das Gegenteil zu behaupten[127]. Ganz anders sah ein Bericht über die Fakultät in diesen Jahren unter dem Blickwinkel ihrer politischen Bedeutung aus: Anfang März 1938 war in einer Schwedischen Zeitung die Behauptung zu lesen, dass die Fakultät eine „Brutanstalt für junge Nationalsozialisten" sei und die Studenten geradezu „Anbeter" des „Mythos des 20. Jahrhunderts"[128]. Auch wenn der Autor diese Aussage im weiteren Textverlauf auch etwas relativiert (sie sei sicher stark übertrieben), so fühlt er sich aber durch die Interviews junger protestantischer Pfarrer in Wien darin bestätigt, dass „unbedingt etwas Wahres an dieser Charakteristik" sei. Der Artikel rief heftigen Widerspruch hervor, der Österreich-Spezialist Gösta Hagelin (1900–1979), der in jenen Tagen die erwähnte Schrift von Entz unter dem Titel „Leidensgeschichte des Luthertums in Österreich" in schwedischer Sprache herausbrachte und in Wien recherchiert hatte[129], dementierte die Meldung aufs Heftigste. Das Dementi verblaßt freilich angesichts der Tatsache, dass gerade im Wintersemester 1937/38

---

[127] Josef Bohatec, Deutschösterreichs Beitrag zur evangelisch-theologischen Wissenschaft, in: Friedrich Siegmund-Schultze (Hrsg.), Die Evangelische Kirche in Österreich (= Ekklesia IV/14), Gotha 1935, 61–78.
[128] Ronald Fangen, Die Kirche in Österreich, in: Nu Nr. 10/4.3.1938 – deutsche Übersetzung von RA Dr. Lippert/Salzburg: AEOKR Wien, Nr. 3878/38.
[129] Thomas Pammer, „Die Arche Noah ist auf dem Kanal vorbeigefahren". Geschichte der Schwedischen Israelmission in Wien, Wien 2017, 69.

die Inhaftierung einiger Theologiestudenten wegen nationalsozialistischer Betätigung erfolgte. Nach dem Anschluß wurden sie von Entz mit gehörigem Stolz als Helden gefeiert. So konnte er von ihnen behaupten, dass „die Studenten der Wiener Fakultät (...) etwa zu zwei Dritteln Mitglieder in den illegalen Formationen" waren[130].

„Grenzburg" und Bollwerk" / „Willfährige Wissenschaft"

Das Fakultätskollegium setzte sich zum Zeitpunkt des im März 1938 erfolgten Anschlusses aus fünf Professoren zusammen, dem 66-jährige Religionswissenschaftler und lutherischen Systematiker A.B. Karl Beth (seit 1906), der zwei Jahre zuvor anlässlich seines 30-jährigen Amtsjubiläums am 29. April 1936 im Mittelpunkt einer großen universitären Feier gestanden war[131], dem 59-jährigen Alttestamentler Fritz Wilke (seit 1909 und seit März 1938 Parteimitglied der NSDAP[132]), dem 62-jährigen reformierten Systematiker H.B. Josef Bohatec (seit 1913), dem 66-jährigen Neutestamentler Richard Adolf Hoffmann (seit 1915 und seit 1938 Parteimitglied der NSDAP[133]) und dem 54-jährigen Praktologen Gustav Entz (seit 1922). Zwei Professoren standen vor ihrer Emeritierung (Beth und Hoffmann), die in Österreich (anders als im Deutschen Reich) üblicherweise mit 70 erfolgte, drei standen im vorgerückten Alter. Der Lehrstuhl für Kirchengeschichte war seit dem frühen Tod von Karl Völker 1937 vakant. Schon am 18. März 1938 wurde der Jüngste der Professoren Gustav Entz vom Rektor als Dekan eingesetzt und der für das Studienjahr 1937/38 gewählte Dekan Hofrat Prof. Karl Beth abgelöst. Ein Student notierte in seinem Tagebuch, der Dekan habe die Mitteilung gemacht, „daß Beth nicht mehr liest"[134]. Im Protokoll der Fakultätssitzung vom 25. Juni 1938 steht dazu die lapidare Bemerkung, dass „am 22.4. (sic) von Seite des Dekanates diese Mitteilung [nämlich die dekretierte Versetzung Beths in den dauernden Ruhestand] weitergeleitet (wurde)". Von den neuen Machthabern zwangspensioniert[135], mussten die von ihm angekündigten Lehrveranstaltungen entfallen, darunter die Pflichtvorlesung des Ständestaates „zur weltanschaulichen Erziehung".

---

130 Gustav Entz, Der österreichische Protestantismus im Rahmen des gesamtdeutschen Protestantismus, in: Hans Eder (Hrsg.): Die evangelische Kirche in Österreich. Blüte, Not und neuer Aufbau, Berlin 1940, 122–139, hier 138.
131 AEOKR Wien, Fasz. 416, Nr. 2501/36.
132 Graf-Stuhlhofer, Gau-Akten, 213.
133 Graf-Stuhlhofer, Gau-Akten, 205.
134 Wilhelm Stritar, Tagebuch, 22.4.1938.
135 Dekret des Österreichischen Unterrichtsministeriums Zl. I 3499-II/4 vom 29.4.1938 – DZl. 271/38.

Es war aber nicht allein dieser hochpolitische Lehrauftrag, der ihn nach dem Anschluß zur Unperson stempelte, seine Entfernung aus dem Lehramt hing auch mit der rassistischen Neuordnung des österreichischen Berufsbeamtentums zusammen[136]. § 3 Abs 1 dieser Norm dekretierte, dass jüdische Beamte, Beamte, die jüdische Mischlinge sind, und Beamte, die mit einer Jüdin (...) oder mit einem Mischling ersten Grades verheiratet sind, in den Ruhestand zu versetzen sind. Dasselbe galt auch laut § 4 für Beamte, „die nach ihrem bisherigen politischen Verhalten nicht die Gewähr dafür bieten, daß sie jederzeit rückhaltlos für den nationalsozialistischen Staat eintreten"[137]. Dieser Zwangspensionierung konnte sich Beth auch nicht durch die am 4. Juli 1938 vollzogene Ehescheidung[138] entziehen.

Bei zwei Promotionsverfahren im Mai 1938 durfte Beth als Gutachter noch mitwirken, nämlich bei den beiden am 25. Mai 1938 erfolgten Promotionen von Franz Fischer (1895–1975) und Hans Heuer (1908–1975). Der Erstere widmete sich den „theologischen Voraussetzungen des evangelischen Religionsunterrichts", der Zweitgenannte dem „Wille[n] der lutherischen Reformation in der liturgischen Gestaltung"[139]. Beide Arbeiten waren von Beth und Entz approbiert worden[140]. Aber schon zuvor hatten die Kollegen bereits Überlegungen angestellt, wie der Lehrstuhl zu besetzen wäre, und hatten am 7. Mai 1938 einen Ternavorschlag erarbeitet – nota bene mit „Stimmeneinhelligkeit"[141]. Die rechte Hand von Auslandsbischof Theodor Heckel (1894–1967), der Konsistorialrat im Kirchlichen Außenamt Lic. Eugen Gerstenmaier (1906–1986) spielte dabei keine Rolle. Zwar war er, wie er behauptete, einer allfälligen Berufung wegen nach Wien eingeladen worden, nahm auch im Rahmen der Evangelischen Woche an der Universität (7./8.März 1938) das Wort[142] und wurde unmittelbarer Augenzeuge des Anschlusses[143], aber in den Berufungsüberlegun-

---

136 GBl. für das Land Österreich Nr. 160/1938: Kundmachung der Verordnung zur Neuordnung des österreichischen Berufsbeamtentums vom 31. Mai 1938.
137 Brigitte Lichtenberger-Fenz, Österreichs Hochschulen und Universitäten und das NS-Regime, in: Emerich Talos / Ernst Hanisch / Wolfgang Neugebauer (Hrsg.), Wien ²2000, 269–282, hier 272.
138 Tschank, Beth, 12; Brief Beth an Gauinspektor Hans Berner, zit. bei Graf-Stuhlhofer, Gau-Akten, 194.
139 Vgl. Hans Heuer: Die liturgische Bewegung in unserer Kirche, in: JMLB 1 (1946) 90–93. Heuer betrieb seine Promotion von Erlangen aus, wo er mit der Geschäftsführung des Martin-Luther-Bundes und dem Studieninspektorat des Theologenheimes betraut war (freundliche Mitteilung von Pfarrer Michael Hübner, Generalsekretär des Martin-Luther-Bundes in Erlangen).
140 Fakultätsarchiv Wien, Doktorenbuch Nr. 177, 178; Rigorosenprotokoll Nr. 30, 33.
141 AdR Wien, Ministerium für innere und kulturelle Angelegenheiten Abt. IV, 4, ev.-theol. Fakultät, Nr. 16.227/1938 – Bericht der Ev.theol. Fakultät D.Z. 301/1937-38, 12.5.1938.
142 Schwarz, „Gut und männlich und stark!" Ein Essay über die Evangelische Woche in Wien im Spiegel ihrer Geschichte, in: Alfred Garcia Sobreira Majer (Hrsg.), Die Evangelische Woche in Wien 1927-1938/1958-1995. Eine Festschrift zu ihrem Jubiläum, Wien 1995, 13–40, hier 30 f. und 77.
143 Eugen Gerstenmaier, Streit und Friede hat seine Zeit. Ein Lebensbericht, Frankfurt/M. u.a. 1981, 105.

gen wurde sein Namen nicht genannt. Er erlebte die fanatische Begeisterung am Wiener Heldenplatz, die ihn peinlich berührte. Als er diese Irritation seinem Wiener Gastgeber Georg Traar (1899–1980) mitteilte, erfuhr er dann die grenzenlos naive Einschätzung seines Gegenübers „mit Tränen in den Augen", dass sie nicht dem Nationalsozialismus gelte, sondern dem vereinten Deutschland[144]. Wohl schrieb er einen Kartengruß an das Kirchliche Außenamt mit knappen Notizen über die Wiener Fakultät, dass sie „im Wackeln" sei und Beth „ausfalle"[145], aber bei den Überlegungen zur Neubesetzung des Lehrstuhls fiel sein Namen nicht. Ob Gerstenmaier am 15. März 1938 unter Begleitung eines SS-Mannes bei einer Versammlung der österreichischen Weltbundvereinigung mit dem Auftrag erschien, den Referenten Friedrich Siegmund-Schultze (1885–1969) zu verhaften[146], bloß eine erfundene Behauptung des Betroffenen war, der sich der Verhaftung durch die Hintertür entziehen und durch Flucht in die Schweiz in Sicherheit bringen konnte, oder der Wahrheit entsprach, konnte trotz eingehender Recherchen nicht geklärt werden[147]. Dass die beiden kirchenpolitischen Kontrahenten feindselig gegeneinander waren, steht jedenfalls fest.

Ein Ternavorschlag mit politischer Markierung

In seinem Besetzungsvorschlag fällt der Name Gerstenmaier nicht, das Professorenkollegium reihte vielmehr den Bonner Extraordinarius Walter Ruttenbeck (1890–1964) an die erste Stelle, auf Platz Zwei pari passu den Ordinarius in Halle Gerhard Heinzelmann (1884–1957) und den Ordinarius und Dekan Hans Wilhelm Schmidt (1903–1991), dem deutschchristlichen Nachfolger auf dem Lehrstuhl von Karl Barth (1886–1968) in Bonn[148]. Als Begründung für den Erstgereihten hieß es, dass er nicht nur ein anregender, wissenschaftlich bedeutender Dozent sei, der zu den meistgehörten Lehrern zählt, sondern auch „im Hinblick auf seine nationalsozialistische Einstellung und seine sonstige Haltung für die Verhältnisse an der Universität Wien besonders geeignet" er-

---

144 Gerstenmaier, Streit und Friede, ebd.
145 Schreiben vom 2.4.1938 – EZA Berlin, C2/98.
146 So die Behauptung von Friedrich Siegmund-Schultze in einem 1964 niedergeschriebenen Text: Stefan Grotefeld, Friedrich Siegmund-Schultze. Ein deutscher Ökumeniker und christlicher Pazifist, Gütersloh 1995, 320 Anm. 115; Schwarz, „… Wie verzerrt ist nun alles!". Die Ev. Kirche und der Anschluss Österreichs an Hitlerdeutschland im März 1938, in: Gerhard Besier (Hrsg.), Zwischen „nationaler Revolution" und militärischer Aggression. Transformationen in Kirche und Gesellschaft 1934–1939, München 2001, 167–191, hier 168 Anm. 6..
147 Grotefeld, Friedrich Siegmund-Schultze, 319 ff. (Exkurs zu Eugen Gerstenmaier und Friedrich Siegmund-Schultze).
148 Kurt Meier, Die Theologischen Fakultäten im Dritten Reich, Berlin-New York 1996, 372.

scheine. Was sich hinter der Formel „sonstige Haltung" versteckte, die ihn sehr geeignet erscheinen ließ, war die ihm nachgesagte „Zurückhaltung" im Kirchenkampf, in den die Wiener Fakultät um keinen Preis hineingezogen werden wollte. Man war noch um Äquidistanz bemüht.

So rasch die Professoren auch gehandelt hatten, die Wiederbesetzung der Lehrkanzel wird sich aus verschiedenen noch zu erörternden Gründen in die Länge ziehen. Und 1939 wurde nicht der Erstgereihte berufen, sondern der jüngste Drittgenannte, der als 35-jähriger Nachwuchswissenschaftler schon auf eine beachtliche Karriere zurückblicken konnte[149]. Nach Studien der Philosophie und Theologie in München, Tübingen, Greifswald und Erlangen promovierte er als 23-jähriger im September 1926 an der Universität Greifswald mit der Monographie über „Zeit und Ewigkeit", von der er sein persönliches Attribut „Zeit- und Ewigkeitsschmidt" erhielt[150]. Diese Studie über „die letzten Voraussetzungen der dialektischen Theologie", die 1927 in Gütersloh im Druck erschien und von Paul Tillich (1886–1965) außerordentlich gelobt wurde (er attestierte dem Verfasser „eine hohe wissenschaftliche Befähigung und eine völlige Vertrautheit mit den aktuellen Problemen der Systematischen Theologie, und darüber hinaus die Kraft, philosophische Probleme zu selbständiger Lösung zu führen"[151]), wurde von der Greifswalder Fakultät in ihrem zweiten Teil im Februar 1927 auch als Habilitationsschrift approbiert. Sie bildete auch die Grundlage für den ersten akademischen Ruf, den der 24-Jährige von der Kirchlichen Hochschule in Bethel erhielt. Der Ruf erreichte ihn, als er für die Dauer eines Semesters als Assistent am Tübinger Lehrstuhl für Neues Testament bei Gerhard Kittel (1888–1948) arbeitete. Diesen hatte er in Greifswald kennengelernt. Später wird er sich rühmen, den Neutestamentler nach Wien gelockt zu haben. An der Kirchlichen Hochschule in Bethel, deren Dozentenschaft „fast geschlossen ihren Platz in der Bekennenden Kirche und im Pfarrernotbund (fand)"[152], schwenkte nur Schmidt, der Jüngste im Lehrkörper, 1933 „mit fliegender Fahne ins NS-Lager" über[153], war Parteigenosse und Mitglied der Deutschen Christen (DC) geworden und vom DC-Bischof in Westfalen mit der Leitung der Ortsgruppe

---

149 Gottfried Michaelis, Der Fall Vischer. Ein Kapitel des Kirchenkampfes. Ein Beitrag zur Geschichte Bethels 1932 bis 1946, Bielefeld 1994, 140–183 (mit mangelhaften Zitatnachweisen).
150 Campenhausen, Die Murren, 194.
151 Michaelis, Der Fall Vischer, 146; Martin Berger / Matthias Geist, Nationalsozialistische Karriere und lutherischer Offenbarungspositivismus: Hans Wilhelm Schmidt, in: Schwarz / Wagner, Zeitenwechsel und Beständigkeit 1997, 353–389, hier 353 Anm. 1.
152 Meier, Theologische Fakultäten, 210 ff., 218.
153 Michaelis, Der Fall Vischer, 35.

der DC in Bethel betraut worden. Er mußte sich nach Äußerungen „im braunen Sinne" und seiner Parteinahme für den DC-Bischof Joachim Gustav Hossenfelder (1899–1976) und gegen Friedrich von Bodelschwingh (1877–1946) allerdings Zurechtweisungen im Kollegenkreis gefallen lassen[154]. „Wir atmeten erleichtert auf", schrieb der Kirchen- und Dogmenhistoriker Robert Frick (1901–1990), „als er 1934 einer Berufung nach Münster folgte"; mit Wirkung vom 13. September 1934 wurde er, vom DC-Bischof in Westfalen Bruno Adler (1896–1954) als S.A.-Mann empfohlen und vom Dekan der Fakultät in Münster Friedrich Wilhelm Schmidt (1893–1945) beantragt, vom Preußischen Ministerpräsidenten zum Nachfolger des entpflichteten Neutestamentlers Otto Schmitz (1883–1957) ernannt[155]. Doch auch diese Stelle blieb nur ein kurzer Zwischenschritt, denn schon ein Jahr später folgte er zum Wintersemester 1935/36 einem Ruf an die Universität Bonn, auf den Lehrstuhl von Karl Barth[156], wo er zwar schon im folgenden Studienjahr 1936/37 das Dekanat bekleidete und durch eingehende Berichterstattung nach Berlin auffiel, aber sonst „keine Spuren hinterlassen" habe[157]. Immerhin war er an der Befriedungsaktion des Reichskirchenministers Hanns Kerrl (1887–1941) beteiligt und hatte im Verein mit seinen Bonner Kollegen am 1. Jänner 1936 eine „Erklärung zur kirchlichen Lage" veröffentlicht, welche eine Achse zwischen den Bekenntnissen der Reformation und dem Nationalsozialismus, der „nationalsozialistischen Volkswerdung auf der Grundlage von Blut und Boden, deutscher Eigenart und Geschichte" bei „tiefer Bindung an Gott als den Herrn des Lebens und der Geschichte" begründete[158]. Die kirchenpolitische Konstellation an der Rheinischen Landesuniversität war infolge der Entfernung der BK-Professoren und einer mit Nachdruck durchgeführten Gleichschaltung[159] gespannt und verworren, gekennzeichnet durch studentischen Protest und Boykottierung der Lehrveranstaltungen von DC-Professoren, durch einen eklatanten Rückgang der Studentenfrequenz.

---

154 Michaelis, Der Fall Vischer, 35; 151.
155 Die von Michaelis, Der Fall Vischer, 155 f. zitierten Quellen (Briefe von Bischof Adler und Dekan F.W. Schmidt an Staatssekretär Stuckart), die er von mir erhielt, stammen nicht „aus Wiener Universitätsakten" (so 155), sondern aus dem Geheimen Staatsarchiv Preußischer Kulturbesitz, Abt. Merseburg, Rep. 76 Va Sekt. 13 Tit. 4 Nr. 16 Bd 2 (Berufung Schmidts auf den NT-Lehrstuhl in Münster).
156 Hermann Dembowski, Wahrer Gott und wahrer Frieden. Aufsätze und Vorträge zwischen Ost und West, hrsg. von Heino Falcke und Henning Schröer, Leipzig 1995, 501.
157 Ernst Bizer, Zur Geschichte der Evangelisch-Theologischen Fakultät von 1919 bis 1945. In: 150 Jahre Rheinische Friedrich-Wilhelms-Universität zu Bonn 1818–1968. Bonner Gelehrte. Beiträge zur Geschichte der Wissenschaften, Bonn 1968, 237–275, hier 261.
158 Bizer, Zur Geschichte, 261.
159 Meier, Theologische Fakultäten, 366 f.

1939 folgte er dem Ruf an die kleine Wiener Fakultät, die immerhin über 41 Studierende verfügte, freilich mit der Studentenfrequenz von Bonn auch nach dem Abzug der BK-Studenten und dem dadurch erfolgten Absturz von 216 auf 76[160] nicht wirklich zu vergleichen war. Zweifellos hat er zur weiteren Prussifizierung der Fakultät beigetragen, auch wenn er persönlich aus Bayern stammte, aber seine Berufung hing eng mit der politischen Förderung zusammen, die ihm zuteil wurde. So wurde seitens der Reichsdozentenführung mehrfach und vehement zu seinen Gunsten interveniert[161]. Als „ein gescheiter Streber, der vielleicht lieber Philosoph als Theologe geworden wäre, eifriger Nazi" ist er seinem Kollegen Hans Freiherrn von Campenhausen (1903–1989) in Erinnerung geblieben[162]; als „Günstling" der NSDAP wurde er auch seitens der Studenten empfunden. Einer äußerte sich 1945 außerordentlich kritisch zur Auswahl der Professoren, dass „nicht so sehr das religiöse oder wissenschaftliche Moment ausschlaggebend (war), sondern vielmehr das parteipolitische Interesse. Wer der strammere Parteigenosse war, wurde eher an die Fakultät berufen"[163]. Das traf aber auf viele Berufungsverfahren an allen Fakultäten österreichischer Hochschulen in den Jahren 1938/39 zu. Bei Schmidt kam freilich noch hinzu, dass ihm alle finanziellen Forderungen erfüllt wurden, so war ihm ein Jahresgehalt von RM 12.374 (ohne Familienzulage) zuerkannt worden[164], was praktisch der zehnten Gehaltsstufe des österreichischen Schemas entsprach. Im Vergleich dazu hatte sich der wesentlich ältere und seit 1922 als Ordinarius wirkende Entz mit der achten Gehaltsstufe zu bescheiden. Dieser war freilich ledig und ausgesprochen bescheiden, ja bedürfnislos.

Beths Emigration

Was sich die Herren der Fakultät dachten, als mit der Entfernung ihres Seniors ein so hoher Preis abverlangt wurde, ist nicht überliefert worden. Einen geschätzten Kollegen zu verlieren, mag Betroffenheit ausgelöst haben, aber es war kein Einzelschicksal. Wie viele Wissenschaftler mussten 1938 ihre Wirkstätte verlassen, konnten ins Ausland emigrieren oder gerieten in die lebens-

---

160 Bizer, Zur Geschichte, 262.
161 Berufungsverhandlungen mit Hans Wilhelm Schmidt, – AdR Wien, Ministerium für innere und kulturelle Angelegenheiten [Min.f.inn./kult. Ang.] IV-2-303-995/39; 305.814/39; 314.076/39.
162 Campenhausen, Die „Murren", 194.
163 Dr. jur. Johann Preindl, Die politische Haltung der Kirche Österreichs, masch. Manuskript Dezember 1945 – AVA Wien, Kultus, Fasz. B 28, Nr. 10.409/45.
164 Referentenschreiben an Prof. Schmidt, 14.1.1939 – AdR Wien, Min.f. inn./kult. Ang. IV-2-303.995/39.

Studierendenfreizeit im Sommersemester 1938 mit Prof. Wilke.

:Die Professoren Entz (re) und Hoffmann (li) flankieren den Bischof Dr. Hans Eder im Rahmen einer Studierendenfreizeit im Sommersemester 1938.

vernichtenden Mühlen der neuen Machthaber? Es gibt keine authentische Nachricht über die Haltung der Fakultät zur Causa Beth, es gibt nur nachträgliche, beschönigende Gesten: „Wir taten alles", schrieb Entz in seinen Memoiren[165], „um dem Kollegen zu zeigen, daß wir [man beachte nun die Wortwahl!] dieses Vorgehen der Behörde bedauerten". Wenige Tage später erfolgte die Zwangspensionierung[166]. Als Beth mit Ende März 1939 auch der Ruhegenuss aberkannt wurde[167], folgte er seiner Frau Marianne Beth in die Emigration nach Amerika – ein düsteres Kapitel der Wiener Fakultätsgeschichte. Es hat in der Dokumentation „Vertriebene Vernunft" (im Unterschied zu Marianne Beth)[168] keinen Platz gefunden und wurde erst sehr spät durch die Benennung eines Tores des Universitätscampus (Beth-Tor, IX., Spitalgasse – Hof 1)[169] von der Öffentlichkeit wahrgenommen. Immerhin fanden drei Studenten den Weg in seine Wohnung am Spittelberg, um ihm kurz vor seiner Abreise den Dank der Studentenschaft zum Ausdruck zu bringen[170].

Die Wiederbesetzung des Lehrstuhls für Kirchengeschichte

Am 27. September 1937 war der seit 1922 am Lehrstuhl für Kirchengeschichte wirkende Prof. Karl Völker im 51. Lebensjahr an einem heimtückischen Krebsleiden verstorben. Er hatte eine Reihe von Schülern zur Promotion begleitet, den meisten von ihnen wurde späterhin ein akademisches Lehramt eröffnet: Rudolf Kesselring (1884–1961) in Warschau, Roland Steinacker (1870–1962) in Pressburg, Hans Koch (1894–1959) in Königsberg, später Breslau und Wien, Herbert Krimm (1905–2002) in Heidelberg, Paul Dedic (1890–1950) und Wilhelm Kühnert (1900–1980) in Wien, weiters Oskar Wagner (1906–1989), der zahlreiche Studien zur Kirchengeschichte des alten Österreich vorlegte, die habilitationswürdig waren, aber sein Brot als Pfarrer verdienen musste, wie auch Dedic, der nach Abschluss seiner Studien und zahlreichen Arbeiten über den Protestantismus in Mähren in der Steiermark ein Pfarramt bekleidete und

---

165 Entz, Erinnerungen, 160.
166 Dekret des Österreichischen Ministerium für Unterricht, Z. I 3499-II/4, – DZ. 271.
167 Erlass GZl. IV/2-315875/39 aufgrund der Verordnung zur Neuordnung des österreichischen Berufsbeamtentums (§ 4 Abs. 1), GBl f.d. Land Österreich Nr. 160/1938 i.d.F. Nr. 299/1939; Graf-Stuhlhofer, Gau-Akten, 195.
168 Friedrich Stadler, Emigration und Exil österreichischer Wissenschaft 1930–1940, Wien-München 1987, 457.
169 Schwarz, Tore der Erinnerung: Beth-Tor, in: Alfred Ebenbauer / Wolfgang Greisenegger / Kurt Mühlberger (Hrsg.), Historie und Geist. Universitätscampus Wien Bd. 1, Wien 1998, 165 f.
170 Zerbst, Eine Fakultät jubiliert, 104.

aus der pastoralen Praxis 1923 seine Promotion mit einer reformationsgeschichtlichen Studie über Mähren leistete[171].

Dedic war der unbestrittene Wunschkandidat Völkers für seine Nachfolge an der Fakultät und im Vorsitz der Gesellschaft für die Geschichte des Protestantismus in Österreich[172] ; er wurde dementsprechend auch vom Professorenkollegium primo et unico loco vorgeschlagen[173], obwohl er formal noch nicht habilitiert war. Er konnte freilich eine Reihe habilitationswürdiger Arbeiten vorweisen, darunter eine territorialgeschichtliche Darstellung von Reformation und Gegenreformation in der Steiermark[174], ein vielbeachtetes Werk, das 1938 tatsächlich zur Grundlage eines förmlichen Habilitationsverfahrens genommen wurde[175].

Wie ängstlich die Fakultät dabei verfuhr, zeigt schon die Anfrage von Dekan Beth, ob das vorgelegte Reifezeugnis vom 6. Juli 1909 des k.k. Ersten Deutschen Gymnasiums in Brünn als Grundlage des Verfahrens anerkannt werde[176]. Denn nach der 1934 novellierten Habilitationsnorm wurden nur österreichische Bundesbürger zur Habilitation zugelassen, deren Hochschulstudien „auf Grund eines inländischen Reifezeugnisses" erfolgten. Doch die Norm sah (in besonders rücksichtswürdigen Ausnahmsfällen) auch eine Ausnahmeregelung in der Form einer ministeriellen Genehmigung zur Einleitung des Habilitationsverfahrens vor. Davon machte das Ministerium mit Erlass vom 1. März 1938, unterzeichnet vom letzten österreichischen Unterrichtsminister Hans Pernter (1887–1951), tatsächlich Gebrauch. „Die Voraussetzungen für eine derartige ausnahmsweise Genehmigung erscheinen im vorliegenden Falle gegeben", steht im Akt, „gleichgiltig, ob man das Vorliegen eines ausländischen Reifezeugnisses im eigentlichen Sinne annimmt oder das Schwergewicht darauf legt, dass es sich um ein solches einer staatlichen Anstalt des ehemaligen österr[eichischen] Staatsgebietes handelt". Zu einer solchen Entscheidung

---

171 Rudolf Leeb, Zum wissenschaftlichen Profil der an der Fakultät lehrenden Kirchenhistoriker und zur österreichischen evangelischen Protestantengeschichtsschreibung, in: Schwarz / Wagner, Zeitenwechsel und Beständigkeit, 13–48, hier 32.
172 Entz, Schreiben an Bischof Heckel, Wien 26.1.1938 – EZA Berlin 5/1699.
173 Am 21.10.1937 wurde dem BMU der einstimmige Beschluss des Kollegiums, Dedic als Vertreter von Völker vorzuschlagen, zur Kenntnis gebracht – Sitzungsbericht Nr. 1/17.11.1937, D.Z. 95. In derselben Sitzung wurde auch der Antrag einstimmig angenommen, Dedic primo et unico loco für die Nachfolge vorzuschlagen.
174 Paul Dedic, Der Protestantismus in der Steiermark im Zeitalter der Reformation und Gegenreformation, Leipzig 1930.
175 Dekanatsbericht Z. 53/6 vom 28.4.1938: Ansuchen um Bestätigung der vom Professorenkollegium erteilten Lehrbefugnis für Kirchengeschichte.
176 Schreiben Dekan Beth D.Z. 172/1937/38, 14.2.1938 an das BMU – AVA, BMU GZl. 5332/1 – 4 evang.theol. Fak. Dedic..

hatte sich die Fakultät nicht ermächtigt gesehen, obwohl die Vorfrage nach dem Reifezeugnis ja schon bei der Promotion 1923 und erst recht bei der Begründung eines öffentlichen Dienstverhältnisses als Religionsprofessor in Graz 1930 geklärt werden musste.

Die Verschärfung der Habilitationsnorm hatte zweifellos politische Gründe. Es dürften auch politische Vorbehalte gegen Dedic ausgestreut worden sein, die den Besetzungsvorschlag (primo et unico loco) zu Fall brachten. Der Wiener Jugendpfarrer und Veranstalter der jährlichen „Evangelischen Woche" an der Universität Wien Georg Traar, der über ein weitgespanntes Kommunikationsnetz im In- und Ausland verfügte, korrespondierte mit dem literarisch ausgewiesenen[177] Österreich-Referenten im Kirchlichen Außenamt Oberkonsistorialrat Hans Wahl (1900–1946)[178] – und machte diesen mit einer deutlichen Kritik am Besetzungsvorschlag der Fakultät vertraut: Einen kirchenpolitischen Umschwung an der Fakultät lasse er nicht erwarten. So wurde Dedic als „fleißiger Lokalhistoriker" und als „provinziell" geradezu diskreditiert. Aufhorchen lässt aber eine andere Mitteilung, dass er beim Historiker Heinrich Srbik (1878–1951) und beim zuständigen Ministerialbeamten vorgesprochen habe und dass die mit 27. Oktober 1937 erfolgte Rückweisung des Besetzungsvorschlages („aus formalen Gründen"[179]) auf seine Intervention zurückzuführen war. Da mochte wohl auch eine Rolle gespielt haben, dass Dedic dem Ständestaat zurückhaltend gegenüberstand und wohl eher auf den „Anschluß" hoffte, auf die Vereinigung mit dem „Mutterland der Reformation". Jener Erlass wies nicht nur den Fakultätsantrag zurück, er genehmigte zugleich zur Aufrechterhaltung des Kirchengeschichte-Unterrichts die Supplierung durch die Professoren Beth und Bohatec[180] und er ordnete die Erstellung eines Ternavorschlags an.

Die Fakultät faßte in ihrer Sitzung am 22. Jänner 1938 zunächst einen einstimmigen Beharrungsbeschluß zugunsten von Dedic. So berichtete Entz Bischof Heckel am 26. Jänner 1938, dass die Fakultät unbedingt an Dedic festhalten möchte, weil sich für ihn schon dessen Lehrer Völker stark gemacht habe[181]. Dieser Beschluß wurde mit dem Sitzungsprotokoll am 16. Februar

---

177 Hans Wahl, Evangelisches Staatskirchenrecht im Auslanddeutschtum (Österreich, Jugoslawien, Rumänien), ADEK 1936, 96–133; ders., Aus der Rechtsgeschichte der ev. Kirche in Österreich, Archiv für ev. Kirchenrecht 2 (1938) 83–110.
178 Schreiben Traar an Wahl, Wien 29.1.1938 – EZA Berlin 5/1699.
179 Gustav Entz, Paul Dedic †, JGPrÖ 67 (1951) 205–216, hier 208.
180 Sitzungsbericht Nr. 1/17.11.1937, TOP 33 AVA Wien, Min. f. inn. u. kult. Ang. Abt. IV Fasz. 4.
181 Schreiben Entz an Heckel, 26.1.1938 – EZA Berlin, 5/1699.

1938 an das Ministerium geleitet – vier Tage nach der schicksalsschweren Begegnung des österreichischen Bundeskanzlers Schuschnigg mit Hitler am Obersalzberg, womit der politische Kontext dieses Kapitels der Fakultätsgeschichte vor Augen tritt, wenn auch nur andeutungsweise.

In dieser Phase wurde das Habilitationsverfahren von Dedic eingeleitet, die Habilitationsschrift durch Gutachten der Professoren Bohatec und Entz approbiert und unter Absehung eines Habilitationskolloquiums am 27. April 1938 eine Probevorlesung zum Thema „Die Bedeutung der Bibel, der Postille und des Gesangbuches für den Geheimprotestantismus in der Zeit der österreichischen Gegenreformation"[182] angesetzt. Aber das war nur mehr eine Formsache und die Genehmigung der Habilitation durch Bericht vom 28. April angesucht. Zwei Tage später lieferte das Professorenkollegium auch den korrigierten Ternavorschlag[183] – mit Dedic am ersten Platz.

Es schien alles zugunsten des Kandidaten der Fakultät zu laufen. Die angestellten Erkundigungen nach allfälligen weiteren Kandidaten für den vakanten Lehrstuhl galten wohl nur für Platz 2 oder 3. So hatte sich schon im November 1937 Dekan Beth an Hans Lietzmann (1875–1942) in Berlin[184], der Alttestamentler Wilke an seinen Wartburg-Bundesbruder Hans Koch in Breslau gewandt. Während Lietzmann auf seine beiden Schüler Hans von Campenhausen (1903–1989) und Hans Georg Opitz (1905–1941) verwies und im übrigen durchblicken ließ, welche Grabenkämpfe mit der Schule von Erich Seeberg (1888–1945) zu gewärtigen sind, wenn es um die Besetzung von einschlägigen Lehrstühlen geht, erwähnte Koch den jungen Erlanger Dozenten Walther von Loewenich (1903–1992) als geeigneten Kandidaten. Dieser erfuhr davon nichts[185].

Doch zwischen dem ersten und dem zweiten Ternavorschlag der Fakultät lagen entscheidende Veränderungen, wurde am Wiener Minoritenplatz die Hakenkreuzfahne aufgezogen und die Beamtenschaft „gleichgeschaltet". Mit der Ressortleitung wurde vorerst der Südtiroler Praehistoriker Oswald Menghin (1888–1973) betraut, ein, wie ihn Entz schildert[186], „maßvoller, besonnener Mann, Nationalsozialist und zugleich doch bewußter katholischer Christ", der

---

182 Paul Dedic, Verbreitung und Vernichtung evangelischen Schrifttums in Innerösterreich im Zeitalter der Reformation und Gegenreformation, ZKG 57 (1938) 3–4, 433–458.
183 Dekanatsbericht vom 29.4.1938, D.Z. 53/38 – AVA Wien, Ministerium f. inn. u. kult. Ang. Abt. IV, Fasz. 4, Nr. 24493/38.
184 Kurt Aland (Hrsg.), Glanz und Niedergang der deutschen Universität. 50 Jahre deutscher Wissenschaftsgeschichte in Briefen an und von Hans Lietzmann (1892–1942), Berlin-New York 1979, 905 f.
185 Schreiben von Loewenich an den Verf. vom 20.10.1990.
186 Entz, Kurzfassung der Erinnerungen, in: Schwarz 2012, 29.

jedoch schon im Mai 1938 dem Staatssekretär Friedrich Plattner (1896-um 1970) weichen mußte. Diesen bezeichnet Entz als „scharf antichristlich eingestellt, eitel, anmaßend, unbeliebt", als einen der „Totengräber des Dritten Reiches"[187]. An seiner Seite wirkte Kurt Krüger (1906-1987), ein von der Münchener Parteikanzlei der NSDAP nach Wien abgeordneter Spezialist für religionsrechtliche Fragen[188], der seine vordringliche Aufgabe darin erblickte, das österreichische Staatskirchenrecht radikal umzugestalten und die „Entkonfessionalisierung der Ostmark" zu verwirklichen. Dabei konnte er sich auf eine Entscheidung Hitlers vom 22. Mai 1938 berufen[189], der Österreich zu einem „konkordatsfreien Raum" erklärt hatte[190]; d.h. dass das österreichische Konkordat von 1934 für erloschen galt und die Ausdehnung des Reichskonkordates auf Österreich abgelehnt wurde. Diese These wurde sodann vom Ausschuß für Religionsrecht juristisch untermauert[191] und damit die Grundlage geschaffen, daß die „Ostmark" als Laboratorium für religionsrechtliche Neuerungen zur Verfügung stand, wie sie in ersten Ansätzen 1938/39 und konsequent 1941 im Warthegau realisiert wurden[192]. Dieser Beamte war auch über die politische Strategie im Bilde, die seitens des Braunen Hauses in München im Blick auf die Zukunft der Theologischen Fakultäten verfolgt wurde[193]. Er verstand sich als Vollstrecker dieser Überlegungen und blockierte vorerst die Wiederbesetzung der beiden vakanten Lehrstühle in Wien.

Und was die Habilitation von Dedic betraf, so leitete er erst am 12. August 1938 den Habilitations-Antrag der Fakultät über den „Reichskommissar für die Wiedervereinigung Österreichs mit dem Deutschen Reich" an das Reichsministerium für Wissenschaft, Erziehung und Volksbildung in Berlin weiter. In der Zwischenzeit war die Reichs-Habilitations-Ordnung mit 17. Februar 1939 neu

---

187 Entz, Kurzfassung der Erinnerungen, zit. Schwarz 2012, 29.
188 Walter Goldinger, Die Überleitung der österreichischen Kultusverwaltung nach dem März 1938, Zeitgeschichte 5 (1977/78) 418-429, hier 420 f.; Heinz Boberach, Organe der nationalsozialistischen Kirchenpolitik. Kompetenzverteilung und Karrieren in Reich und Ländern, in: Staat und Parteien. Festschrift für Rudolf Morsey zum 65. Geburtstag, Berlin 1992, 305-331, hier 328.
189 Klaus Scholder, Österreichisches Konkordat und nationalsozialistische Kirchenpolitik, ZevKR 20 (1975) 230-243, hier 232 f.; Jörg Winter, Die Wissenschaft vom Staatskirchenrecht im Dritten Reich, Frankfurt/Main 1979, 82.
190 Richard Potz, Nationalsozialismus und Staatskirchenrecht, in: Ulrike Davy u.a. (Hrsg.), Nationalsozialismus und Recht. Rechtsetzung und Rechtswissenschaft in Österreich unter der Herrschaft des Nationalsozialismus, Wien 1990, 266-284, hier 277.
191 Winter, Die Wissenschaft vom Staatskirchenrecht, 82-84.
192 Heinz Brunotte, Der kirchenpolitische Kurs der Deutschen Evangelischen Kirchenkanzlei von 1937 bis 1945, in: ders., Bekenntnis und Kirchenverfassung, Göttingen 1977, 1-54, hier 41.
193 Eike Wolgast, Nationalsozialistische Hochschulpolitik und die evangelisch-theologischen Fakultäten, in: Siegele-Wenschkewitz / Nicolaisen, Theologische Fakultäten im Nationalsozialismus, 45-79, hier 66 ff.; Meier, Theologische Fakultäten, 436 ff.

gefaßt worden und die Kompetenz zur Ausfertigung eines Diploms über die erlangte Habilitation in die Hände des zuständigen Dekans gelegt. Der am 21. März 1939 unterfertigte Akt wanderte also wieder von Berlin zurück nach Wien und langte über den Reichskommissar für die Wiedervereinigung (4. April 1939) am 17. April 1939 im Wiener Ministerium für Innere und kulturelle Angelegenheiten ein. Da war das Rennen um die Nachfolge Völker schon längst der österreichischen Lösung entzogen und das prognostizierte Kampfgetöse eingetreten. Entz versuchte beherzt, durch die Reihung von Dedic auf Platz 1 seine Berufung zu verwirklichen, mußte aber in den Ternavorschlag auch zwei Kandidaten aus dem „Altreich" aufnehmen[194], nämlich die Kirchenhistoriker an den Fakultäten in Breslau Hans Leube (1896–1947) und in Kiel Julius Wagenmann (1901–1944).

Zur Stellung der Fakultät zwischen Staat und Kirche

Bestand einerseits die politische Absicht, die Theologie aus den Universitäten zu verbannen, so wurde um die praktische Umsetzung gerade 1938 noch heftig gerungen. Der Anschluss Österreichs lieferte dazu erste Möglichkeit: So wurden die Katholisch-Theologischen Fakultäten an den Universitäten Innsbruck[195] und Salzburg[196] geschlossen und jene in Graz mit Ende des Wintersemesters 1938/39 mit ihrer Wiener Schwesterfakultät vereinigt[197]. Solche Schließungs- und Veränderungspläne schwirrten seit 1935 herum, betrafen u.a. auch Tübingen und Heidelberg und verdichteten sich 1938 zu einem „konzentrischen Angriff von REM, StdF, SD und NSDAP", sodaß die betroffenen Theologischen Fakultäten „in eine existenzbedrohende Krise gerieten"[198]. Mit 28. November 1938 ist ein Schreiben des Amtschefs im Reichserziehungsministerium [REM] Otto Wacker (1899–1940) datiert, das er an den Stellvertreter des Führers [StdF] Martin Bormann richtete, um bezüglich der geplanten Schließungen oder Zusammenlegungen von Theologischen Fakultäten eine Willenskundgebung des Führers zu ermitteln[199]. Diese traf nicht ein, wohl aber eine Stellungnahme der

---

194 Fakultätsarchiv Wien, Sitzungsbericht Nr. 3, D.Z. 274/1938 über die Sitzung am 28.4.1938; Bericht des Dekanates D.Z. 274/15.9.1938 an das Ministerium für inn. u. kult. Ang. Abt. IV. .
195 Erlass vom 20.7.1938, dokumentiert in der Bilanz „Ein Jahr Entkonfessionalisierung der Ostmark", in: Maximilian Liebmann, Theodor Innitzer und der Anschluß. Österreichs Kirche 1938, Graz-Wien-Köln 1988, 240 ff., hier 249 – dazu Emerich Coreth, Die Theologische Fakultät Innsbruck. Ihre Geschichte und wissenschaftliche Arbeit von den Anfängen bis zur Gegenwart, Innsbruck 1995, 113 f.
196 Erlass vom 12.9.1938, Liebmann, Innitzer, 249 – dazu Alfred Rinnerthaler, Die „Katholisch-Theologische Fakultät Salzburg" im Jahr 1938, in: Salzburg Archiv 12 (1988) 293–318, hier 308.
197 Erlass vom 29.3.1939, dazu Liebmann, Kirche in Gesellschaft und Politik. Von der Reformation bis zur Gegenwart, hrsg. von Michaela Kronthaler / Rudolf Zinnhobler / Dieter A. Binder, Graz 1999, 112.
198 Wolgast, NS Hochschulpolitik, 66.
199 Wolgast, NS Hochschulpolitik, 67.

Partei, welche die erörterten Pläne vollkommen bestätigte und die geplanten Einschränkungen der Theologie als „konfessionelle Zweckforschung" guthieß. Auf öffentliche Bekanntmachungen solcher Maßnahmen sollte verzichtet und die Kirchen diesbezüglich auch nicht informiert werden. Pragmatische Argumente, die „allgemeine Veränderung der Verhältnisse", Planungsnotwendigkeiten des Hochschulwesens etc. sollten vorgeschoben werden.

Vor dem Hintergrund solcher gravierenden Pläne und dem Umstand, „konkordatsfrei" agieren zu können, mochte der in Wien tätige Chef des Wissenschaftsressorts Friedrich Plattner[200], der seinen katholischen Glauben durch jenen an das Dritte Reich ersetzt hatte, den Standpunkt vertreten haben, er wäre bei allfälligen personellen Änderungen an den Theologischen Fakultäten der „Ostmark" „vollkommen frei". So argumentierte er jedenfalls, als der kommissarische Präsident des Oberkirchenrates Dr. Robert Kauer wegen der andauernden Lehrstuhlvakanzen an der Evangelisch-Theologischen Fakultät Mitte Juli 1938 eine diesbezügliche Anfrage an ihn richtete[201].

Plattner, seit Mai 1938 am Minoritenplatz im Sinne einer militanten Trennungspolitik von Staat und Kirche tätig, und Kauer, seit 12. März und am 6. Juli bestätigt[202] mit der Geschäftsführung des Evangelischen Oberkirchenrates beauftragt, lieferten sich politische, protokollarisch-geschäftsordnungsmäßige, religionsrechtliche und taktische Gefechte[203], die sich in das Kompetenzgerangel zwischen Wien und Berlin einfügen und es auch stimmungsmäßig illustrieren.

Plattner, in den 30er-Jahren illegaler Gauleiter der NSDAP Tirol und SS-Standartenführer, war als Staatskommissär im Ministerium für innere und kulturelle Angelegenheiten dem kommissarischen Präsidenten des Oberkirchenrates dienstvorgesetzt, mochte dieser auch als „Alter Kämpfer" und als Mitglied des obersten Parteigerichts der NSDAP über einen beachtlichen politischen Rang verfügt haben. Er hatte sich im Blick auf das Verhältnis von Staat und Kirche ganz deutlich im Sinne einer staatskirchlichen Lösung ausgesprochen. In einem Schreiben nach Berlin gab er einen Einblick in seine Zielvorstellungen, die den bestehenden Zustand und das heißt: die „bisherige Konstruktion des Oberkirchenrates als staatliche Behörde" als zweckdienlich beizubehalten wünschte. Schon am 4. April 1938 hatte er den noch vom öster-

---

200 Roman Pfefferle / Hans Pfefferle, Glimpflich entnazifiziert. Die Professorenschaft der Universität Wien von 1944 in den Nachkriegsjahren, Göttingen 2014, 173–175.
201 Aktenvermerk Kauer, 18.7.1938 – AEOKR Wien, Nr. 4883/38.
202 Harald Uhl, Robert Kauer. Ein Kirchenpräsident in den Konflikten seiner Zeit, Wien 2014, 92 – dazu meine Rezension JGPrÖ 131 (2015) 234–244.
203 Uhl, Robert Kauer, 141.

reichischen Unterrichtsministerium ausgearbeiteten Entwurf zum lang erwarteten Protestantengesetz als obsolet zurückgewiesen und die bisherige Verhandlungslinie der Kirche radikal umgekehrt. War die Synode 1931 in ihrem Kirchenverfassungsentwurf, um den in den Ständestaatjahren so heftig gerungen worden war, von einer geistlichen Kirchenleitung und der Entstaatlichung des Oberkirchenrates ausgegangen, so verfolgte Kauer völlig andere Pläne. Als „naiv staatskirchliche Linie" [204] wurde die damalige Politik des Reichskirchenministeriums bezeichnet, mit der sich der kommissarische Präsident des Oberkirchenrates durchaus identifizieren mochte.

Was Kauer aber noch bestärkte, war die Vision, dass er als Präsident einer um die NS-Bewegung so verdienstvollen Landeskirche zur Befriedung des Kirchenkampfes beitragen könne. Darin wurde er durch Hitler selbst am 9. April 1938 im Hotel Imperial bestärkt. In der kurzen Audienz, in der Kauer die politische Zuverlässigkeit seiner Kirche zu demonstrieren verstand, konnte er aus allerhöchstem Munde vernehmen, dass diese Kirche „im deutschen Protestantismus eine große Mission" habe[205]. Solcherart zu einem großen Dienst beauftragt, suchte und fand er die Verbindung zum Reichskirchenminister Hanns Kerrl und verschrieb sich dessen Kirchenpolitik[206], wobei dem „Führerwort" vom 9. April eine geradezu heuristische Bedeutung zugesprochen wurde[207].

Mit einem solchen politischen Atout in der Hand ließ sich Kauer von Plattner nicht abschrecken, sondern richtete ein Schreiben an seinen Kontrahenten am Minoritenplatz, um den Einflussbereich des Oberkirchenrates bei den bevorstehenden Professorenberufungen an der Evangelisch-Theologischen Fakultät in Wien abzustecken[208]. Mit dem Hinweis auf die Neubesetzung der Lehrkanzeln für Systematische Theologie (Nachfolge Beth) und Kirchengeschichte (Nachfolge Völker) erörterte Kauer zunächst die bislang beobachtete Verfahrensweise, dass nach Eintreffen des Besetzungsvorschlags der Fakultät die staatliche Hochschulverwaltung vom Oberkirchenrat eine „gutächtliche Äußerung" einholt, ehe die Berufung durchgeführt wird. Dieser modus proce-

---

204 Brunotte, kirchenpolitische Kurs, 6.
205 Walter Endesfelder (Hrsg.), Evangelische Pfarrer im völkischen Freiheitskampf der Ostmark und des Sudetenlandes, Berlin 1939, 121; Uhl, Robert Kauer, 114.
206 Leonore Siegele-Wenschkewitz, Politische Versuche einer Ordnung der Deutschen Evangelischen Kirche durch den Reichskirchenminister 1937-1939, in: Zur Geschichte des Kirchenkampfes II, Göttingen 1971, 121-138.
207 Gertraud Grünzinger / Carsten Nicolaisen (Bearb.), Dokumente zur Kirchenpolitik des Dritten Reiches IV: 1937-1939, Gütersloh 2000, 244.
208 Schreiben des Ev. Oberkirchenrates Z. 4888/19.7.1938 an das Ministerium für inn. u.kult. Angelegenheiten – AVA Wien, Bürckel-Akten, Karton 139, Nr. 2520, fol. 59-62 (Abschrift).

dendi entspreche den Gepflogenheiten im sogenannten Altreich, er sei auch, so Kauer, in Österreich „gesetzlich verankert". Die gesetzliche Begründung lag nach seiner Meinung in § 119 Z. 2 der Kirchenverfassung von 1891, in der dort verankerten Sorgepflicht des Oberkirchenrates für die Bildung tüchtiger Geistlicher, wobei er die Kirchenverfassung aufgrund des Protestantenpatents (1861) als „Bestandteil der staatlichen Rechtsordnung" ansah.

Aber nicht in dieser Interpretation der Kirchenverfassung liegt die Pointe des Schreibens, sondern in der nun folgenden Argumentation: Angesichts des bereits verlautbarten Entkonfessionalisierungsprogramms, das den Einfluss der katholischen Kirche bei der Besetzung von Lehrstühlen einschränkt, ersucht Kauer von einer schematischen Gleichbehandlung der Konfessionen abzusehen, diese wäre nämlich aus zwei Gründen sachlich nicht gerechtfertigt und würde im Ergebnis zu einer Ungleichbehandlung führen. Zum einen verweist Kauer auf die „Haltung der Evangelischen Kirche zu den Lebensinteressen des deutschen Volkes", die seit jeher und insbesondere seit 1933 völlig anders war als die der Katholischen Kirche und deren politischen Exponenten. Zum anderen führte er den Kirchenkampf als Begründung einer besonderen Einflußnahme des Oberkirchenrates auf die personelle Ausstattung der Wiener Evangelisch-Theologischen Fakultät an, denn die „äußerst komplizierten und (...) schwer verständlichen (...) stark wechselnden Verhältnisse lassen hier eine besondere Vorsicht geboten erscheinen". Die österreichische Kirche habe sich bisher stets vom „Kirchenstreit" ferngehalten.

„In Erkenntnis der Notwendigkeit einer günstigen Fortentwicklung auf diesem Gebiet", so setzt das Schreiben fort, um nun zur eigentlichen Legitimation auszuholen, „und in voller Übereinstimmung mit den Worten des Führers in der Unterredung in Wien am 9. April 1938 mit dem gefertigten Präsidenten, ist es das Bestreben des Oberkirchenrates, jedes Übergreifen des ‚Kirchenstreites' auf das österreichische landeskirchliche Gebiet und jede Gruppenbildung in der österreichischen Landeskirche zu vermeiden ...".

Auf den Punkt gebracht: Wenn Lehrstuhlbesetzungen ohne Kenntnis des kirchlichen Standpunktes erfolgen, könnte sich womöglich der „Kirchenstreit" in Österreich breit machen. Deshalb sollte der Einfluß der Kirche erhalten bleiben. Seinen Abschluß fand das Schreiben mit dem förmlichen Antrag, daß die bisherige Verfahrenspraxis beibehalten und dem Oberkirchenrat nach Erstellung der Berufungsliste Gelegenheit gegeben werde, „zu den Besetzungsvorschlägen (...) Stellung zu nehmen".

Dieses bemerkenswerte Schreiben gelangte in Abschrift an das Reichskirchenministerium (Minister Hanns Kerrl, Staatssekretär Dr. Hermann Muhs, Ministerialdirigent Dr. Julius Stahn), an den Reichserziehungsminister Dr. Bernhard Rust und die Deutsche Evangelische Kirche und erzielte schon Anfang August 1938 eine beachtliche Zusage von seiten des Reichskirchenministeriums[209]: Es werde den Wiener Oberkirchenrat gutachtlich hören, bevor es selbst im Berufungsverfahren eine Stellungnahme abgeben wird.

Solcherart ausgetrickst reagierten die Wiener Stellen äußerst gereizt, warfen dem Oberkirchenrat vielfältige Kompetenzüberschreitungen vor und legten sich, wo es nur möglich war, quer. Kauers Agieren wurde äußerst kritisch beobachtet und führte zu einer Punktation „Der Oberkirchenrat fällt unangenehm auf" mit einer Auflistung der von Plattner missbilligten Maßnahmen[210]:

- Produktion unnötiger Rundschreiben und Erlässe
- Repräsentationsmanie
- Mangelnde Einhaltung des Dienstweges: direkter Verkehr mit Reichskommissar Bürckel und Reichskirchenministerium
- Wiederholte Reisen nach Berlin ohne Genehmigung.

Der Konflikt zwischen Plattner und Kauer spitzte sich dann in der Folge zu – und zwar bei der grundsätzlichen staatskirchenrechtlichen Neuregelung der Kirche.

Dazu ist hier nachzutragen, dass schon in der Nacht vom 12./13. März 1938 eine eilig zusammengerufene Superintendentenkonferenz einen Angliederungsbeschluss an die Deutsche Evangelische Kirche gefasst hatte[211], der am 13. April 1938 in ein Kirchengesetz transformiert wurde. Aufgrund der kirchenhoheitlichen Genehmigungsvorbehalte bedurfte dieses kirchliche Gesetz einer staatlichen Zustimmung. Darum wurde mit Schreiben vom 2. Mai 1938 angesucht[212], aber vom Ministerium erst bestätigt, nachdem im gesetzlichen Wege – ohne Kenntnis des Oberkirchenrates – dieser mit Wirkung vom 10.5.1939 entstaatlicht worden war[213]. Damit war an einer äußerst empfindlichen Stelle der kirchlichen Strukturen ein ganz wesentlicher Schritt der Ent-

---

209 Reichskirchenministerium an den Reichsminister für Wissenschaft, Erziehung und Volksbildung, Zl. I 16.807/38, 3.8.1938 – AEOKR Wien, Nr. 5290/38 (Abschrift); Kirchenkanzlei der DEK Zl. K.K. III 903/38, 29.8.1938 – AEOKR Wien Nr. 5860/38.
210 AVA Wien, Min.f.inn.u.kult.Ang. B1 Zl. IV-3-42825-6/1938; Min.f.inn.u.kult.Ang. IV-3-39.966-6/1938 ad Reichskommissar Bürckel, 2520, fol. 12 f.
211 Reingrabner/Schwarz, Quellentexte, 312 f.
212 Bericht des OKR Z. 2900/2.5.1938 an das österreichische Unterrichtsministerium – AdR Wien, Akten des Reichskommissars Bürckel, Karton 139 Ordner 274, Nr. 2520/1, fol. 84 (Abschrift).
213 Wiener Zeitung Nr. 113/10.5.1939, 1; Gesetzblatt für das Land Österreich Nr. 562/1939 – dazu Schwarz, Der Anschluss 1938 und seine unmittelbaren staatskirchenrechtlichen Folgen für die Ev. Kirche, ÖAKR 38 (1989) 268–284, hier 279.

konfessionalisierung gesetzt worden – vor allem aber die Pläne des Oberkirchenratspräsidenten Kauer durchkreuzt worden. Dieser zog die Konsequenzen, legte seine Stellung im Oberkirchenrat mit 15. April 1939 zurück[214] und wechselte in den Justizbereich, woher er ursprünglich gekommen war. Er hatte sich zuletzt durch seine enge Verbundenheit mit dem Leiter der Berliner Kirchenkanzlei Dr. Friedrich Werner[215] auch dazu hinreißen lassen, die sogenannte Godesberger Erklärung (4. April 1939) zu unterzeichnen[216] und damit die selbstverordnete Neutralität im Kirchenkampf über Bord geworfen. Denn diese theologische Formel aus dem Kreis der Deutschen Christen vertrat die Absicht, den Nationalsozialismus als „Fortführung und Vollendung der Reformation Luthers" in weltanschaulicher und politischer Hinsicht zu verstehen. Darin spiegelte sich die nationalkirchlich inspirierte These[217], „daß das Erbe Luthers in der Partei besser aufgehoben ist als in der evangelischen Kirche von heute". Von der Godesberger Erklärung führte denn auch eine direkte Linie zur Gründung des „Instituts zur Erforschung und Beseitigung des jüdischen Einflusses auf das kirchliche Leben des deutschen Volkes"[218], an dessen Tätigkeit eine Reihe der Wiener Professoren Anteil nahm.

Das Projekt „Grenzlandfakultät" 1938

Mit dem Anschluß Österreichs an Hitlerdeutschland wurde Wien Provinzhauptstadt. Die Bedeutung dieser Stadt schien mit einem Schlag marginalisiert. Deshalb wurden Überlegungen angestellt, Wien zur Kulturmetropole des südostdeutschen Raumes auszubauen[219]. Dabei sollte der Alma Mater Rudolfina eine beachtliche Aufgabe zukommen. In dieses allgemeine kulturpolitische Programm ordnet sich eine Initiative der evangelischen Theologiestu-

---

214 ABl. Nr. 67/1939 – dazu Uhl, Robert Kauer, 138 ff.
215 Uhl, Robert Kauer, 136.
216 Grünzinger / Nicolaisen, Dokumente zur Kirchenpolitik des Dritten Reiches IV, 341.
217 Rudolf Leeb, Die Deutschen Christen in Österreich im Lichte neuer Quellen, JGPrÖ 124/125 (2008/2009) 39–101, hier 73.
218 Oliver Arnhold, „Entjudung" – Kirche im Abgrund. Die Thüringer Kirchenbewegung Deutsche Christen 1928–1939 und das „Institut zur Erforschung und Beseitigung des jüdischen Einflusses auf das deutsche kirchliche Leben" 1939–1945, Berlin 2010, 432.
219 Siegfried Mattl / Karl Stuhlpfarrer, Angewandte Wissenschaft im Nationalsozialismus. Großraumphantasien, Geopolitik, Wissenschaftspolitik, in: Gernot Heiß u.a. (Hrsg.), Willfährige Wissenschaft. Die Universität 1938–1945, Wien 1989, 283–301; Willi Weinert, Die Maßnahmen der reichsdeutschen Hochschulverwaltung im Bereich des österreichischen Hochschulwesens nach der Annexion 1938, in: Helmut Konrad / Wolfgang Neugebauer (Hrsg.), Arbeiterbewegung – Faschismus – Nationalbewußtsein. Festschrift zum 20jährigen Bestand des Dokumentationsarchivs des österreichischen Widerstandes und zum 60. Geburtstag von Herbert Steiner, Wien-München-Zürich 1983, 127–134, hier 134.

denten ein, die inspiriert durch einen Artikel des Alttestamentlers Wilke[220] die Fakultät zu einer „Grenzlandfakultät" auszubauen und den Bestand der Lehrstühle zu erweitern vorschlugen. Hatte Wilke von der Fakultät als dem „südlichste[n] wissenschaftliche[n] Bollwerk des deutschen Protestantismus" gesprochen und am 3. April 1938 das „Evangelische Deutschland" (so der Name der Zeitschrift) aufgefordert, „der evangelischen Grenzburg, dem Tor des Südostens" die Treue zu halten, so blieb die Studenteninitiative durchaus in diesem thematischen Rahmen. Leonhard Schmettan (1916–1941) war im Sommer 1938 der Fachschaftsleiter, der jenen Schriftsatz „Vorschläge für Erweiterung und Ausbau der evang[elisch] theol[ogischen] Fakultät zu Wien" verfasste[221], den Dekan Entz zur Grundlage nahm und mit Schreiben vom 30. Juni 1938 an das Wiener Ministerium für innere und kulturelle Angelegenheiten richtete[222].

Beide Schriftstücke sind erfüllt vom Atem und Geist der Stunde, sie liefern die probaten Phrasen, mit denen sie bei den politischen Machthabern Gehör zu finden hoffen. Sie definieren die Fakultät als den geeigneten Ort für die „treuhänderischen Aufgaben gegenüber den deutschen Volkstumsgruppen im Ost- und Südostraum". Denn schon seit Generationen war sie „Sammelpunkt für die deutschbewußten und reichsbewußten Kräfte" eines zweifachen Abwehrkampfes – gegen die römische (polit.-katholische) als auch fremdvölkische „Bedrohung des Deutschtums" in der ehemaligen Habsburgermonarchie und „im Südostraum überhaupt". Es folgen quasi als politischer Beleg einerseits ein Hinweis auf die im „Schwarzen Korps" (2. Juni 1938) charakterisierte Evangelischen Kirche in Österreich, die dem „so viel erwähnten Ideal des positiven Christentums sehr nahe gekommen sei", andererseits dass die Hörerschaft, die zu 56% „im illegalen Kampf für Volk und Führer" gestanden sei, die Verpflichtung spüre, „die ihr für ihre weiteren Aufgaben in der jetzigen Ostmark des dritten Reiches ziel- und richtunggebend" sein müsse.

Das Operat zielt auf den Ausbau der Fakultät zu einem „geistige[n] Hauptzentrum der evangelischen Kirchen des kämpfenden Südostdeutschtums", zu einer „Grenzlandfakultät". Um diesen Begriff näher zu fassen, wird auf die Konstellation der deutschen Volkstumsgruppen im Südostraum rekurriert, wo eine Theo-

---

220 Wilke, Am Tor des Südostens, Ev. Deutschland 3.4.1938, 111 f. – Hier wird die Fakultät als das „südlichste wissenschaftliche Bollwerk des deutschen Protestantismus" bezeichnet und die Leserschaft aufgefordert, „der evangelischen Grenzburg, dem Tor des Südostens" die Treue zu halten.
221 BA Berlin, Bestand Reichskirchenministerium [RKM], Generalakten betr. Österreich. Universitäts- u. theol. Ausbildungswesen Bd. 1 (Okt. 37 – März 41) Nr. 21.715, fol. 51–55.
222 Reingrabner/Schwarz, Quellentexte, 334 f.

logie gefordert wird, die um den „natürlichen Zusammenhang von Volkstumskampf und Glaubenskampf" Bescheid weiß. Unter diesem Gesichtspunkt habe auch der Ausbau und die Erweiterung der Fakultät zu stehen. Die wissenschaftliche Arbeit müsse so geleitet sein, daß sie den Studenten „Rüstzeug für ihren künftigen Lebenskampf" mitgebe, „inmitten fremder Völker nicht nur ganz Christen, sondern auch ebenso Deutsche zu sein". Durch ihre jahrzehntelang geleistete Vorarbeit sei die Wiener Fakultät bestens ausgewiesen. Deshalb regt die Denkschrift an, die aus dem Auslandsdeutschtum stammenden Studenten vom Altreich weg nach Wien zu lenken, um diese nicht nur von den „verheerenden Folgen des Kirchenkampfes" zu verschonen, sondern auch um hier eine Theologie zu entfalten, die den Kontext von Volk und Christentum beachtet und deshalb in der Lage ist, die Frage zu beantworten, „die heute das deutsche Volk an die Kirchen stellt und auf die bisher keine theologische Schule Antwort gab". Von der Wiener Grenzlandfakultät könnte erwartet werden, dass sie diese Aufgabe in Angriff nehme und die Vorbedingungen „für die Erfüllung des Auftrages der Kirchen des kämpfenden Südostdeutschtums im Reich" schuf.

Ist mit dem Vorstehenden ein Programm entworfen, das seit 1932 das Jahrbuch „Auslanddeutschtum und evangelische Kirche" bestimmt, das vom Berliner Konsistorialrat Ernst Schubert (1876–1943) herausgegeben und im Christian-Kaiser-Verlag in München verlegt wurde. Zu seinen Stammautoren seit der ersten Ausgabe gehörte der Pfarrer der kleinen evangelischen Gemeinde in Cilli/Celje Gerhard May (1898–1980), der dieses Manko immer wieder angesprochen hat[223]: „Wir brauchen eine Theologie der Diaspora, besser eine politische Theologie des Außendeutschtums". Und er sparte auch nicht mit der Kritik an der „binnendeutschen" Theologie, welche die Diaspora in ihrer „völkischen Not" „im Stich gelassen" habe. Es nimmt nicht wunder, dass er 1938 an der Wiener Fakultät hoch im Kurs stand und wohl auch den Fachschaftsleiter in seiner Gedankenführung inspirierte.

Neben die geforderte Volkstumstheologie tritt noch ein zweiter Gedanke in den Vordergrund, der den Kontext zur Reichspolitik anspricht und von der „Vorpostenstellung" der Fakultät gegenüber dem Reich ausgehend „Pflege und (...) Ausbau der Freundschaftsbeziehungen zu den Südostvölkern über das in diesen Völkern durchwegs führende griechisch-orthodoxe Kirchentum" als Aufgabe reklamiert. Zwei bis drei Generationen vor dem Ersten Weltkrieg hätten die späteren Bischöfe dieser orthodoxen Kirchen ihre akademische Ausbildung an

---

223 May, Außendeutsche Not und kirchliche Verkündigung, Ev. Deutschland 1934, 287 f.

deutschen Universitäten erlangt. Dadurch wäre eine deutschlandfreundliche Haltung erreicht worden, wie am Beispiel des Klausenburger Historikers und Theologen Silviu Dragomir (1888–1962) zu zeigen wäre, der als Leiter des Generalkommissariates für Minderheiten in Rumänien die Deutschen als wertvollen Kulturfaktor einschätzte und würdigte. Demgegenüber verfolgte die Anglikanische Kirche das Ziel, den Strom orthodoxer Studenten von Deutschland weg nach England zu lenken und ihre „geistige Einflußsphäre in den Südostkirchen zu festigen". Damit „öffnete" sie der britischen Politik „die Tore".

Wohl habe das „Dritte Reich" durch Humboldt-Stipendien eine gegenläufige Entwicklung unternommen, aber dieser Versuch würde größeren Erfolg haben, wenn es eine für diese Aufgaben besonders geeignete und zu diesem Zweck ausgebaute Fakultät gäbe. Die Lage Wiens und die Tradition, die diese Stadt als kultureller Mittelpunkt des Süd-Ostens infolge ihrer geschichtlichen Entwicklung hat, lassen die Fakultät als besonders geeignet erscheinen. Bei planvollem Neuaufbau könnte sie dieser Aufgabe gerecht werden. Als Konkretion schwebt dem Verfasser der Denkschrift u.a. „Seminare für griechisch-orthodoxe Theologen" vor.

„Diese besonderen volksdeutschen und zwischenkirchlichen Aufgaben", so schließt die Denkschrift, zielten auf einen erforderlichen Neuaufbau, der nicht nur personelle Ergänzungen des Lehrkörpers „mit jüngeren Kräften von wissenschaftlichem Ruf" verlangt, sondern auch „eine unmittelbare Beteiligung eines Reichsinstitutes, wie es z.B. das osteuropäische Institut in Breslau darstellt". Letzteres sei „unbedingt erforderlich".

Mit der Leitung dieses Breslauer Instituts war seit 1937 der ehemalige Dozent der Wiener Fakultät Hans Koch betraut[224], der wohl wie kein anderer die Voraussetzungen für diese spezifische Aufgabe der Wiener Fakultät mitgebracht hätte. Gerade der ökumenische Aspekt dieser Denkschrift dürfte wohl auf Kochs Einfluß zurückzuführen sein.

Auch das eher formal gehaltene Memorandum von Dekan Entz[225] schlug denselben Ton an, griff die politischen Reizworte der Stunde geschickt auf und demonstriert augenscheinlich, wie die Fakultät aus der neuen politischen Situation Kapital zu schlagen versucht. Sie wurde hierbei durch den Vorsitzenden des Deutschen Fakultätentages Prof. Hans Schmidt (1877–1953) in Halle/Saale wärmstens unterstützt, der schon im März 1938 die Wiener Fakultät „der

---

[224] Martin Burkert, Die Ostwissenschaften im Dritten Reich, Bd. 1: Zwischen Verbot und Duldung, Wiesbaden 2000, 218–220.
[225] Reingrabner/Schwarz, Quellentexte, 334 f.

pfleglichen Behandlung und großzügigen Ausgestaltung durch das Reich" empfohlen hatte[226].

Der Wiener Gauleiter Odilo Globotschnigg (1904–1945) war einer der ersten, dem Dekan Entz seinen Fakultätsplan vortrug. Er fand bei ihm ein offenes Ohr[227].

Auch um die notwendigen Stipendien für volksdeutsche Studenten bemühte sich die Fachschaft, um die Attraktivität des Studiums in Wien zu steigern, das demjenigen in Leipzig oder Erlangen nicht nachstehen sollte. Ein damit befasster Beamter des Reichskirchenministeriums, Erich Ruppel (1903–1975), prüfte dieses Projekt und notierte dazu, dass er es gut finde, volksdeutschen Studenten das Studium in Wien zu ermöglichen. Er fügte dieser zustimmenden Notiz das wenig schmeichelhafte Urteil hinzu[228]: „In ihrer jetzigen Zusammensetzung taugt die Fakultät allerdings wissenschaftlich nicht viel. Das wird aber hoffentlich bald anders." Bei diesem Verdikt stand wohl die Hoffnung Pate, dass es den Berliner Zentralstellen gelingen würde, die Wiener Theologie zu prussifizieren und auf die vakanten Lehrstühle geeignete Kandidaten aus dem Altreich zu bringen.

Das Papier der Fachschaft hatte bewusst auf die Nennung von Namen verzichtet, aber zwischen den Zeilen war unschwer zu erkennen, auf wen das erwähnte Anforderungsprofil zutraf: es sollte ein volksdeutscher Theologe sein, der sich in diesem doppelten Abwehrkampf bewährt hatte: der jugoslawiendeutsche Pfarrer D. Gerhard May in Cilli/Celje.

Dekan Entz verhandelt in Berlin

Als Entz Anfang September 1938 im Berliner Reichskirchenministerium vorsprach, brachte er jedenfalls als ersten Namen, der bei der Umbesetzung der Wiener Fakultät zu berücksichtigen wäre, denjenigen des Pfarrers von Cilli mit[229]. Einen diesbezüglichen Fakultätsbeschluss gab es zwar noch nicht, ein solcher wurde erst am 13. Juni 1939 gefasst[230], aber es galt ja zunächst, den für

---

226 Meier, Theologische Fakultäten, 439.
227 AV Kauer über das Gespräch Entz/Globotschnigg und seinen eigenen Besuch beim Gauleiter am 7.7.1938 – AEOKR Wien, Fasz. 416, Nr. 4690/1938.
228 BA Berlin, RKM ebd. fol. 41: Handschriftlicher AV Ru[ppel], 17.8.[19]38.
229 BA Berlin, RKM ebd. fol. 49: AV Stahn für RR Dr. Richter über Vorsprache von Dekan Entz am 3.9.1938.
230 BA Berlin, ebd. fol. 89: Abschrift eines Berichts von Dekan Entz an das Ministerium für inn. und kult. Angelegenheiten, Abt. IV, DZl. 382/1938-39, 20.6.1939, über die Sitzung des Professorenkollegiums vom 13.6.1939 mit Beschluß, die Errichtung eines Ordinariates für Diasporakunde (d.i. für Kirchenkunde und religiöse Volkskunde des Grenz- und Auslanddeutschtums und seiner Umwelt) zu beantragen und Pfarrer D. Gerhard May zu berufen.

den Ausbau der Fakultät nötigen politischen Rückenwind auszunützen. Dabei bewies der Dekan außerordentliches Geschick.

Freilich ist dabei auch zu erkennen, dass das Gesetz des Handelns der Fakultät zusehends abhanden kommt und die Nachbesetzung der beiden vakanten Lehrstühle nicht mehr an der Fakultät diskutiert, sondern in Berlin entschieden wurde. Es hat jedenfalls den Anschein, dass Dekan Entz, um mit seinem Plan erfolgreich zu sein, den Berliner Zentralstellen nach dem Mund redet. Von der Beamtenschaft im Reichserziehungsministerium erwähnt Entz ausdrücklich den Oberregierungsrat Schwarz und dessen Nachfolger Hermann-Walter Frey (1888-1968). Den ersten, einen SS-Mann, charakterisierte Entz als „nicht nur persönlich liebenswürdig, sondern auch nach meinen Beobachtungen maßvoll und verständig"[231]. Vorname und Lebensdaten konnten nicht ermittelt werden; der von Kurt Meier angeführte Ministerialrat Franz Xaver Schwarz (1875-1947)[232] war der Finanzreferent der NSDAP, kaum der im Reichserziehungsministerium mit den Agenden der Theologischen Fakultäten beauftragte Beamte. Die amtliche Bekanntschaft mit dem zweitgenannten Beamten[233] habe sogar zu einer „dauernden persönlichen Freundschaft" geführt. Zu Frey notierte der Dekan nicht nur dessen evangelisches Bekenntnis, sondern schilderte ihn auch als eine „wahrhaft vornehme Persönlichkeit", die „unter dem in der Partei herrschenden Ungeist innerlich schwer litt". Er habe sich der Wiener Fakultät gegenüber als „wahrer Freund und Helfer erwiesen". Frey kam auch das Verdienst zu, dass „der Reichswissenschaftsminister und der Reichsfinanzminister unseren Plan akzeptierten"[234].

Gottfried Niemeier

Aber auch der nach Wien entsandte Verbindungsmann der Parteikanzlei ORR Kurt Krüger versuchte sich im Berufungswirrwarr einzubringen, indem er einen Jugendfreund ins Gespräch brachte: Pfarrer Lic.theol. Dr.phil. Gottfried Niemeier (1906-1984), der durch Arbeiten zur Theologiegeschichte und zur Religionsphilosophie der Gegenwart hervorgetreten war[235], aber keine Habili-

---

231 Entz, Erinnerungen, in: Schwarz, Gustav Entz, 29. – Im Nachlass Elert/Erlangen liegt eine völlig andere Einschätzung dieses Beamten auf, der den Theologischen Fakultäten „überhaupt keine Existenzberechtigung mehr" zusprach: zit. Meier, Theologische Fakultäten, 440 Anm. 10.
232 Meier, Theologische Fakultäten, 438-440.
233 Entz, Erinnerungen, in: Schwarz, Gustav Entz, 29 f.
234 Entz, Erinnerungen, in: Schwarz, Gustav Entz, 32.
235 Gottfried Niemeier, Die Methoden und Grundauffassungen der Religionsphilosophie der Gegenwart, phil. Diss. Stuttgart 1930; ders., Wirklichkeit und Wahrheit. Grundzüge und Gestalt des theologischen Systems Martin Kählers, Gütersloh 1937.

tation aufweisen konnte. Als eine kleine Fußnote innerhalb der Wiener Fakultätsgeschichte wird er hier erwähnt, um auf seine spätere Karriere im Rahmen der EKD in Hannover hinzuweisen, wo er in den 60er-Jahren als geistlicher Vizepräsident der Kirchenkanzlei wirkte. Dekan Entz aber, dem eine solche Berufung gar nicht in sein Ausbaukonzept gepasst hätte, ließ daraufhin den blockierten Berufungsvorgang über die Berliner Zentralstellen urgieren[236] und wies den Vorschlag „Niemeier" dezidiert in einem äußerst gereizten Schreiben zurück[237].

Berufungswirrwarr und Prussifizierung

Neben der indirekten Nominierung Niemeiers traten eine Reihe von Interessenten in den Fokus der Wiener Fakultät. Der Gießener Kirchenhistoriker Erich Vogelsang (1904–1944) reiste mit einer Studentengruppe in den ersten Jännertagen 1939 nach Wien, um im Rahmen des Reichsberufswettbewerbs die „Los-von-Rom-Bewegung" der Jahrhundertwende zu untersuchen und dazu Feldforschungen zu betreiben und von Dekan Entz freundlich willkommen geheißen wurde. Präsident Kauer wurde in Berlin von Prof. Erich Seeberg auf dessen Schüler Ernst Benz (1907–1978) in Marburg aufmerksam gemacht[238]. Dieser wurde auch tatsächlich nach Wien eingeladen, wo er seine aktuellen Forschungen über die Beziehungen des deutschen Protestantismus zur Ostkirche vorstellte, die bestens in das Süd-Ost-Konzept der Fakultät gepasst hätten[239]. An weiteren Forschungsabsichten nannte er neben der von ihm betriebenen Edition der lateinischen Predigten von Meister Eckhart vor allem eine Bearbeitung der Reformationsgeschichte im volksdeutschen Raum – auch dies ein Desiderat der Fakultät. Benz machte geltend, dass diese Aufgaben von Wien aus leichter zu bewerkstelligen seien, sie verlangten aber eine entsprechende institutionelle Stützung durch wissenschaftliche Hilfskräfte sowie Mittel für den Aufbau einer fachspezifischen Bibliothek.

Dem Marburger Ordinarius wurde der Ruf zu Verhandlungen erteilt, bei denen sich freilich herausstellte, dass die Berliner Stellen seinen Wünschen „die

---

236 AdR Wien, Ministerium f. inn. u. kult. Ang. GZ IV-2-45.494/38 – Beilage: Erlässe des Reichsministeriums für Wissenschaft, Erziehung und Volksbildung WP Nr. 2268 II/III vom 24.10. und 21.11.1938.
237 AdR Wien, ebd. IV-2-47.439: Schreiben Entz an das Ministerium f.inn. u. kult. Ang., DZl. 71/1938–39, 8.12.1938.
238 Schreiben Entz an ORR Schwarz/Berlin 16.1.1939 – AEOKR Wien Fasz. 416. Nr. 921/1939.
239 Seine in den Jahren 1938–1940 veröffentlichten Studien sind neu aufgelegt in: Ernst Benz, Wittenberg und Byzanz. Zur Begegnung und Auseinandersetzung der Reformation und der östlich-orthodoxen Kirche, Marburg/L. 1949.

größte Reserviertheit" entgegenbrachten, und ihm äußerst knappe Bedingungen stellten – mit dem Bemerken, „wenn ich sie nicht annehmen wolle, solle ich möglichst bald zurücktreten, um (...) die Aufnahme der Verhandlungen mit den übrigen Anwärtern zu ermöglichen". Von Paul Dedic war dabei nicht mehr die Rede. In einem Schreiben an Kauer führte Benz bittere Klage über stattgefundene Interventionen zugunsten seiner Gegenkandidaten[240].

Es waren die Vorsprachen von Lietzmann im Ministerium, „um für Opitz etwas zu tun"[241], die ihn über den erfolgten Wiener Ruf an Benz in Kenntnis setzten. Nun unternahm er den Versuch, in Marburg die Nachfolge Benz' zugunsten seines Berliner Assistenten Opitz zu entscheiden, um diesem über Marburg die Rückkehr nach Berlin [242] zu ermöglichen. Wiederholt bezeichnete Lietzmann diesen hoffnungsvollsten Mitarbeiter in der Kirchenväterkommission der Preußischen Akademie der Wissenschaften als seinen Wunschkandidaten für die eigene Nachfolge[243]. Dem Ministerium schien dieses Karussell durchaus gelegen zu kommen, und auch Lietzmanns Marburger Briefpartner Hans von Soden (1881–1945) zeigte zunächst Verständnis für diese Vorgehensweise[244]. Er rückte aber dann ganz entschieden davon ab, als sich das Gerücht verdichtete und von Lietzmann und Opitz bestätigt wurde, dass letzterer Mitglied der NSDAP wäre und den Thüringer Deutschen Christen angehörte[245]. Das wirkte sich freilich nicht mehr aus, weil sich die Berufungsverhandlungen mit Benz zerschlugen und Opitz nun in Wien zum Zuge kam. Dazu haben zwei Schreiben der NS-Reichsdozentenführung in München „mit stärkster politischer Empfehlung für Opitz, dagegen mit zurückhaltender Beurteilung über Benz"[246] das Ihre dazu beigetragen. Und die Tatsache seiner Parteimitgliedschaft (seit 1. Mai 1937) und seiner Funktion als Blockleiter der Ortsgruppe Berlin-Friedenau sowie seine Tätigkeit als Fakultätsvertreter im NS-Dozentenbund kamen sehr gelegen. Mit Wirkung vom 1. April 1939 begann seine Wiener Lehrtätigkeit, zuerst als supplierender Lehrbeauftragter, ab 23. September 1939 als Dozent (neuer Ordnung), schließlich ab 6. Jänner 1940 als Ordinarius[247]. Aber das blieb nur ein knappes Intermezzo, denn schon am

---

240 AEOKR Wien, Fasz. 416, Nr. 921/1939: Brief Benz an Kauer, Marburg 10.1.1939.
241 So Lietzmann in einem Brief an Hans von Soden, 9.11.1938 – Aland, Glanz und Niedergang, 928.
242 Aland, Glanz und Niedergang, 928.906.931.
243 Aland, Glanz und Niedergang, 906. 928. 931 – dazu insgesamt Leeb, Zum wissenschaftlichen Profil, 35–37.
244 Von Soden an Lietzmann, 8.1.1939 – Aland, Glanz und Niedergang, 937 f.
245 Lietzmann an von Soden, 27.1.1939 – Aland, Glanz und Niedergang, 944 f.
246 Schreiben Entz an ORR Schwarz, Berlin, 16.1.1939 – AEOKR Wien, ebd. Nr. 921/1939.
247 Ernennungsakt Opitz: AdR Wien, Ministerium f.inn.u.kult. Ang., Nr. IV-2a-349.349/39.

8. Jänner 1940 wurde er zur Kriegsdienstleistung eingezogen. Vom Rußlandfeldzug kam er nicht mehr zurück, er fiel am 9. Juli 1941 bei Lemberg. In den Vorlesungsverzeichnissen erscheint er nur im Sommersemester 1939 und im 1. Trimester 1940 mit den turnusmäßigen Vorlesungen und einer Theologiegeschichte-Vorlesung sowie einem Seminar über den jungen Luther und einem Oberseminar über die Theologie des Athanasius. Das knüpfte unmittelbar bei seinem Arbeitsschwerpunkt[248] an. Ab dem 2. Trimester 1940 wurde der Lehrstuhl für Kirchengeschichte durch den Dozenten Hans Frh. von Campenhausen suppliert[249], der bis 1945 der Fakultät angehörte, ohne dass es gelang, ihn auf den vakanten Lehrstuhl zu bringen. Ein diesbezüglicher Fakultätsbeschluss vom 20. Dezember 1941[250] löste keinen Besetzungsvorgang aus, auch eine dringende Urgenz blieb ohne Erfolg.

Die beiden vakanten Lehrstühle waren 1939/40 mit reichsdeutschen Gelehrten besetzt worden. Entz hatte gar keine andere Wahl als darauf freundlich einzugehen. Umso erbitterter versucht er für sein Projekt „Grenzlandfakultät" Stimmung zu machen: die Aufstockung des Wiener Lehrkörpers um zwei zusätzliche Professuren für nationale und kirchliche Diasporakunde und die Kirchengeschichte des ost- und südostmitteleuropäischen Raumes. Es ist ein stolzes Projekt, das er dem Ministerium in Berlin präsentiert und das sogar auf weitgehende Zustimmung des Ministers Rust stößt. Und als ersten großen Erfolg ließ sich verbuchen, dass es eine Koryphäe nach Wien zu locken gelang, den Tübinger Ordinarius Gerhard Kittel (1888–1948), der geradezu als „Mann der Stunde" in Wien willkommen geheißen wurde[251]. Formal wurde er nicht auf den dritten seit 1939 vakanten Lehrstuhl für neutestamentliche Wissenschaft berufen, sondern „mit der Wahrnehmung einer Lehrkanzel beauftragt", d.h. er behielt seine Stellung in Tübingen bei, auch wenn er mit seiner Familie nach Wien übersiedelte und hier seiner Lehrtätigkeit an der Fakultät und (mit seinen Forschungen zur „Geschichte des Judentums" und zur „Judenfrage" an der Philosophischen Fakultät nachkam und den unter den Protestanten grassierenden Antisemitismus bediente[252].

---

248 Lietzmann an E. Norden, 3.1.1940 – Aland, Glanz und Niedergang, 983 f.; dazu Leeb, Zum wissenschaftlichen Profil, 35.
249 Wolfgang Wischmeyer, Hans von Campenhausen in Wien, in: Schwarz / Wagner, Zeitenwechsel und Beständigkeit, 209-215, hier 211.
250 Bericht Dekan Entz an das Reichsministerium für Wissenschaft, Erziehung und Volksbildung D.Zl. 244/15.1.1942 – AdR Wien, Bestand Kurator der wissenschaftlichen Hochschulen Wiens, Karton 2.
251 So Opitz an Lietzmann, 15.1.1940 – Aland, Glanz und Niedergang, 986.
252 Astrid Schweighofer, Antisemitismus in der evangelischen Kirche von 1880 bis 1938, in: Dialog-Du-Siach Nr. 74/2009, 22–36.

In einer Denkschrift „Zur Befriedung der Evangelischen Kirche" hatte 1938 der Staatssekretär im Reichskirchenministerium Dr. Hermann Muhs (1894– 1962) die Bedeutung der Theologischen Fakultäten im Protestantismus hervorgehoben, sie als „Ursprung" und als „geistigen Mittelpunkt" bezeichnet und daraus die Möglichkeit abgeleitet, „dass das Reichskirchenministerium zusammen mit dem Reichserziehungsministerium einen neuen staats- u[nd] volksverbundenen Pfarrerstand heranzieht"[253]. Ob die Wiener Fakultät nach diesem Muster gestrickt werden sollte?

Ein Extraordinariat für Territorialkirchengeschichte

Die Besetzung des Lehrstuhls für Kirchengeschichte wurde in Berlin entschieden und dabei der österreichische Kandidat Paul Dedic übergangen. Das daraufhin beantragte Extraordinariat für österreichische und südostmitteleuropäische Territorialkirchengeschichte ließ sich also auch vor diesem Hintergrund begründen, dass man in Berlin den Anschein vermeiden wollte, „als sollte Österreich wie eine eroberte Kolonie behandelt werden". In diesem Sinne zitierte Entz seinen Berliner Gesprächspartner[254]. In Wahrheit aber war die Fakultät „zum Dispositionsobjekt deutscher universitärer Personalpolitik"[255] geworden.

Noch mit 11. April 1940 datiert ist ein Bericht von Entz beim Kurator der Hochschulen Wiens eingelangt, der bezüglich Dedic den Vorschlag unterbreitete, dass dieser bei seiner Ernennung zum Dozenten neuer Ordnung in seinem dienstlichen Charakter als Studienrat belassen bleibe, aber von seiner bisherigen Lehrverpflichtung an Höheren Schulen in Graz enthoben und mit einem Lehrauftrag für die Geschichte des Protestantismus in Österreich an der Fakultät betraut werde.[256]

Auch dieses Lehramt ist Dedic vorenthalten worden – vor dem März 1938, nach dem März 1938 und zuletzt auch nach dem April 1945, als dessen Mitgliedschaft in der NSDAP ihn als Nachfolger im akademischen Lehramt vollkommen ausschloss[257]. Er blieb im Archivdienst in Graz, in den er nach der Eliminierung des Religionsunterrichts gewechselt war, widmete sich der Herausgabe des „Jahrbuchs der Gesellschaft für die Geschichte des Protestan-

---

253 Muhs Denkschrift 1938 – EZA Berlin Bestand 50/45, fol.45.
254 Entz, Erinnerungen, in: Schwarz 2012, 30 f.
255 Leeb, Zum wissenschaftlichen Profil, 33.
256 AdR Wien, Bestand: Kurator der Hochschulen Wiens, Karton 13. Bericht Dekan Entz 11.4.1940 über aktuelle Desiderata der Fakultät.
257 Entz, Paul Dedic, JGPrÖ 67 (1951) 205–216, hier 215.

tismus in Österreich"; wiewohl als Kirchenhistoriker rehabilitiert und seiner quellennahen Forschung – über den territorialgeschichtlichen Rahmen hinausreichend – gewürdigt[258], nahm er seine Dozentur in Wien aber nicht wahr.

Das Projekt „Grenzlandfakultät" 1939

Im Projekt der Grenzlandfakultät waren heftige Hürden aufgetreten. Zunächst schien es, dass mit größter Förderung seitens des Kirchlichen Außenamtes und des Reichskirchenministeriums zu rechnen war, sogar der Reichserziehungsminister Bernhard Rust (1883–1945) konnte dafür gewonnen und die etatmäßige Berücksichtigung gefunden werden. Dekan Entz hatte noch im Herbst 1939 alle Ursache, über diese Entwicklung zu jubeln, zumal als feststand, dass der Tübinger Neutestamentler Gerhard Kittel nach Wien übersiedelte. Auch im Blick auf die Berufung des Diasporatheologen May waren durchwegs positive Reaktionen zu registrieren. Das Reichserziehungsministerium hatte auch von der Dienststelle „Stellvertreter des Führers" grünes Licht sowohl für die Errichtung des Lehrstuhls für Diasporakunde als auch für dessen Besetzung erhalten[259]. Die Berufung konnte nur deshalb nicht durchgeführt werden, weil die Genehmigung des Haushaltsplanes für die Universität Wien noch ausstand. Angesichts eines konzentrierten Angriffs auf den Bestand der Theologischen Fakultäten im Herbst 1938[260] war jener Erfolg von Entz mehr als beachtlich. Zu einem Zeitpunkt, da bereits Listen über die zu liquidierenden Theologischen Fakultäten kursierten[261] und in Österreich bereits drei Katholisch-Theologische Fakultäten davon betroffen waren, gab man sich in Wien noch der Hoffnung hin, durch die besondere geopolitische Lage der Fakultät und durch die immer wieder zum Ausdruck gebrachte innige Symbiose von Nationalsozialismus und Protestantismus die Krise zu meistern. Und Entz wurde darin auch vom Rektor, dem Botaniker Fritz Knoll (1883–1981) bestärkt, der den ehrgeizigen Anspruch der Universität Wien, zur führenden Bildungsstätte für den europäischen Südosten zu werden, auch durch die Bemühungen der Evangelisch-Theologischen Fakultät und dessen Neutestamentler Kittel bestätigt sah.

---

258 Leeb, Zum wissenschaftlichen Profil, 32.
259 BA Berlin, RKM, Bd. 21715, fol. 99. Bericht REM an RKM, WP 3738/39, 11.12.1939.
260 Wolgast, NS Hochschulpolitik, 66.
261 Wolgast, NS Hochschulpolitik, 69 f.; Siegele-Wenschkewitz, Die Theologische Fakultät im Dritten Reich, in: Semper Apertus. 600 Jahre Ruprecht-Karls-Universität Heidelberg 1386–1986 III, Berlin-Heidelberg 1985, 504–543, hier 507 f.

Examen Sommersemester 1939: 1. Reihe von li: die Professoren
Opitz, Bohatec, Wilke, Entz, Hoffmann, Schmidt

Gerhard Kittel als Lehrstuhlvertreter in Wien

Die Verfügung des Reichserziehungsministeriums ist mit 15. September 1939 datiert und sie hatte zum Inhalt, dass der Tübinger Neutestamentler mit der „Wahrnehmung der Lehrkanzel" an der Wiener Fakultät beauftragt wurde. 1939 war der langjährige Ordinarius Richard A. Hoffmann 67jährig pensioniert, der vakante Lehrstuhl aber nicht zur Wiederbesetzung ausgeschrieben worden. Mit der Formel „Wahrnehmung der Lehrkanzel" wurde dies auch im Vorlesungsverzeichnis kommuniziert. Dieser Ortswechsel macht nur Sinn, wenn die spezifische Lage der Theologischen Fakultäten im „Dritten Reich", insbesondere die in Aussicht genommenen Zusammenlegungen (das betraf etwa Heidelberg und Tübingen)[262] berücksichtigt wird. Dieser Entwicklung stand der Ausbau der Wiener Fakultät zur „Grenzlandfakultät" – mit einer beachtlichen Schwerpunktbildung zur modischen „Volkstumstheologie" – gegenüber.

Kittel blieb in Wien, obwohl das Fakultätsprojekt nicht realisiert wurde, und er bewies seine ideologische Verlässlichkeit durch seine „Judenforschung" an der Philosophischen Fakultät zu deren vollster Zufriedenheit, ja er

---

262 Siegele-Wenschkewitz, ebd. 508; Wolgast, NS Hochschulpolitik, 70.

lieferte auch ein einschlägiges Gutachten zur Begründung einer entsprechenden Lehrkanzel. Einen ihm angesonnenen Fakultätswechsel wies er jedoch zurück[263]. Mit einer öffentlichen Vorlesung über „Die Entstehung des Judentums" am 22. März 1943 verabschiedete er sich von der Alma Mater Rudolfina, nicht ohne mit der Wahl des Vortragsthemas noch einmal dem politischen Interesse an seinem akademischen Lehrauftrag Tribut zu zollen.

Gustav Entz hat die Rückkehr Kittels nach Tübingen sehr bedauert, vor allem die gescheiterten Ausbaupläne, die dies veranlassten. „Unter diesen Umständen", so kommentierte es Entz[264], „vertrat der große Forscher [i.e. Gerhard Kittel], der als Gelehrter von Weltruf und wegen seiner einwandfreien nationalen [sic] Haltung sogar bei den nationalsozialistischen Machthabern in einer gewissen persönlichen Geltung stand, mit Recht den Standpunkt, daß er seine Autorität lieber in Tübingen zur Verteidigung des dortigen Besitzstandes einsetzen wolle, als in Wien zur Behauptung einer Position, die doch nicht mehr zu halten war".

Die Fakultätserweiterung wird ad Kalendas Graecas vertagt

Was am Beispiel des Neutestamentlers Kittel gezeigt werden konnte, lässt sich an der Korrespondenz des Dekans in Sachen „Diasporakunde" bestätigen.

Als May Ende November 1939 in Wien einen Vortrag über den Gestaltwandel südostdeutschen Volkskirchentums hielt, zeigte sich Dekan Entz noch überaus optimistisch, ja fest davon überzeugt, dass „meine Angelegenheit", so schrieb May an Bischof Heckel[265] und meinte damit seine Berufung, „noch bis Weihnachten günstig erledigt werde". „Als Skeptiker von Natur", so May weiter, „setzte ich meine Meinung dagegen, daß vor Kriegsende wohl keine Entscheidung gefällt würde und dann wer weiß, wann und wie".

Und schließlich: „Dieser Tage schrieb mir Entz, daß meine Sache durch das Finanzministerium bis zum Ende des Krieges vertagt sei. Da ich damit rechnete, bin ich nicht enttäuscht: ich setzte im Herbst noch ein paar Obstbäume

---

263 Robert P. Ericksen, Theologen unter Hitler. Das Bündnis zwischen evangelischer Dogmatik und Nationalsozialismus, München-Wien 1986, 58; ders., Zur Auseinandersetzung mit und um Gerhard Kittels Antisemitismus, in: Ev. Theologie 43 (1983) 250–270; Leonore Siegele-Wenschkewitz, Neutestamentliche Wissenschaft vor der Judenfrage. Gerhard Kittels theologische Arbeit im Wandel deutscher Geschichte, München 1980.
264 Entz, Erinnerungen, 166.
265 EZA Berlin, Bestand 5/865: Brief Celje 24.2.1940.

im Garten, davon werden und wollen wir noch ernten, wenn wir bis dahin am Leben bleiben ..."

Am 10. September 1940 urgierte das Reichskirchenministerium (RKM) abermals beim Reichserziehungsministerium (REM) und wurde dahingehend beschieden, dass wegen der Lehrstuhlbesetzung „Diasporakunde" „noch Verhandlungen mit dem Stellvertreter des Führers schweben"[266].

Dies nahm Dekan Entz – über Ratschlag von Ministerialrat Dr. Frey, dem Nachfolger von ORR Schwarz – zum Anlass, in einem Privatschreiben an diesen Beamten des Reichserziehungsministeriums noch einmal die Gründe darzustellen, warum der Fakultätsausbau unbedingt weiter zu verfolgen sei. Es kehren im wesentlichen dieselben Argumente wieder:
- Die Treue der Fakultät zur großdeutschen Idee,
- Sie sei Hort und Zuflucht des Nationalsozialismus in der „nationalen Verfolgungszeit" gewesen,
- Der Missionsauftrag der Evangelischen Kirche Österreichs im Rahmen des gesamtdeutschen Protestantismus,
- Die glückliche Personalunion zwischen Nationalsozialismus und evangelischer Haltung;

Entz berief sich wiederum auf Persönlichkeiten, die den Fakultätsausbau befürwortet hätten: der Gauleiter von Wien, der Süd-Ost-Referent der Volksdeutschen Mittelstelle, neuerdings auch der Führer der Ungarndeutschen Dr. Franz Basch (1901–1946), den er anlässlich der Verleihung des Prinz Eugen-Preises am 30. September 1940 daraufhin angesprochen hatte und der vom Standpunkt des Außendeutschtums die Durchführung dieser Gründung besonders begrüßen würde.

Die Studentenzahlen verschwieg der Dekan wohlweislich: Praktisch haben sie sich auf ein Zehntel – 80 noch im Sommersemester 1938; 41 im SoSe 1939; 14 im SoSe 1940; 8 im SoSe 1941 – eingependelt. Das hing einerseits mit den „dünneren" Geburtsjahrgängen während des Ersten Weltkrieges zusammen, zum anderen aber auch mit der Kirchenaustrittspropaganda, der ein Siebentel der Kirchenmitglieder, darunter drei Pfarrer, zehn Vikare und 33 Theologiestudenten zum Opfer fielen[267].

---

266 BA Berlin, RKM Bd. 21.715, fol. 113: Bericht REM an RKM, WP 2674/8.10.1940.
267 Bericht von Bischof D. Gerhard May, in: Protokollbericht über die gemeinsame dritte Generalsynode der Ev. Kirche A.u.H.B. in Österreich, Wien 1949, 16 f.

Außenpolitische Motive: Ehrenpromotion von Nichifor Crainic

Ein neues Argument für den Dekan lag indes in der groß herausgestrichenen Inpflichtnahme der Fakultät für außenpolitische Dienste: sie habe nicht gezögert, den rumänischen Theologen und Kulturpolitiker Professor Nichifor Crainic (1889–1972)[268], Minister für nationale Propaganda in der Regierung Antonescu, ihr Ehrendoktorat zu verleihen (Promotion am 5. November 1940[269]), als dies von der deutschen Gesandtschaft in Bukarest angeregt und von den Berliner Ministerien für Wissenschaft und Äußeres betrieben wurde.

Jedoch: Kein Ausbau der Theologischen Fakultäten

Entz wurde nicht müde, die Vorteile, auch die politischen Vorteile der Wiener Grenzlandfakultät aufzuzeigen. Und er mochte darin durchaus das Charisma einer tiefen Ehrlichkeit besessen haben, aber das änderte nichts an der Ausweglosigkeit seiner Argumente. Denn schon im April 1940 waren die Weichen gestellt worden: Jeder weitere Ausbau der Theologischen Fakultäten habe zu unterbleiben. Neuernennungen sollen nicht mehr erfolgen. Das war das Ergebnis einer Vereinbarung zwischen dem Stab des Stellvertreter des Führers (StdF) und der Partei, dem Beauftragten des Führers für die gesamte geistige und weltanschauliche Schulung und Erziehung der NSDAP in Berlin (Amt Rosenberg), dem sich das REM zu fügen hatte. So ist es nicht verwunderlich, wenn das REM in der Frage der Errichtung eines Lehrstuhls für österreichische Kirchengeschichte eine klare Ablehnung erfuhr[270]. Aber auch die bereits erteilte Zustimmung zur Errichtung des Lehrstuhls für Diasporakunde wurde zurückgezogen[271].

---

268 Dictionarul Teologilor Romani [Wörterbuch der rumänischen Theologen], Bukarest 1996, 129 f.
269 BA Berlin, Bestand RKM 23174, Generalakten betr. Die orthodoxe Kirche in Rumänien, fol. 12 ff. (Ehrenpromotion N. Crainic).
270 BA Berlin, Bestand 62 Di Dienststelle RL RL Rosenberg, 56/4 Theol. Fakultäten: Theol. Fakultät Wien, brauner Leitzordner, „Widerspruch zum Ausbau der Fakultät", abschriftlich StF (i.V. M. Bormann) III D – Es. 3230/7, 12.8.1940 an REM zu WP 2104/27.7.1940: „Der Berufung des Dr.theol.habil. Dedic muß ich daher meine Zustimmung versagen."
271 BA Berlin, ebd. StdF III/15-Gb. An den Beauftragten des Führers 30.11.1940 (Abschrift): StF III/15-Gn an REM, 16.10.1940 (Abschrift). Zu REM 20.9.1940, WP 2348, in dem ein bestehendes Einverständnis zum Ausbau der Wiener Fakultät festgestellt wurde, bemerkte der Beamte im Stab StdF ORR Kurt Krüger, der vom Wiener Minoritenplatz in das Braune Haus nach München zurückgekehrt war, aus seiner Wiener Zeit 1938/39 die Evangelisch-theologische Fakultät kannte, dass von einem Ausbau der Fakultät nicht die Rede gewesen sei. Die beabsichtigte Neuerrichtung der Professur für Diasporakunde stünde mit der getroffenen Vereinbarung vom April 1940 im Widerspruch. „Die mit meinem Schreiben vom 19.10.1939 (III/15-Gn-3230/7) erteilte Zustimmung ist durch diese Vereinbarung überholt."

Zeitgleich mit der Intervention von Gerhard Kittel unternahm Dekan Entz noch einmal einen Versuch über das Reichskirchenministerium in Berlin[272]. Er erbrachte dann mit erheblicher Verspätung nach mehr als einem halben Jahr den lapidaren Befund, dass die Besetzung der beiden Lehrstühle „bis zum Kriegsende zurückgestellt" würde[273].

Der Lehrstuhl für Kirchengeschichte Österreichs tauchte in der Folge in den Akten überhaupt nicht mehr auf. Der bereits errichtete Lehrstuhl für Diasporakunde hingegen wurde budgetmäßig berücksichtigt, sodass seine Nichtbesetzung Budgetmittel freimachte. Diese kamen aber keineswegs der betroffenen Fakultät zugute, sondern sie dienten unter anderem zur Abgeltung eines Lehrauftrags für Verwaltung an der Universität Greifswald[274], ehe das Ministerium im Herbst 1944 überhaupt verfügte, dass dieser Wiener Lehrstuhl umzuwandeln sei in einen Lehrstuhl für Bulgarische Sprache und Literatur – nota bene an der Universität Graz[275].

Dekan Entz nahm es resigniert zur Kenntnis; er gab sich keinen Illusionen hin, wenn er trotzdem beim Präsidenten des Deutschen Fakultätentages Dekan Hans Schmidt (1877–1953) in Halle um eine Intervention im Ministerium zugunsten der Wiener Fakultät bat. Auch dem präsumtiven Lehrstuhlinhaber Gerhard May machte er Mitteilung[276]. Ob dieser für das akademische Lehramt überhaupt noch zur Verfügung stand, lässt sich nicht schlüssig beantworten, denn er war in der Zwischenzeit als Leitender Geistlicher Amtsträger seiner Kirche nach Wien berufen worden. Paul Dedic hingegen blieb als Mittelschulprofessor in Graz. Er wechselte, als der Religionsunterricht aus den Schulen eliminiert wurde, in den Archivdienst über. Auf die Ausübung seiner Dozentur in Wien verzichtete er, als sich die Aussichten auf das Extraordinariat zerschlugen.

Supplierung der Lehrstühle durch Dozenten

Wie sehr die hochfliegenden Pläne des Dekans zerstoben, wird aber nicht nur am Mißlingen des großen Projekts der Grenzlandfakultät ersichtlich, sondern vor allem daran, dass der status quo nicht zu halten war. Das bedeutete, dass die Lehrstuhlvakanzen seit 1940 (Kirchengeschichte und Neues Testament)

---

272 BA Berlin, RKM, Generalakten betr. Österreich Bd. 1, 21.715, fol. 111: RKM an REM, Z. I 12980/40, 12940, 30.1.1041.
273 BA Berlin, RKM, ebd. fol. 115: REM an RKM WP 914/41, 4.8.1941.
274 AdR Wien, Bestand Kurator, Z. 2829/1944: Rektorat an REM, Bericht GZ 473 ex 194243, 20.11.1944 zu REM WP Fuchs 15c.
275 AdR Wien, Kurator, REM Erlass WP 1922/25.10.1944.
276 AEvOKR, Registratur A 44/6, Brief Entz an May, 20.11.1944.

nicht mehr regulär besetzt, sondern bloß kommissarisch durch Dozenten verwaltet wurden. Nach dem Weggang von Kittel gelang es Entz, den Leipziger Dozenten Gustav Stählin (1900–1985) für Wien zu gewinnen, d.h. seinen militärischen Transfer nach Wien zu erreichen, sodass er neben seinem Militäreinsatz (im Bürodienst) wenigstens teilweise seiner Lehrtätigkeit nachkommen konnte. Für die Kirchengeschichte war schon 1940 als Vertretung für den eingerückten Opitz der zweite von Lietzmann empfohlene Schüler Hans von Campenhausen gekommen[277], doch auch ihn traf das Los, zur Wehrmacht eingezogen zu werden. Ihn als Ordinarius zu berufen, misslang, obwohl das Professorenkollegium einen diesbezüglichen Beschluss fasste[278] und der Dekan, um Erfolg zu haben, dem Mitglied der Bekennenden Kirche von Campenhausen attestierte, dass er „in seinen früheren Jahren den bekenntniskirchlichen Kreisen des Altreichs" nahestand, aber sich „in die ausgesprochen nationalsozialistische Haltung der Wiener Fakultät sehr gut eingefügt" habe[279]. Man merkt, wie der Zweck die Mittel bestimmt, wie Entz aus taktischen Erwägungen heraus die erwünschten politischen Floskeln anzuwenden verstand. In einer Sitzung des Kollegiums am 20. Dezember 1941 erarbeiteten die drei Professoren Entz, Kittel und Schmidt (Bohatec und Wilke ließen sich krankheitshalber entschuldigen) im Beisein des Rektors und des NS-Dozentenführers Prof. Arthur Marchet (1892–1980) einen Besetzungsvorschlag für die Lehrkanzel für Kirchengeschichte, in der jene zitierte Beurteilung zu finden ist. Der Besetzungsvorschlag enthielt keine Reihung, sondern führte pari passu fünf Namen in alphabetischer Reihenfolge an:

o.Prof. Ernst Benz/Marburg; o.Prof. Hermann Wolfgang Beyer (1898–1943) aus Leipzig; o.Prof. Heinrich Bornkamm (1901–1977) aus Leipzig; Doz. Hans von Campenhausen/Heidelberg-Wien; o.Prof. Helmut Lother (1898–1970) aus Bonn. Im Protokoll ist weiters vermerkt, dass die beiden abwesenden Kollegen nachträglich zur Liste ihre Zustimmung gaben, Bohatec von seiner Zustimmung aber ausdrücklich den Letztgenannten ausnahm, weil ihm dessen Arbeiten unbekannt waren. Es mag sich hinter dieser Begründung auch das Signal einer inklusiven Ablehnung verborgen haben, denn bei dessen Begründung stand – anders als bei den übrigen Kandidaten (absolut/unbedingt loyal) – „ausgeprägt nationalsozialistisch".

---

277 Wischmeyer, Campenhausen, 209 ff.
278 AdR Wien, Kurator, Karton 2: Bericht des Dekanates D.Z. 244/15.1.1942 an das REM mit fünf Beilagen, den Berichten über die fünf vorgeschlagenen Kandidaten.
279 Ebd. Bericht über von Campenhausen (15.1.1942).

Einen Besetzungsvorgang löste dieser Beschluss nicht aus, auch eine dringende Urgenz einer definitiven Besetzung der beiden kommissarisch verwalteten Lehrstühle im Herbst 1944[280] zeitigte ebensowenig Erfolg. Angesichts der Tatsache, dass zwei Professoren, Bohatec und Wilke, die Altersgrenze bereits überschritten hatten und das Kollegium praktisch auf zwei Mitglieder zusammengeschrumpft war, war die um sich greifende Verbitterung der Fakultät mehr als verständlich. Sie richtete sich gegen die NS-Taktik, die Theologischen Fakultäten von unten her absterben zu lassen.

Noch einmal: Die Bedeutung der Wiener Fakultät für den Südosten

Die Verlegung des Lehrstuhls für Diasporafragen nach Graz ärgerte nicht nur Dekan Entz, der diese Verfügung des Ministeriums noch einmal zum Anlass einer weit ausholenden Denkschrift über die Bedeutung der Fakultät für den Südosten nahm[281], es ärgerte auch den Rektor der Universität Wien und sogar den Kurator der Wiener Hochschulen, der die freiwerdenden Mittel gerne in Wien behalten hätte. Noch Anfang 1945 wurde er deshalb in Berlin vorstellig, um anstelle jenes „freien Lehrstuhls für Diasporafragen" ein Ordinariat für Anthropologie an der Wiener Philosophischen Fakultät zu schaffen[282]. Hier verdient auch angemerkt zu werden, dass derselbe Kurator der Wiener Hochschulen keine Bedenken hatte, die nach der Schließung der Grazer Katholisch-Theologischen Fakultät freigewordenen Planstellen nach Wien zu ziehen und zu beantragen, dass eine derselben in ein Extraordinariat für die „Erforschung der geistigen Grundlagen des Judentums" umgewandelt würde[283].

Seine letzte große Denkschrift war von Dekan Entz freilich ganz vergeblich geschrieben worden, denn sie langte gar nicht mehr in Berlin ein, der Kurator hielt sie zurück[284], weil sie schon zwecklos geworden war. Dabei ist diese Denkschrift aus einem Grund ganz bemerkenswert. Zwar scheint prima vista dieselbe Gedankenführung wie in den früheren Briefen des Wiener Dekans auf: Dass die deutschen Volksgruppen auf die Hilfsarbeit der deutschen luthe-

---
280 AdR Wien, Kurator, Karton 2: Bericht des Dekanates an das REM D.Z. 130/20.9.1944.
281 AEvOKR Wien, Registratur A 44/6, OKR Z. 7030/1944: Schreiben Dekan Entz an Bischof May, 20.11.1944 mit Beilage: Vorstellung der Fakultät an das REM, D.Z. 183/17.11.1944, gegen Verlegung des Lehrstuhls für Diasporakunde nach Graz und Umwandlung desselben in einen Lehrstuhl für Bulgarische Sprache und Literatur.
282 AdR Wien, Kurator an REM Zl I-1130/5.2.1945.
283 AdR Wien, Kurator, Karton 16 – Bericht des Kurators an den Reichsstatthalter über Verwendung der freiwerdenden Lehrstühle an der kath.-theol. Fakultät Graz, Zl. Ia-6100 A/H, 27.6.1940.
284 AdR Wien, Kurator, Rektorat Wien an REM GZ 473/1942–43, Bericht vom 20.11.1944.

rischen Kirchen angewiesen seien und in der Förderung ihrer kirchlichen Belange (durch die Schaffung jener Lehrstühle an der Wiener Fakultät) auch zugleich eine Förderung und Sicherung ihrer nationalen Eigenart sehen. Doch dann griff Entz argumentativ auch auf die gewonnenen Kontakte zur orthodoxen Theologie zurück. Nun konnte er den Studiengang einer Reihe von orthodoxen Theologen zu einem kulturpolitischen Dienst für das deutsche Volk und für das Großdeutsche Reich stilisieren. Wie vor dem Weltkrieg die Anglikanische Kirche bemüht war, auf die Balkankirchen Einfluß zu gewinnen und junge Theologen nach England zu ziehen, so liege es nun am Reich, die Wiener Fakultät zu fördern und auszubauen, damit sie „unter den Balkanvölkern für Deutschland eine starke werbende Kraft ausüben" könne. War sie vorher also in erster Linie Bollwerk für das Außendeutschtum gewesen, so reifte nun das Bild von der Brücke, die zu den orthodoxen Kirchen des Balkans führen sollte – in der Tat eine Aufgabenstellung, die der Fakultät zugewachsen war, die aber nach 1945 nicht mehr wahrgenommen wurde.

Gustav Entz

Ein hochschulpolitisches Agieren der Fakultät reduzierte sich auf die Person des langjährigen (1938–1949) Dekans Gustav Entz. Auf ihm lag nicht nur die Hauptlast der Verwaltung, seit 1941 unterstützt durch seine langjährige Sekretärin Olga Wochocz (1895–1994). Gemeinsam mit den beiden Professoren seiner Generation Bohatec und Wilke hielt er in den Kriegsjahren die Kontinuität der Lehre, weil die jüngere Professoren- bzw. Dozentengeneration (Hans-Georg Opitz, Hans Wilhelm Schmidt, Hans von Campenhausen, Gustav Stählin) immer wieder im Kriegseinsatz gewesen ist. Angesichts einer ständig abnehmenden Hörerzahl konnte eine „z.b.V"-Stellung der Professoren schwerlich gerechtfertigt werden. So finden sich in den vom Studenten Sepp Meier verschickten Rundbriefen an seine Kommilitonen im Feld häufig Nachrichten über die Kriegsverpflichtung der Professoren, die nur zwischendurch nach Wien zurückkehren, um ihrer Lehrverpflichtung nachzukommen. Als entlastend wird von Lehrern und Studenten empfunden, wenn sie ihrem Militäreinsatz in Wien obliegen konnten. So konzentrierte sich der Lehrbetrieb zunehmend auf Entz und Wilke, die beide den Kontakt zur Studentenschaft suchten, beide Junggesellen waren und vor allem deshalb äußerst beliebt waren („Papa Entz"), weil sie mit beachtlicher seelsorgerlicher Anteilnahme den Studiengang, den Dienst in der Wehrmacht und schließlich auch die weitere Berufslaufbahn der Absolventen beobachteten.

Wenn es nun gilt, die Person Gustav Entz zu würdigen, so wird mich weniger sein wissenschaftliches Werk als vielmehr sein politisches Profil interessieren. Dieses wurde auch schon von der Kirchenkampfforschung vereinzelt registriert[285].

Zu seinem akademischen Werdegang sei hier kurz erwähnt, dass er in Wien, Berlin und Marburg/Lahn Philosophie und Theologie studierte. Adolf von Harnack widmete er seine philosophische Dissertation, die er als Studieninspektor im Wiener Theologenheim 1909-1912 anfertigte; von ihm empfing er die stärksten Eindrücke. Zwischen 1912 und 1922 wirkte er in verschiedenen Wiener Pfarrgemeinden, er beteiligte sich am Aufbau der Inneren Mission, ehe er seinem Nachfolger im Theologenheim Karl Völker (dieser war nach 1912 Studieninspektor[286]) 1922 als Professor für Praktische Theologie nachfolgte[287].

Von Haus aus deutschnational wurde er ein glühender Anhänger des Nationalsozialismus; etwas kurzschlüssig machte er die Kulturpolitik des katholischen Ständestaates dafür verantwortlich, dass ein Großteil der österreichischen Protestanten in das Lager des Hitlerismus abschwenkte. Als sich im Sommer 1933 ein Ableger der Deutschen Christen in Österreich formierte, war er einer der ersten, die das DC-Programm begeistert begrüßten[288].- mit der Folge, dass er für das heimliche „Parteihaupt" der DC in Österreich gehalten wurde. Ende 1933 ging er wie viele seiner Amtsbrüder auf Distanz; Entz verglich sich in der Retrospektive mit seinem Tübinger Fachkollegen Karl Fezer (1891-1960)[289]. Der österreichische DC-Zweig löste sich Anfang 1934 auf, seine Proponenten blieben aber informell verbunden, insbesondere in der von Prof. Hamburger geleiteten Akademikergemeinschaft im Evangelischen Bund, die nachweislich auf deutsch-christlicher Grundlage stand[290].

Entz verstand sich zum klassischen (deutsch)-nationalen Lager gehörig, das in großdeutschen Kategorien dachte und, wie die Wahlanalysen der 30er-

---

285 Kurt Meier, Der evangelische Kirchenkampf III: Im Zeichen des zweiten Weltkriegs, Halle/S.-Göttingen 1985, 137 f.
286 Herbert Krimm / Ernst Hofhansl, 90 Jahre Wiener Theologenheim, Glaube und Heimat 1991, 68-77.
287 Ernst Hofhansl, Gustav Entz als Lehrer der Praktischen Theologie, in: Schwarz, Gustav Entz, 91-108 – hier 147-157 eine Bibliographie Entz..
288 EZA Berlin 571694: Schreiben Pfr. Dr. Martin Thom (Referat „Ausland" der Glaubensbewegung DC) an Bischof Müller, 22.8.1933 – Das theol. Gutachten von Entz ist abgedruckt in: Reingrabner/Schwarz, Quellentexte, 97 f.
289 Entz, Erinnerungen, 327. Landesbischof Theophil Wurm bestätigt diese Version, wenn er Entz bescheinigt: „Wenn ich recht unterrichtet bin, standen Sie früher den DC nahe wie ich selbst auch vor der Machtergreifung und bis Ende 1933". Brief an Entz, 24.11.1943, zit. bei Jörg Thierfelder, Das kirchliche Einigungswerk des württembergischen Landesbischofs Theophil Wurm, Göttingen 1975, 48 Anm. 9.
290 Die theologische Grundlegung dieses Kreises (o.D. unterzeichnet von den Professoren Hamburger und Hoffmann) sind abgedr. in: Reingrabner/Schwarz, Quellentexte, 195-200.

Jahre zeigen, sukzessive von der NSDAP absorbiert wurde[291]. Zu dieser Charakterisierung gehört auch sein nie unterdrückter Antisemitismus[292]. Schon in den Jahren des Ständestaates zeigte er nicht nur seine ablehnende Haltung gegenüber dem „Neuen Österreich" und dessen „Österreich"-Ideologie, sondern ebenso auch seine entschiedene Hinwendung zum Anschluß an das „Dritte Reich". Ein durchaus kritischer Höhepunkt in dieser Richtung war seine Reaktion auf den Neujahrshirtenbrief 1938 von Superintendent Heinzelmann, in dem dieser vor den Gefahren aus dem Reich gewarnt hatte, wo es „ums Ganze geht"[293]. Entz schilderte demgegenüber Ende Jänner 1938 „[d]ie Lage der evangelischen Kirche in Deutschland" aufgrund von Berichten ehemaliger Studenten – und zwar in einer den Ernst der Situation völlig verkennenden und Heinzelmanns Ausführungen korrigierenden Weise, dass „die religiöse und kirchliche Lage im Reich mit den Worten des Hirtenbriefes noch nicht erschöpfend charakterisiert" sei[294]. Dieser Widerspruch in den Reihen der Evangelischen wurde von der Tagespresse registriert und demensprechend kommentiert: „Professor gegen Superintendent!" lautete die Schlagzeile in der Reichspost[295] – mit dem ironischen Schlusssatz, es sei nicht zu verstehen, „warum ein evangelischer Theologieprofessor der Wiener Universität sich bemüßigt fühlt, das Dritte Reich gegen den Neujahrs[hirten]brief des Superintendenten Heinzelmann öffentlich zu verteidigen, außer dieses Hervortreten entspricht den Tendenzen, von denen die Wiener evangelische Fakultät zur Zeit beherrscht wird".

Applaus erhielt Entz hingegen vom „Völkischen Beobachter"[296], der ihm attestierte, „tendenziöse Falschmeldungen" und „jüdisch-klerikale Umdeutungsversuche" richtiggestellt zu haben. Wie sehr sich Entz von der deutschchristlichen Propaganda gebrauchen ließ, beweist ein weiterer Artikel mit einer zündenden Überschrift: „Ein österreichischer Christ erlebt den Nationalsozialismus"[297]. Darin legte er ein glühendes Bekenntnis zu Hitler als dem Mann der Vorsehung ab. Dem Artikel liegt keine klare Analyse zugrunde, er ist

---

291 Dirk Hänisch, Wahlentwicklung und Wahlverhalten in der Ersten Republik, in: Emmerich Tálos u.a. (Hrsg.), Handbuch des politischen Systems Österreichs. Erste Republik 1918–1933, Wien 1995, 488–503.
292 Schweighofer, Antisemitismus in der evangelischen Kirche, 22 ff.; Eric W. Gritsch, Meine Erinnerungen an „Papa Entz", in: Schwarz, Gustav Entz, 69–71.
293 Schwarz, Der Anti-Rosenberg-Hirtenbrief, 366 f.
294 Linzer Tages-Post Nr. 23/29.1.1938, 2–4.
295 Reichspost Nr. 31/1.2.1938, 5; ähnlich auch die Glosse „Probleme des österreichischen Protestantismus", in: Der Christliche Ständestaat, 13.2.1938, 126.
296 „Persönliche Erfahrung gegen Lügenhetze", Völkischer Beobachter 2.2.1938.
297 Kommende Kirche Nr. 28/10.7.1938, 4.

ein einzigartiger emotionaler Ausbruch der Begeisterung über die im Anschluss erfahrene Erlösung aus der „Katastrophe" – „in nationaler, sozialer, kultureller und geistiger Hinsicht". So schreibt ein überzeugter Nationalsozialist, nicht einer, der um seinen weltanschaulichen Weg erst ringen muss. Der 54-jährige Entz ist schon am Ziel. Und er sucht folgerichtig um Aufnahme in die NSDAP an. Daraus wird ein „Fall Entz", der an anderer Stelle eingehend dargestellt werden soll.

Vom Anfang zum Ende des „Dritten Reiches"

Die Kriegsära mit Dauerdekan Gustav Entz ging zu Ende. Die Fakultät war fast im buchstäblichen Sinne in sich zusammengesunken. Am 7. Februar 1945 hatte ein Bombentreffer das Universitätsgebäude in der Liebiggasse zerstört, die Räumlichkeiten der Fakultät waren davon betroffen, insbesondere das Fakultätsarchiv. Die Hörerzahlen hatten das Dutzend unterschritten, im Wintersemester 1944/45 war es zum völligen Niederbruch gekommen, als nur mehr vier konfessionsfremde Hörer, drei Orthodoxe und ein Altkatholik, gezählt wurden. Aber das hing mit der verspäteten Bewilligung zur Fortführung des Fakultätsbetriebes durch das Berliner Ministerium zusammen, das zunächst die Schließung verfügt hatte[298]. Die Professoren waren in alle Windrichtungen zerstreut, lediglich Dekan Entz und Prof. Wilke hielten die Stellung in Wien.

Das Sommersemester 1945 begann mit zwei Hörern.

Semesterarbeit in Ruinen[299]

Drei Wochen nach Ostern, Anfang Mai 1945 begann der Wiederaufbau des inneren Lebens der Universität. Das Verfahren stand ganz im Zeichen des Notrechts. In einer Versammlung von etwa 25 Professoren aller Fakultäten wurden die neuen Amtsträger gewählt, darunter zum Rektor der Staatsrechtslehrer Ludwig Adamovich (1890–1955). Die Fakultät war durch die beiden Professoren Entz und Wilke vertreten; dabei wählten sie sich gegenseitig zum Dekan und Prodekan. Dieses Notrecht wurde von der Behörde anerkannt.

---

298 In seinem Rundbrief an die Theologiestudenten im Felde berichtete Sepp Meier (30.10.1944), dass es nun feststehe, dass die Fakultät geschlossen bleibt und nur die Dekanatsgeschäfte weitergehen. „Wie ich erfuhr", setzte Meier fort, „sollen nur die Fakultäten in Berlin, Leipzig, Greifswald und Tübingen geöffnet bleiben ..." Im nachfolgenden Rundbrief (10.12.1944) korrigierte er die vorigen Ausführungen: die Wiener Fakultät sei wieder geöffnet, aber die späte Bewilligung von Berlin, die auf Entzens Eingabe (Entz an den Reichsstatthalter und Gauleiter von Wien Baldur von Schirach, Wien 30.9.1944 – AEvOKR Wien, Registratur A 44/5 [Abschrift]) zurückzuführen war, könne die „verlaufenen Hörer nicht mehr herbringen", sodass „nicht viel los" sei.
299 Ich folge weitgehend dem Bericht von Dekan Entz, Erinnerungen, 353 ff.

Auch das neu gebildete Staatsamt für Unterricht unter seinem Leiter Staatssekretär Ernst Fischer (1899–1972) nahm diese Wahlen zur Kenntnis, im Bestreben, möglichst rasch wieder zu einer funktionierenden Universität zu gelangen[300]. Volle Lern- und Lehrfreiheit wurde garantiert, mit einer einzigen Ausnahme: Die Toleranz hatte dort zu enden, „wo faschistische Auffassungen sich bemerkbar machen", das wurde für den Ressortchef am Beispiel der NSDAP-Mitgliedschaft evident. In diesem Fall gab er die Weisung aus, vom Dienst zu suspendieren, wobei er zusicherte, dass die endgültige Entscheidung von autonomen Kommissionen unter Beteiligung des Lehrkörpers getroffen würde. „Wir setzten", so Entz in seinen Erinnerungen, „die Arbeit unter wahrhaft erschütternden Umständen fort"[301]. Die Fakultät war eine „Ruine", sie beherbergte jedoch zwei Hörer, junge evangelische Theologen aus Deutschland, die „sozusagen von den Wogen des Krieges zufällig in Wien ans Land gespült worden waren" und die der Dekan vor der Ausweisung zu schützen vermochte. „An Professoren war alsbald, wenigstens offiziell, eigentlich nur ich vorhanden, denn unser hochverdienter Alttestamentler Professor Wilke wurde schon nach wenigen Wochen als ehemaliger Parteigenosse seines Amtes enthoben und, wie viele andere (...) auf die jämmerliche Hungergebühr von 150 Schilling gesetzt". „Mir", so setzte Entz fort, um sogleich den Vorteil der Fakultät zu unterstreichen: „der Fakultät kam jetzt zugute, daß meine Bewerbung um Aufnahme in die Partei seinerzeit abgewiesen worden war"[302].

Entnazifizierungsverfahren

Zwar wurde Entz zunächst als Parteianwärter registriert, aber, wie es in seiner Gegendarstellung hieß, mit Rücksicht auf die Tatsache, „daß ich mich am kirchlichen Abwehrkampf (sic!) gegen den Nationalsozialismus bis hin zur Gefährdung meiner Freiheit und meiner sozialen sowie meiner physischen Existenz beteiligt habe", wiederum aus den Verzeichnissen gestrichen. Dazu hat erheblich beigetragen, dass ihm von seiten der Kirchenleitung attestiert wurde, er habe sich „wie kein anderer Mann der Evang. Kirche in Österreich mit rückhaltloser Offenheit und mannhaftem Mute gegen den Nationalsozialismus ausgesprochen". Das von Bischof D. Gerhard May und Präsident Dr.

---

300 Ernst Fischer, Das Ende einer Illusion, Erinnerungen 1945–1955, Frankfurt ²1988, 124 ff., hier 125.
301 Schwarz, „In verwüsteten Räumen, in Kälte und Hunger". Die Fakultät im ersten Nachkriegsjahrzehnt, AuG 56 (2005) 196–204.
302 Entz, Erinnerungen, 353 ff.

Heinrich Liptak (1898–1971) unterzeichnete Schreiben[303] nahm auch Bezug auf die diversen Denkschriften, die „wesentlichen Anteil" daran hätten, dass in der hiesigen evangelischen Kirche „die Einsicht in das verderbliche Wesen des Nationalsozialismus gefördert wurde".

Von hier war es dann in der Tat nur mehr ein kleiner Schritt, Entz in den Zusammenhang mit dem Widerstand gegen den Nationalsozialismus zu stellen[304] und dadurch auch all jene, die er post festum an seiner Dokumentationsarbeit beteiligte, eines demensprechenden Bonus teilhaftig werden zu lassen. So hieß es dann im Falle des Systematikers Schmidt, dass er „an der Entstehung und Gestaltung meiner an verschiedene behördliche Stellen gerichteten Denkschriften, in denen ich an der antichristlichen Kulturpolitik der Partei die schärfste Kritik übte, lebhaften Anteil genommen" habe[305]. Ähnlich verhielt es sich bei einem kirchlichen Leumundszeugnis für Gerhard Kittel[306], das in einem anderen Zusammenhang eingehender dargestellt wird.

Aber diese Strategie ging nur teilweise auf. Weder gelang es, im Tübinger Verfahren gegen Kittel entlastend einzugreifen, noch in Wien im Falle des Systematikers Schmidt zu erreichen, dass er in den neugebildeten Personalstand übergeleitet wurde. Wohl wurde er von einer Sonderkommission beim Ministerium vom zuständigen Senat für Hochschulprofessoren positiv beurteilt, dass er trotz bewiesener NSDAP-Parteimitgliedschaft nach seinem bisherigen Verhalten Gewähr biete, jederzeit rückhaltlos für die unabhängige Republik Österreich einzutreten. Dabei folgte die Kommission der Argumentationslinie des Dekans: Schmidt habe sich nachweislich gegenüber dem Nationalsozialismus stets ablehnend verhalten, und es sei auch nachgewiesen, dass er sich am „kirchlichen Abwehrkampfe" gegen die NS-Weltanschauung beteiligt und gegen die NS-Rassenlehre und die Euthanasie Stellung genommen habe „und deswegen" (sic!) für seine Werke [Christliche Glaubenslehre; Römerbrief-Kommentar] keine Druckerlaubnis erhielt.

Zwar wurde Schmidt, der bei Kriegsende in Bayern weilte, semesterweise eine provisorische Ermächtigung erteilt, Lehrveranstaltungen durchzuführen, jedoch nahm der Widerstand im Unterrichtsressort dermaßen zu, dass Entz seine besten politischen Verbindungen einsetzen musste, um für das dritte

---

303 AdR Wien, Unterricht, PA Entz: Schreiben OKR an das Magistratische Bezirksamt Z. 4717/47, 2.6.1947.
304 So die Kritik von Herbert Unterköfler, Die Ev. Kirche in Österreich und ihre Judenchristen, JGPrÖ 107 (1991/92) 109–136, hier 136.
305 AEvOKR Wien, Registratur A 44/19: Schreiben Entz an Präs. Liptak, 8.10.1946 (Beilage).
306 AEvOKR Wien, Registratur A 44/10: kirchliches Leumundszeugnis für Prof. D. Gerhard Kittel, N 1994/45, 7.11.1945.

Nachkriegsstudienjahr noch eine solche Ermächtigung zu erhalten, aber der Systematiker verzichtete auf seine Rückkehr. Erfolgreicher war Entz im Falle des Alttestamentlers Fritz Wilke, der als Parteigenosse sofort suspendiert wurde. Er setzte gleichwohl seine Lehrtätigkeit auf kirchlichem Boden fort und wusste so den treffenden Bonmot zu entsprechen, dass im Wien der Nachkriegszeit nicht nur schwarz geschlachtet, sondern auch „schwarz gelesen" würde. Bezeichnenderweise war der Leiter der Hochschulsektion Otto Skrbensky (1887–1952), „eine Schlüsselfigur in Belangen der Entnazifizierung"[307] der Schöpfer des Bonmots. Es traf jedenfalls die Situation des Alttestamentlers, der an der Fakultät schlechterdings unersetzbar war und deshalb in der Bartensteingasse, in Räumlichkeiten der Wiener evangelischen Gemeinde, seiner Lehrtätigkeit nachkam. Nachdem er mit 30. Juni 1946 in den Ruhestand versetzt worden war, erreichte Dekan Entz, dass er als Honorarprofessor mit der Supplierung der eigenen Lehrkanzel (bis Ende des Studienjahres 1950/51) betraut wurde. Eine Sonderkommission erklärte ihn schließlich „für tragbar", weil er erst nach 1938 der Partei beigetreten war und dafür einleuchtende Gründe namhaft machen konnte: Als Vertreter der semitischen Sprachwissenschaft habe er befürchten müssen, wegen seines Faches entlassen zu werden[308]. Ja es gelang Wilke sogar, sich als Geschädigter der NS-Ära zu präsentieren: Denn sein Lehrauftrag für hebräische Altertumskunde und altpalästinische Landeskunde an der Philosophischen Fakultät war eingezogen und sein daraufhin gestellter Antrag (23.9.1944), ihn mit gleichen Rechten auch an die Philosophische Fakultät zuzuweisen, war „aus grundsätzlichen Erwägungen" abgelehnt worden[309]. Diese Benachteiligung kam ihm natürlich 1946/47 zugute und befürwortetete seine Weiterverwendung als Honorarprofessor.

Aus den zahlreichen Kontakten mit den Besatzungsbehörden und seinen Interventionen für Universitätskollegen und Amtsbrüder in der Kirche erwuchs eine „Denkschrift über das Problem der Entnazifizierung"[310], die im Beitrag über Gustav Entz eingehender referiert wird.

---

307 Reinhold Knoll, Die Entnazifizierung an der Universität Wien, in: verdrängte Schuld – verfehlte Sühne, 270–280, hier 271.
308 Entnazifizierung der Lehrkräfte an der Universität Wien – Ablichtung aus dem National Archives Washington D.C., freundlicher Hinweis von Prof. Oliver Rathkolb.
309 AdR Wien, Unterricht, PA Wilke: Erlass des REM 29.11.1944 – WP Wilke 2b.
310 Die Denkschrift ist mit 27. November 1946 datiert und an die International Affairs Division gerichtet; sie wurde als Flugblatt gedruckt: Entz, Erinnerungen, 370–378; Nachdruck in: Reingrabner/Schwarz, Quellentexte, 514–519.

Der erste Nachkriegs-Bericht über die Fakultät im Ausland

Der erste Bericht über die Fakultät, der nach dem Zusammenbruch des „Dritten Reiches" erschienen ist, findet sich in der Theologischen Zeitschrift Basel[311]. Er umfasst die Jahre seit der „Annexion", nennt einzelne Lehrer und vor allem die Studentenzahlen (WS 1944/45: vier Gasthörer; 1945/46: 23 ordentliche Hörer), erwähnt den schweren Bombenschaden im Jänner 1945. Zum Lehrkörper führt er u.a. aus, dass neben dem Senior der Fakultät Prof. Wilke die beiden Systematiker Bohatec und Schmidt sowie Dekan Entz und als Aushilfe der emeritierte Neutestamentler Hoffmann zur Verfügung stünden. Doz. Stählin befinde sich als Kriegsgefangener in einem amerikanischen Lager in Le Havre, wo er als Lagergeistlicher eingesetzt werde. Schließlich erwähnt der Bericht drei Wiener Pfarrer, die als Lehrbeauftragte das Lehrangebot bereichern: der Religionsprofessor Wilhelm Kühnert (1900-1980) für Kirchengeschichte, Oberkirchenrat Erwin Schneider (1892-1969) für Systematische Theologie A.B. und Kirchliche Kunst sowie Kirchenrat Prof. Egon Hajek (1888-1963) für Kirchenmusik.

Die zuletzt Genannten werden in der weiteren Folge in das Professorenkollegium berufen und repräsentieren mit dem reformierten Landessuperintendenten Johann Karl Egli (1891-1975) und - nach semesterweisen Zwischenlösungen 1948/49 durch Bo Reicke (1914-1987) und Christian Maurer (1913-1992) - den über Erlangen nach Wien gelangten schlesischen Pfarrer und Breslauer Dozenten Gottfried Fitzer (1903-1997)[312] sowie dem Kärntner Superintendenten Fritz Zerbst (1909-1994)[313] die erste Professorengeneration, die geschlossen aus der pfarramtlichen Praxis gekommen war und der Fakultät den Weg in die zweite Republik gewiesen hat. Eine bemerkenswerte Zäsur der Fakultätsgeschichte, die hier das Ende der Berichtszeit, der „Wirrnisse" des Jahrhunderts markiert. „Haus in der Zeit" ist sie freilich auch danach geblieben.

---

311 „Wien", ThZ 2 (1946) 237.
312 Schwarz, In memoriam Gottfried Fitzer (1903-1997), Jahrbuch für Schlesische Kirchengeschichte 82 (2003) 283-298.
313 Johannes Dantine, Fritz Zerbst - Erinnerungen an einen Theologen der ev. Kirche in Österreich, JGPrÖ 115 (1999) 142-156.

Karl Beths Weg ins Exil.
Zur Geschichte der Evangelisch-Theologischen Fakultät der Universität Wien im März 1938[1]

Wenn im Rahmen einer Geschichte der Evangelisch-Theologischen Fakultät an die Ereignisse des Jahres 1938 erinnert werden soll, so ziemt es sich, einen Namen hervorzuheben: Karl Beth, den lutherischen Systematiker und Religionswissenschaftler. Denn er wurde im März 1938 nicht nur aus seiner Funktion als gewählter Dekan des Studienjahres 1937/38 hinausgedrängt, sondern verlor auch aus Gründen der rassistischen Neuordnung des österreichischen Berufsbeamtentums[2] nach 32-jähriger Lehrtätigkeit sein Amt als Professor. Schließlich wurden ihm darüber hinaus auch die Pensionsansprüche aberkannt, sodass er als 66-jähriger gezwungen war, im amerikanischen Exil eine neue Existenz aufzubauen[3]. Karl Beth gehört zur „Vertriebenen Vernunft", die schon längst an allen Fakultäten der Alma Mater Rudolfina aufgespürt wurde und eine entsprechende Würdigung fand[4]. Verhältnismäßig spät hat im Rahmen der Erinnerungskultur die Fakultät im Falle Beth reagiert und angeregt, dass am neu errichteten Campus der Universität eines der „Tore der Erinnerung" nach ihm benannt wird, das Tor von der Spitalgasse in den Hof I[5]. War ihm als „positiven Theologen der Moderne" die Aufmerksamkeit der Systematischen Theologie zugefallen[6], so wurde sein Werk auf dem Feld der Religionspsychologie bei der Reetablierung der Disziplin als Teilbereich der

---

1 Dem Beitrag liegt eine Vorlesung zugrunde, die ich im Rahmen der Arbeitsgemeinschaft zur Geschichte der Evangelisch-Theologischen Fakultät im Wintersemester 2013/2014 gehalten habe.
2 Gesetzblatt für das Land Österreich Nr. 160/1938: Kundmachung der Verordnung zur Neuordnung des österreichischen Berufsbeamtentums vom 31. Mai 1938 – § 3 I: „Jüdische Beamte, Beamte, die jüdische Mischlinge sind, und Beamte, die mit einer Jüdin [...] oder mit einem Mischling ersten Grades verheiratet sind, sind in den Ruhestand zu versetzen [...]". Dasselbe galt auch lt. § 4 für Beamte, „die nach ihrem bisherigen politischen Verhalten nicht die Gewähr dafür bieten, dass sie jederzeit rückhaltlos für den nationalsozialistischen Staat eintreten".
3 Friedrich Mildenberger, Geschichte der deutschen evangelischen Theologie im 19. und 20. Jahrhundert, Stuttgart 1981, 255.
4 Friedrich Stadler (Hrsg.), Vertriebene Vernunft I: Emigration und Exil österreichischer Wissenschaft 1930–1940, Wien-München 1987 – http://gedenkbuch.univie.ac.at/index.php?id=435&no_cache=1&p.
5 Karl Schwarz, Tore der Erinnerung, in: Alfred Ebenbauer / Wolfgang Greisenegger / Kurt Mühlberger (Hrsg.), Historie und Geist, Wien 1998, 165 f.
6 Ingrid Tschank, Karl Beth – Auf dem Weg von der modern-positiven zur religionsgeschichtlichen Theologie, theol. Diplomarbeit Wien 1994; diess., Positive Theologie der Moderne: Der österreichische Theologe Karl Beth, in: Martin Berger (Hrsg.), Gott und die Moderne. Theologisches Denken im Anschluss an Falk Wagner, Wien 1994, 116–122.

Praktischen Theologie entsprechend gewürdigt[7]. Als Konfessionskundler und Ökumeniker wurde er jüngst wieder in Erinnerung gerufen[8].

Im Folgenden soll der fakultätsgeschichtliche Kontext von Beths Entlassung 1938 erörtert, zuvor aber Karl Beth kurz vorgestellt werden[9].

Karl Ernst Hermann Beth

Der am 12. Februar 1872 in Förderstedt/Provinz Sachsen geborene Karl Beth wuchs in Stendal auf, wo sein Vater als Schulrektor wirkte und ihm nicht nur die klassische Literatur nahebrachte, sondern auch den Blick für die Naturwissenschaften schärfte, indem er Herbarien, Terrarien und Aquarien anlegte und ein kleines chemisches Laboratorium einrichtete. Nach der Gymnasialausbildung in Stendal, in der ihm ein ausgezeichneter Religionsunterricht zuteilwurde, widmete er sich dem Studium der Philosophie und Theologie, zunächst mit dem Berufswunsch, Religionslehrer zu werden. Nach einem Semester an der Universität Tübingen wechselte er nach Berlin. Als seine wichtigsten Lehrer benannte er Adolf von Harnack (1851–1930) und Otto Pfleiderer (1839–1908) unter den Theologen sowie den Philosophen Wilhelm Dilthey (1833–1911). In einem 1913 verfassten Lebenslauf[10] schrieb er, dass ihm mit Dilthey „ein mehrjähriger freundschaftlicher Verkehr vergönnt [war]", nachdem ihm Harnack gegen Ende seines Studiums als „Famulus" empfahl und er in die „Gedankenarbeit" Diltheys Einblick nehmen konnte. „Indem ich die feinen Analysen, die Dilthey vom Geist des 16. bis 18. Jahrhunderts und darüber zurück bis in die Renaissance entwarf, in [dessen] Werkstätte [entstehen] sah und [...] in unmittelbarer Zusammenarbeit an den umfassenden religionswissenschaftlichen Vorstudien für den nicht mehr vollendeten zweiten Band seines ‚Schleiermacher' beteiligt wurde, bildete sich mein eigenes Streben nach psychologischer Analyse und historischer Erfassung der religiösen Problemstellungen und Problemlösungen."

---

7   Susanne Heine, Grundlagen der Religionspsychologie, Göttingen 2005, 43; Isabelle Noth, Karl Beth über Religionspsychologie, Seelsorge und Freud. Zur Auseinandersetzung der Wiener Theologischen Fakultäten mit der Psychoanalyse, WJTh 7 (2008) 313–326.
8   Erich Bryner, Lebendige Tradition. Die orthodoxe Kirche in der Sicht der protestantischen Theologie der ersten Hälfte des 20. Jahrhunderts, G2W 26 H. 5 (1998) 30 f.; Karl Pinggéra, Konfessionskunde als Begegnungswissenschaft, MDKI Bensheim 64/1 (2013) 9–12.
9   Karl Beth, Selbstdarstellung, in: Ernst Stange (Hrsg.), Die Religionswissenschaft der Gegenwart in Selbstdarstellungen II, Leipzig 1926, 1–40.
10 Beth, Lebenslauf, Wien 22. Februar 1913 – Als Beilage zu Beths Ansuchen um Erteilung der venia legendi für Religionsphilosophie und Religionsgeschichte an der Philosophischen Fakultät: Universitätsarchiv Wien [UA], Personalakt Beth, fol. 029-030.

1897 promovierte Beth mit der Arbeit „Der Grundgedanke in Schleiermachers Christologie" zum Lic.theol., 1898 mit einer Arbeit über die Grundanschauungen Schleiermachers in seinem ersten Entwurf der philosophischen Sittenlehre zum Dr.phil.. 1901 habilitierte er sich für Systematische Theologie, wobei er schon in seiner Habilitationsvorlesung „die Bedeutung der allgemeinen Religionsgeschichte für die Erforschung des Wesens des Christentums" thematisierte und die These aufstellte, dass die Erfassung des Christentums nur im Vergleich mit der Welt der Religionen möglich sei. Sein Interesse an der psychologischen Frage der Religion trat klar zutage. Eine durch ein Schleiermacher-Reisestipendium finanzierte Forschungsreise in das östliche Mittelmeer erschloss ihm die orientalische Christenheit. Der darüber verfasste Reisebericht wies ihn nicht nur als Konfessionskundler aus, sondern wurde für die protestantische Theologie insgesamt bedeutsam, weil er eine differenzierte und positive Sicht der orthodoxen Kirchen erkennen ließ und ältere auf Harnack zurückgehende Vorurteile korrigierte[11]. Das schlug sich auch in den einschlägigen Artikeln in der RGG nieder.[12]

Die Berufung nach Wien

Als mit Ende September 1905 der Professor für Dogmatik und Symbolik A.B. sowie der Christlichen Ethik Johannes Kunze (1865–1927) einem Ruf an die Universität Greifswald folgte, erarbeitete das Professorenkollegium einen Besetzungsvorschlag mit vier Kandidaten, von denen zwei, nämlich Richard Grützmacher (1876–1959) in Rostock und Friedrich Kropatschek (1875–1917) in Breslau aufgrund von Erklärungen nicht in Betracht zu ziehen waren, und die beiden Berliner Dozenten Karl Beth und Georg Wobbermin (1869–1943) übrig blieben[13]. Ein Dekanatsbericht vom 22. Jänner 1906 beharrte auf der reduzierten Berufungsliste in der erwähnten, von der Mehrheit des Kollegiums erwünschten Reihenfolge, während der amtierende Dekan, der Kirchenhistoriker Georg Loesche (1855–1932), die „umgekehrte Rangierung" empfahl. Der damit nun befasste k.k. Evangelische Oberkirchenrat schloss sich der Ansicht des Dekans an und wandte sich an den Evangelischen Oberkirchenrat in Ber-

---

11 Karl Beth, Die orientalische Christenheit der Mittelmeerländer, Berlin 1902 – dazu Ernst Benz, Die Ostkirche im Licht der protestantischen Geschichtsschreibung von der Reformation bis zur Gegenwart, München 1952; Bryner, Lebensige Tradition, 31; Pinggéra, Konfessionskunde, 10 f.
12 Erwin Schneider, Das Lebenswerk Karl Beths [mit Bibliographie], ThLZ 78/11 (1953) 695–704.
13 Erlass des Ministeriums für Kultus und Unterricht, Z. 2823/31.1.1906 an den Evangelischen Oberkirchenrat – Archiv des Ev. Oberkirchenrates [AEvOKR] Wien, Fasz. Ev.-theol. Fakultät, Nr. 743/906.

lin, um Auskunft über die beiden Kandidaten einzuholen[14]. Der mit 15. Februar datierte vertrauliche Bericht des Oberkirchenrates äußerte sich sehr vorsichtig über die Qualifikation der beiden Kandidaten, betont deren Herkunft aus Lehrerfamilien, deren geistigen Begabungen und Interessen. Bei den beiden Examina listete der Oberkirchenrat die Gesamtbeurteilung auf: Wobbermin am 2. Mai 1893 mit Note 1 (vorzüglich) bzw. 1. Oktober 1895 mit Note 2/a (gut mit Auszeichnung); Beth am 17. Dezember 1895 mit Note 2 (gut) bzw. 10.7.1900 mit Note 3 (einfach bestanden). Wobbermin habe sich am 1. November 1898, Beth am 2. März 1901 an der Universität habilitiert. Hinsichtlich ihrer religiös-sittlichen Haltung sei nichts Nachteiliges gegen sie vorgebracht worden.

Weiters äußerte sich der Oberkirchenrat etwas pauschal über die wissenschaftlichen Bestrebungen: Jene des Lic. Beth seien mehr auf apologetische Kundgebungen gerichtet[15], der Systematische Theologie mit Verständnis und guter Methode bearbeitet habe. Im Blick auf eine Berufung optiert die Stellungnahme eindeutig (»unterliegt es keinem Zweifel«) zugunsten des Älteren und Etablierteren: »dass Lic. Wobbermin nicht nur an Jahren und wissenschaftlicher Arbeit älter und reifer, sondern auch durch Begabung und seine Erfolge als Universitätslehrer der Bedeutendere ist und sich als fertiger und zuverlässiger Charakter vorteilhaft auszeichnet. In höherem Grade als Lic. Beth genießt er bei den Kollegen wie bei den Studenten Ansehen und Vertrauen. Mit dem Eindringen in tiefer liegende Probleme, von dem seine Schriften Zeugnis geben, verbindet er als Lehrer der Jugend ein nicht gewöhnliches pädagogisches Geschick.« Der Ruf erging schlussendlich an Karl Beth, weil Wobbermin 1906 auf eine Berufung zugunsten von Marburg/Lahn verzichtete. Mit Entschließung vom 3. April 1906 wurde Beth zum außerordentlichen Professor ernannt, wie es bei Dozenten üblich war, die erst nach weiteren zwei Jahren zum Ordinarius aufrückten, so auch Beth mit 1. Mai 1908. In demselben Jahr wurde ihm das Ehrendoktorat der Theologie der Universität Berlin verliehen. Er galt als Vertreter einer »modern-positiven« Theologie, wie sie namentlich von Reinhold Seeberg (1859-1935) in Berlin geprägt worden war. Beth hatte sich in Wien freilich dem gesamten Bereich der Systematischen Theologie A.B. zu widmen: Dogmatik, Ethik, Symbolik/Konfessionskunde, Re-

---

14 K.k. Ev. Oberkirchenrat GZ 883/1906 vom 15.2.1906 – AEvOKR Fasz. Ev.-theol. Fakultät.
15 Diese Aussage bezog sich auf Beths Auseinandersetzung mit dem Buch des Naturphilosophen Ernst Haeckel „Die Welträtsel" (1899), das unter den Theologen Aufsehen erregt und für Irritationen gesorgt hatte. Der Auseinandersetzung mit Darwinismus und Sozialismus widmete Beth seinen Beitrag in der Fakultätsfestschrift „Religion und Sozialismus". Festschrift zur hundertjährigen Jubelfeier der evangelisch-theologischen Fakultät in Wien, Berlin 1921, 139–159.

ligionsphilosophie, vergleichende Religionswissenschaft und Ökumenik. Er legte seinen Forschungsschwerpunkt indes auf Religionswissenschaft und insbesondere Religionspsychologie. Im Wintersemester 1906/07 hielt er ein siebenstündiges Dogmatik-Kolleg und eine dreistündige Vorlesung über Enzyklopädie und Methodologie. 1908 wurde ihm erstmals das Dekanatsamt für das Studienjahr 1908/09 übertragen, das er in weiterer Folge fünf Mal bekleidete: in den Studienjahren 1915/16, 1921/22, 1927/28, 1933/34 und schließlich 1937/38 – bis 16. März 1938, als er, wie kolportiert wurde[16], »aus eigenem Entschluss« das Dekanat zurücklegte. Als Beth 1906 seine Lehrtätigkeit aufnahm, wurde die Fakultät von 57 Studenten frequentiert[17]: fünf stammten aus Niederösterreich, jeweils einer aus Oberösterreich, Steiermark und Kärnten, zwei aus dem Küstenland, elf aus Böhmen, elf aus Mähren, fünf aus Schlesien, sieben aus Galizien, zwei aus Ungarn, sieben aus Siebenbürgen, zwei aus Slawonien, einer aus Sachsen und einer aus Russland. Von diesen Studenten waren 42 evangelisch A.B., elf evangelisch H.B., zwei ao. Hörer waren römisch-katholisch, einer gehörte der frei-reformierten Kirche und einer der Herrnhuter Brüdergemeine an. Den Lehrbetrieb, der durch die Einführung von fünf Seminarien (für alttestamentliche, neutestamentliche, kirchengeschichtliche, dogmatische und praktische Theologie) erweitert wurde[18], teilten sich der erwähnte Kirchenhistoriker Regierungsrat Georg Loesche, der Neutestamentler Paul Feine (1859–1933), Dekan des nachfolgenden Studienjahres 1906/07, der aber 1907 einem Ruf an die Universität Breslau folgte, weiters der Praktologe Gustav Adolf Skalský (1857–1926), der Alttestamentler Ernst Sellin (1867–1946), der Religionsphilosoph Paul von Zimmermann (1843–1927), der hauptamtlich Pfarrer in der Wiener Innenstadtgemeinde, Dorotheergasse 18, war. Der Lehrstuhl für Systematische Theologie H.B. war seit 1899, nach der Emeritierung von Eduard Böhl (1836–1903) vakant, das erklärt auch den massiven Rückgang reformierter Studenten, er wurde suppliert durch den reformierten Pfarrer Carl-Alphonse Witz-Oberlin (1845–1918)[19]. Als Privatdozent ergänzte Anton Halmel (1865–1943) das Lehrangebot mit jeweils einer einstündigen

---

16 Der Säemann 18 (1938) 4 – so auch Gustav Entz, Erinnerungen aus fünfzig Jahren kirchlicher und theologischer Arbeit, Teildruck in: Karl W. Schwarz (Hrsg), Gustav Entz – ein Theologe in den Wirrnissen des 20. Jahrhunderts, Wien 2012, 13–50, hier 27.
17 Der österreichische Protestant 1906, 322 f.
18 Der österreichische Protestant 1906, 103.
19 Schwarz, Carl Alphons Witz-Oberlin (1845–1918). Ein Vertreter des „westlichen Reformiertentums" und seine Bedeutung für den österreichischen Protestantismus, in: Thomas Hennefeld (Hrsg.), Si vis pacem, para mentem. Charles Alphonse Witz-Oberlin als pazifistischer Vordenker, Wien-Köln-Weimar 2019, 29–51.

Vorlesung über Kunst oder Philosophie. Der Lehrkörper war demnach äußerst bunt: Es dominierten die »Reichsdeutschen«, ein Sachse (Zimmermann), ein Thüringer (Feine), ein Mecklenburger (Sellin), zwei Preußen (Loesche, Beth), ein Elsässer (Witz-Oberlin); ihnen standen aus den Ländern der Habsburgermonarchie ein Tscheche (Skalský) und ein Deutschböhme (Halmel) gegenüber; im Herbst 1907 kam als Nachfolger von Paul Feine der aus Biala/Biała in Westgalizien stammende Rudolf Knopf (1874–1920) dazu[20], der sich 1900 in Marburg/Lahn habilitiert hatte, er blieb bis 1914, um dann nach Bonn zu wechseln. Die Dominanz der »deutschen Theologie« blieb bestehen, sie wurde aber nicht als Problem empfunden, weil sich die Fakultät als Mitglied des Deutschen Fakultätentages daran orientierte[21]. In welchem Ausmaß Beth hingegen »austrifiziert« wurde, zeigt sich an einem kleinen Detail: Ihm wurde nämlich nicht nur der Orden der Eisernen Krone Dritter Klasse (noch aufgrund kaiserlicher Entschließung vom 6. Juni 1918) verliehen, sondern auch unter republikanischen Auspizien (aufgrund der Entschließung des Bundespräsidenten vom 13. Juli 1921) »Titel und Charakter eines Hofrates«.

Marianne Beth

Beths wichtigste Schülerin wurde ab 1908 Marianne von Weisl (1890–1984)[22], eine Orientalistikstudentin und Avantgardistin des Frauenstudiums in Österreich[23]. Sie entstammte einer nobilitierten Wiener Bürgerfamilie mosaischen Glaubens, wurde von der Mutter unterrichtet und absolvierte die vorgeschriebenen Semesterprüfungen an einem öffentlichen Knabengymnasium. Sie studierte ab 1908 Orientalistik, u.a. bei Karl Beth. Am 28. Mai 1911[24] heiratete sie ihn und sie begründeten einen Hausstand am Spittelberg in Wien (7., Zitterhofergasse 8). Sie hatte sich am 19. Mai 1911 taufen lassen, ihr späterer Gatte fungierte als Taufpate[25]. 1912 kam der Sohn Erich Walter (1912–2006) zur Welt, in

---

20 Schwarz, Die Wiener Evangelisch-theologische Fakultät im Studienjahr 1907/08, WJTh 8 (2010) 261–277, hier 262.
21 Karl Beth, Der Anschluss der evangelischen Kirche an den deutschen evangelischen Kirchenbund, Deutsche Einheit Nr. 3/30.12.1926.
22 Marianne Beth, Lernen und Arbeiten, in: Elga Kern (Hrsg.), Führende Frauen Europas, München ²1928, 94–115 – dazu Edith Prost, Emigration und Exil österreichischer Wissenschaftlerinnen, in: Friedrich Stadler (Hrsg.), Vertriebene Vernunft I, 444–470; Edith Leisch-Prost, Marianne Beth, in: Brigitta Keintzel / Ilse Korotin (Hrsg.), Wissenschafterinnen in Österreich. Leben – Werk – Wirken, Wien 2002, 62–63; Jacob A. Belzen, Pionierin der Religionspsychologie: Marianne Beth (1890–1984), Archive for the Psychology of Religion 32 (2010) 125–145.
23 Elisabeth Berger, „Ich will auch studieren!" Zur Geschichte des Frauenstudiums an der Universität Wien, Wiener Geschichtsblätter 57 (2002) 269–290, hier 286 ff.
24 Pfarrarchiv [PfA] Wien-Innere Stadt A.B., Trauungsmatrikel 1911, fol. 67, Zl. 125.
25 PfA Wien-Innere Stadt A.B., Taufmatrikel 1911, fol. 64.

demselben Jahr erfolgte auch ihre Promotion zur Dr. phil.[26] Vier Jahre später wurde die Tochter Eleonore Marie Ingeborg (*1916) geboren, die wie ihr Bruder in den USA zu akademischen Würden gelangte. Als die Rechtswissenschaftliche Fakultät ihre Tore dem Frauenstudium öffnete, begann Marianne Beth 1919 dieses Studium und promovierte als erste Frau zur Dr. jur. (1921)[27], trat als Konzipientin in die Kanzlei ihres Vaters ein und wurde 1924 die erste Rechtsanwältin in Österreich. Für die Anliegen der Frauenbewegung durch Marianne Hainisch (1839–1936) gewonnen, gründete sie den österreichischen Zweigverein der »Internationalen Vereinigung berufstätiger Frauen« und setzte sich für die juristischen Forderungen derselben ein; 1926 war sie Mitbegründerin der »Österreichischen Frauenorganisation«, die eine verstärkte Repräsentanz der Frauen im politischen Leben anstrebte. Sie wirkte als Generalsekretärin des Internationalen Anwaltsverbandes, widmete sich juristischen Fragen der Frauenbewegung und des Eherechts (»Neues Eherecht« [1925]; »Das Recht der Frau« [1931])[28]. Sie stellte sich für einschlägige Kurse im Rahmen der Kirchlichen Sozialpädagogik[29] und der Erwachsenenbildung zur Verfügung und wurde 1932 mit dem Kant-Preis ausgezeichnet. Darüber hinaus befasste sie sich mit psychologischen Fragen der Arbeitslosigkeit von Frauen und publizierte Beiträge zu Rechtsfragen. Die Vizepräsidentin der International Federation of Business and Professional Women's Club wurde 1938 von den Nationalsozialisten aus rassistischen Gründen aus der Liste der Rechtsanwälte gestrichen. Aufgrund einer Intervention von Karl Beth bei seinem ehemaligen Hörer Hans Berner (1901–1986)[30], der in der NS-Hierarchie in Wien eine einflussreiche Stellung einnahm, konnte sie noch im Herbst 1938 einen Reisepass erhalten und im Dezember 1938 nach Amerika emigrieren. Dort lehrte sie am Reed-College in Portland/Oregon bis 1945 Soziologie, sie betrieb Literaturforschungen in zehn Sprachen und leistete Übersetzungen in acht Sprachen.

---

26 Sie erfolgte aufgrund einer Dissertation über „[d]ie Eigentumsveränderungen im babylonischen und biblischen Recht", phil. Diss. Wien 1912.
27 Elisabeth Berger, „Fräulein Juristin". Das Frauenstudium an den juristischen Fakultäten Österreichs, Juristische Blätter 122 (2000) 634–640; diess., Marianne Beth – der erste weibliche Doktor der Rechte, Die Bundespolizei 2001/6, 92 f.
28 Eine nicht vollständige Bibliographie ihrer Arbeiten ist abgedruckt in: Frauen in Bewegung 1848 – 1938: www.fraueninbewegung.onb.ac.at/Pages/PersonDetail.aspx?p_iPersonenID=8675114.
29 Siegfried Kreuzer / Dagmar Lagger / Helene Miklas (Hrsg.), „Wir haben hier keine bleibende Stadt" (Hebr. 13,14). 100 Jahre Evangelische Frauenschule – Evangelische Religionspädagogische Akademie – Kirchliche Pädagogische Hochschule, Wien 2018, 321.
30 Schreiben vom 14. Juli 1938 - zit. bei Franz Graf-Stuhlhofer, Wiener Evangelische Professoren der Theologie im Spiegel der Gau-Akten, JGPrÖ 116 (2000/01) 191–225, hier 194.

Der Dialog mit der Moderne

Der Dialog mit der Moderne war Beths besonderes Anliegen, er besaß ein besonderes Sensorium für die außertheologischen Zeitströmungen, auf die sich die Theologie einzustellen hatte. Schon 1907 publizierte er eine Verhältnisbestimmung von »Christentum und Moderne« und unterstrich damit die zwingende Notwendigkeit, dass die Theologie, herausgefordert durch das Weltbild der Moderne, einer »durchgehenden Revision« zu unterziehen sei[31]. Im Blick auf die Religionswissenschaften setzte er mehrfach neue Maßstäbe, so durch seine Untersuchung »Religion und Magie«[32]. 1922 hatte Beth die Bildung eines Forschungsinstituts für Religionspsychologie angeregt und 1927 die Internationale Religionspsychologische Gesellschaft gegründet, deren Zeitschrift er herausgab. 1931 veranstaltete er einen vielbeachteten internationalen Fachkongress zum Thema »Psychologie des Unglaubens«, bei der Bundeskanzler Ignaz Seipel (1876–1932), ein Kleriker und vor seiner politischen Karriere Theologieprofessor, den Eröffnungsvortrag hielt. Wie schon in früheren Publikationen gezeigt, bildete die methodische Annäherung an Biologie und Experimentalpsychologie die Voraussetzung seiner Expertise, er verband jedoch die naturwissenschaftliche Betrachtungsweise mit der Suche nach den metaphysischen Hintergründen der Religion.

Erweiterung der venia legendi auf die Philosophische Fakultät (1913)

Mit dem Schreiben vom 7. März 1913 richtete Karl Beth an die Adresse der Philosophischen Fakultät der Universität Wien das Ersuchen, die venia legendi für Religionsphilosophie und Religionsgeschichte an dieser Fakultät zu erwerben. Unter dem Vorsitz des Dekans Leopold von Schroeder (1851–1920) konstituierte sich eine Kommission, die am 31. Mai 1913 und am 2. Juli 1913 das Ansuchen Beths beriet. Ihr gehörten folgende Professoren der Wiener Universität an: der Philosoph Friedrich Jodl (1849–1914), der Pädagoge Alois Höfler (1853–1922), der Philosoph Adolf Stöhr (1855–1921), der Chemiker und Dekan im Studienjahr 1913/14 Rudolf Wegscheider (1859–1935), der klassische Philologe Hans von Arnim (1859–1931), der Botaniker Richard Wettstein von Westers-

---

31 Karl Beth, Die Moderne und die Prinzipien der Theologie, Berlin 1907 – dazu Tschank, Positive Theologie der Moderne, 116 f.
32 Karl Beth, Religion und Magie. Ein religionsgeschichtlicher Beitrag zur psychologischen Grundlegung der religiösen Prinzipienlehre, Leipzig-Berlin ²1927.

heim (1863–1931), der Historiker Oswald Redlich (1858–1944) und der schon erwähnte Indologe Leopold von Schroeder. Dem Schreiben lagen als Anhang neben einem Schriftenverzeichnis eine gedruckte Schrift »Über die Herkunft des orphischen Erikepaios«[33] sowie die Nachweise der bisherigen akademischen Graduierungen (Dr. phil. Berlin, Lic.theol. Berlin, Dr. theol. h.c. Berlin) bei, weiters ein Curriculum Vitae[34] sowie eine Auflistung seiner geplanten Vorlesungen[35] und ein näher ausgeführtes Vorlesungsprogramm[36], die hier in extenso mitgeteilt werden, weil sie das wissenschaftliche Interesse Beths illustrieren und vor allem sein Bemühen vor Augen stellen, »Religion« Hörer aller Fakultäten nahe zu bringen:

Programm der Vorlesungen

Zur Kennzeichnung der Gegenstände, die ich etwa aufgrund der nachgesuchten venia legendi für Geschichte und Philosophie des Christentums zu behandeln gedenke.

1. Probleme der christlichen Weltanschauung
2. System der christlichen Weltanschauung
3. Die Gestaltung des Theodizeeproblems unter dem Einfluss des Christentums
4. Die Entwicklung des Christentums
5. Geschichte der christlichen Mystik
6. Die religionspsychologischen Voraussetzungen der christlichen Lehre
7. Die historischen und psychologischen Grundlagen des Christentums

Die Vorlesungen, denen ich mich aufgrund der angestrebten Habilitation zu widmen wünsche, liegen auf dem Gebiete der allgemeinen Religionswissenschaft. Dem entsprechend, dass die Religion als ein weitverzweigtes Tatsachengebiet in der Menschheit vorliegt, das eine eigene wissenschaftliche Untersuchung zulässt und erfordert, wird es sich in erster Linie um Förderung der Forschungen über die Erscheinungsweisen der Religion, ihre Bedingungen und Veränderungen sowie andrerseits ihre Stabilität und Festigkeit handeln. Die in verschiedener Gestalt wiederkehrenden Grundfragen und -motive, die der religiösen Anschauungs- und Ideenbildung zugrunde liegen, erheischen ebenso sehr die Prüfung nach wissenschaftlicher Methode wie die Faktoren, die von äußeren, sei es aus den Lebens-

---

33 Karl Beth, Über die Herkunft des orphischen Erikepaios, Sonderdruck aus: Wiener Studien 34 (1902) 1 = Festschrift für Theodor Gomperz (1832–1912). Dargebracht zum 70. Geburtstag am 29. März 1902 von Schülern, Freunden, Kollegen, Wien 1902, 288–300.
34 UA Wien, Personalakt Beth, fol. 029-030.
35 UA Wien, Personalakt Beth, fol. 027.
36 UA Wien, Personalakt Beth, fol. 030 ss., Programm, datiert mit 22.2.1913.

bedingungen der Menschen oder aus psychischen Regungen, auf die Bildungen der Religion einwirken. Aus diesen Erwägungen ergeben sich zahlreiche Behandlungsgegenstände für akademische Vorlesungen, unter denen ich, als nur zunächst greifbar vorschwebende, die folgenden namhaft mache:

1. Phänomenologie der Religion,
2. Religion und Kultur,
3. Philosophie der Mythologie,
4. die Erlösungsideen in der Völkerwelt,
5. Geschichte der Theodizee,
6. Psychologie der religiösen Funktionen,
7. orientalische Religionsgeschichte,
8. Psychologie der sog. Naturreligionen.

Dazu würde sich schließlich gesellen

9. Geschichte der Religionsphilosophie als historische Behandlung der Religionswissenschaft selbst.

gez. Prof. Dr. Karl Beth

Die Stimmung in der Kommission war durchaus positiv, auch wenn Bedenken über den geringen Umfang der vorgelegten Schrift geäußert wurden und der wissenschaftliche Gehalt einiger Arbeiten kritisch rezensiert wurde sowie über die Spezifizierung der Venia (Religionspsychologie, Religionsgeschichte, Religionswissenschaft) nicht sofort ein einhelliger Beschluss gefasst werden konnte. So wurde beispielsweise die archäologische Grundlage für eine Venia für Allgemeine Religionswissenschaft als nicht ausreichend empfunden. Letzten Endes fasste die Kommission aber den Beschluss, Beth zu habilitieren und zum Habilitationskolloquium zuzulassen. Dazu ist es freilich nicht gekommen, weil dieser sein Gesuch zurückzog – mit dem Bemerken, dass er die Venia für das Gebiet der allgemeinen Geschichte und Philosophie der Religion erwerben möchte[37]. Zu diesem Zwecke werde er ein umfangreicheres Werk zum Abschluss bringen, um es sodann der Kommission zu unterbreiten. Dafür findet sich aber im Universitätsarchiv kein Nachweis. Auch wenn Beth gerade in den Jahren 1913/14 noch zwei einschlägige Monographien veröffentlichte[38], so ist

---

37 Schreiben Beth an Dekan Wegscheider, 14.12.1913 – UA Wien, Personalakt Beth.
38 Karl Beth, Die Entwicklung des Christentums zur Universalreligion, Leipzig 1913; ders., Religion und Magie bei den Naturvölkern. Ein religionsgeschichtlicher Beitrag zur Frage nach den Anfängen der Religion, Leipzig 1914, ²1926.

er dem Plan, seine venia docendi auf die Philosophische Fakultät auszudehnen, offenbar nicht mehr näher getreten.

Die internationale Freundschaftsarbeit der Kirchen

Um einen ganz anderen Arbeitsbereich zu nennen, der aber ebenfalls von der Moderne wesentlich bestimmt und diktiert wurde, sei auf Beths Engagement in der Ökumenischen Bewegung hingewiesen; er leitete den österreichischen Zweig des Weltbundes für internationale Freundschaftsarbeit der Kirchen und repräsentierte den österreichischen Protestantismus bei einer Reihe von Konferenzen in den 20er-Jahren des vergangenen Jahrhunderts (Beatenberg 1920, Kopenhagen 1922, Stockholm 1925)[39], bei denen es zu wichtigen Begegnungen mit den ökumenischen Initiatoren und Meinungsbildnern aus Nordamerika gekommen war. Eine Regionalkonferenz fand 1930 in Graz statt, die vom Schriftführer Pfarrer Franz Fischer (1895–1975) maßgeblich vorbereitet wurde, einem Galiziendeutschen, der die Lage der ethnischen Minderheiten in den Nachfolgestaaten der Habsburgermonarchie als brennendes Problem erkannte und die österreichische Freundschaftsarbeit zunehmend darauf fokussierte, damit aber auch die Revision der Pariser Friedensverträge (Versailles, St. Germain, Trianon) als Ziel der ökumenischen Arbeit postulierte[40]. Beth hat eine solche Zuspitzung offenbar nicht mehr mitgetragen, sondern sich von dieser Arbeit zurückgezogen.

Die Fakultät im Studienjahr 1937/38

Im Wintersemester 1937/38 frequentierten 107 StudentInnen die Fakultät, davon 68 aus Österreich, nur vier (wegen der Tausendmarksperre) aus Deutschland, 17 sudetendeutsche oder karpatendeutsche Studierende aus der Tschechoslowakei, ein galiziendeutscher Student aus Polen, sechs Donauschwaben aus Jugoslawien, fünf Siebenbürger Sachsen aus Rumänien, drei Deutschungarn und drei andere. Die Fakultät lag mit dieser Frequenz im unteren Mittelfeld der deutschsprachigen theologischen Ausbildungsstätten, obwohl sie personell nur äußerst knapp ausgestattet war und nur aus sechs Lehrstühlen bestand, von denen jener für Kirchengeschichte durch den 1937 erfolgten Tod

---

39 Franz Fischer, Die Evangelische Kirche Österreichs in den ökumenischen Bestrebungen, in: Friedrich Siegmund-Schultze (Hrsg.), Die Evangelische Kirche in Österreich = Ekklesia IV/14, Gotha 1935, 158–165; Harmjan Dam, Der Weltbund für Freundschaftsarbeit der Kirchen 1914–1948. Eine ökumenische Friedensorganisation, Frankfurt/M. 201, 417 ff.
40 Franz Fischer, Gegen Unrecht und Gewalt. Die Revision der Friedensdiktate: Eine Forderung des christlichen Weltgewissens, Wien 1932.

von Karl Völker (1886-1937) vakant war. Wegen dessen Nachbesetzung wandte sich Dekan Beth an den führenden Berliner Kirchenhistoriker Hans Lietzmann (1875-1942)[41], der ihm seine beiden Schüler Hans-Georg Opitz (1905-1941) und Hans von Campenhausen (1903-1989) ans Herz legte, aber auch auf die zu gewärtigenden Grabenkämpfe um jede Neubesetzung einer Kirchengeschichte-Lehrkanzel aufmerksam machte. Das bekam auch die Wiener Fakultät zu spüren, die sich zunächst für den Österreicher Paul Dedic (1890-1950) ausgesprochen hatte. Intrigen und politische Einflussnahme vor und nach dem »Anschluss« Österreichs an Hitlerdeutschland wussten dies zu verhindern. Dessen Berufung auf einen weiteren Lehrstuhl für Kirchengeschichte Ost- und Südostmitteleuropas, wie es im Projekt einer Grenzlandfakultät in Wien ins Auge gefasst wurde[42], konnte nicht realisiert werden, sondern wurde vielmehr aus politischen Gründen torpediert. Im Herbst 1937 nahm der Staat die schon seit 1934 in Aussicht gestellten Verhandlungen über eine Revision der staatskirchenrechtlichen Grundlagen auf, nachdem seitens der Kirche die Frage des Beitritts ihrer Mitglieder zur Vaterländischen Front (VF) in einer Art Kompromiss gelöst wurde. Der Evangelische Oberkirchenrat hatte seit 1935 wiederholt dazu aufgefordert, doch widersetzten sich viele evangelische Lehrer und Pfarrer mit konfessionellen Argumenten: Vor dem Hintergrund einer massiven katholischen Konfessionalisierung äußerten sie schwere Gewissensbedenken, dass die Vaterländische Front eine »ihrem Wesen nach katholische, auf die Schaffung eines katholischen Österreich abzielende Gesinnungsgemeinschaft sei«[43]. Superintendent Johannes Heinzelmann (1873-1946), der als »Vertrauensmann« der Kirche galt und als solcher zur Lage seiner Kirche immer wieder in Hirtenbriefen das Wort nahm[44], prägte, als von politischer Seite ganz entschieden das »offene, sichtbare Bekenntnis zum Staat« gefordert wurde, die differenzierende Formel, dass die Protestanten diesen »christlichen Staat katholischer Prägung« wohl als ein Gegebenes »anerkennen" und ihm ihre Achtung bezeugen, sie könnten sich aber nicht offen zu ihm bekennen: »Bekenntnis setzt immer Überzeugung voraus. Zu einem

---

41 Kurt Aland (Hrsg.), Glanz und Niedergang der deutschen Universität. 50 Jahre deutscher Wissenschaftsgeschichte in Briefen an und von Hans Lietzmann (1892-1942), Berlin-New York 1979, 905 f.
42 Gustav Reingrabner / Karl Schwarz (Hrsg.), Quellentexte zur österreichischen evangelischen Kirchengeschichte zwischen 1918 und 1945, Wien 1989, 334 f. - dazu Schwarz, „Grenzburg" und „Bollwerk". Ein Bericht über die Wiener Evangelisch-theologische Fakultät in den Jahren 1938 bis 1945, in: Leonore Siegele-Wenschkewitz / Carsten Nicolaisen (Hrsg.), Theologische Fakultäten im Nationalsozialismus, Göttingen 1993, 361-389.
43 Rundschreiben der Superintendenten, 29.1.1934 - Reingrabner/Schwarz, Quellentexte, 132-134.
44 Diese Stellungnahmen zur VF sind abgedruckt in: Reingrabner/Schwarz, Quellentexte, 216 ff.

›christlichen Staat katholischer Prägung‹ wird ein Protestant sich schwerlich bekennen, auch wenn er ihn anerkennt.« Im Herbst 1937 kurz vor der Aufnahmesperre kam es zwischen der Kirche und den staatlichen Stellen zu einer Einigung, die zur Folge hatte, dass sich 122 geistliche Amtsträger der VF anschlossen, 45 aber auf Distanz blieben. An der Fakultät verweigerten Gustav Entz und Richard Hoffmann den Beitritt, Hoffmann verzichtete sogar auf sein Dekansamt, während sich die anderen Kollegen Völker, Wilke, Bohatec[45] und Beth der VF anschlossen und so das von Beamten zuvörderst geforderte Bekenntnis zum »Neuen Österreich« leisteten. Auch den Studierenden wurde ein solches nahegelegt, von den Stipendienbeziehern sogar gefordert. Alle aber mussten sich mit dem Ständestaat arrangieren und eine pflichtmäßige Weltanschauungsvorlesung absolvieren[46]. Da als Dozenten für diese Lehrveranstaltungen ausschließlich römisch-katholische Professoren vorgesehen waren[47], urgierte der Evangelische Oberkirchenrat über Betreiben der Evangelischen Akademikergemeinschaft Ausnahmeregelung für die Evangelisch-theologische Fakultät, an der schließlich der Kirchenhistoriker Karl Völker mit der Durchführung der Lehrveranstaltung beauftragt wurde[48]. Nach dem Tod Völkers übernahm Beth diese Aufgabe der weltanschaulichen Schulung der Theologen. Doch es gab auch Protesthändel der Studierenden, ja sogar politischen Widerstand, der zu gerichtlichen Verfahren und zu einer Verurteilung führte. So trug der Student Wilhelm Stritar (1917–1997) seine Zeugeneinvernahme, die Verurteilung seines Freundes Karl Hasz zu einer zweimonatigen Haftstrafe in sein Tagebuch ein (22. Jänner 1938)[49], ebenso dessen Amnestie am 17. Februar, die mit der Regierungsumbildung nach den Obersalzbergverhandlungen zwischen Schuschnigg und Hitler am 12. Februar in Verbindung gebracht wurde. Die Entspannung zwischen Ständestaat und Evangelischer Kirche, wie sie seit Herbst 1937 festzustellen war, nahm auch im Neujahrshirtenbrief Heinzelmanns zum Jahreswechsel 1937/38 breiten Raum ein[50]. Doch nicht diese Aus-

---

45 Bohatec verfasste eine bemerkenswert positive Analyse des katholischen Ständestaates, die im krassen Gegensatz zur gängigen Sichtweise der um ihre konfessionelle Gleichberechtigung ringenden Protestanten stand – dazu Schwarz, Konkordat und Ständestaat im Spiegel eines Beitrags des evangelischen Kirchenrechtslehrers Josef Bohatec, in: Hans Paarhammer u.a. (Hrsg.), 60 Jahre österreichisches Konkordat, München 1994, 245–272.
46 Hochschulerziehungsgesetz, BGBl. Nr. 267/1935.
47 „Hochschule und weltanschauliche Bildung", Reichspost Nr. 286/16.10.1935.
48 AEvOKR Fasz. Theologische Fakultät, Zl. 5102/1935; 5401/1935.
49 Wilhelm Stritar, Tagebuch 22.1.1938 – Die Tagebuchnotizen wurden mir vom Verfasser 1988 in transkribierter Fassung zur Verfügung gestellt.
50 Schwarz, Der Anti-Rosenberg-Hirtenbrief 1937/38 des evangelischen Superintendenten D. Johannes Heinzelmann, in: Rudolf Zinnhobler (Hrsg.), Kirche in bewegter Zeit. Festschrift für Maximilian Lieb-

führungen waren es, die Anstoß erregten, sondern die im letzten Abschnitt seines Hirtenbriefes angestellte Analyse der Lage der Kirche in Deutschland, wo es – anders als in Österreich – »ums Ganze geht«. Es war ein mutiger und der offenste Versuch des Superintendenten, seinen Amtsbrüdern die Augen zu öffnen und sie vor der nationalsozialistischen Ideologie eines Alfred Rosenberg zu warnen. Doch diese prophetische Stimme wurde nicht verstanden, vielmehr dem »Vertrauensmann« der Kirche das Vertrauen entzogen. Namentlich die offen zum Nationalsozialismus tendierende Akademikergemeinschaft im Evangelischen Bund forderte Heinzelmann zum Rücktritt auf[51], die jener mit einem denkwürdigen Bekenntnis (»Es ist besser mit Christus zu fallen, als mit irgendeinem anderen Herrn oder Meister zustehen!«) vollzog[52]. Robert Kauer (1901–1953), der wegen seiner nationalsozialistischen Gesinnung aus dem Öffentlichen Dienst entlassen worden war[53], überbrachte am 9. Jänner 1938 die Misstrauenserklärung. Diese markierte nicht nur das Scheitern von Heinzelmanns Ausgleichsbemühungen zwischen Kirche und Ständestaat, sondern auch die kirchenpolitische Vorwegnahme des Anschlusses. Sie war der erste Akt der »Gleichschaltung«, dem noch vor dem Einmarsch der deutschen Truppen der Rücktritt des OKR-Präsidenten Viktor Capesius (1867–1953)[54] und des geistlichen Rates Johann Molin (1866–1948) folgte. Diese Auseinandersetzung war auch an der Fakultät zu spüren. Wilhelm Stritar nahm an der Sitzung der Akademikergemeinschaft teil[55], bei der die Professoren Entz und Hoffmann das Wort führten und Kauer über seine Fahrt zu Heinzelmann berichtete. Stritars Tagebuchnotizen illustrieren den nervösen Tagesablauf eines Studenten, auf den kirchenpolitische Einflussnahme von allen Seiten niederprasselte. So notierte er nicht nur am 9. Jänner 1938 eine »sehr gute Predigt« des Generalsekretärs der Deutschen Christlichen Studentenvereinigung (DCSV) Eberhard Müller (1906–1989), sondern auch eine Aussprache mit ihm zum Thema »Kirche, Staat und Volk im [›Dritten‹] Reich« (11.1.1938), einen Vortrag von Franz

---

mann zum 60. Geburtstag, Graz 1994, 355–368.
51 Karl-Reinhart Trauner, Eine „Pressure-Group in der Kirche". Die Evangelische Akademikergemeinschaft des Evangelischen Bundes in Österreich, KZG 16 (2003) 346–367, hier 362 f.; Harald Uhl, Robert Kauer – ein Kirchenpräsident in den Konflikten seiner Zeit, Wien 2014, 58. Uhl misst allerdings diesem Vorgang nicht große Bedeutung zu, beurteilt Kauer lediglich als Briefträger der Akademikergemeinschaft, nicht als deren politische Leitfigur.
52 Nachwort zum Neujahrshirtenbrief o.D. (25.1.1938) – Reingrabner/Schwarz, Quellentexte, 298–302.
53 Uhl, Robert Kauer, 39.
54 Schwarz, Dr. jur. Viktor Capesius. Ein protestantischer „Laie" und Präsident des Evangelischen Oberkirchenrates, in: Michaela Sohn-Kronthaler / Rudolf K. Höfer (Hrsg.), Laien gestalten Kirche. Festgabe für Maximilian Liebmann zum 75. Geburtstag, Innsbruck-Wien 2009, 391–409.
55 Stritar, Tagebuch 14.1.1938.

Fischer über die Ökumenische Tagung in Oxford, der »Volk und Staat im Blickfeld der Kirche« behandelte, und am 17. Februar eine Aussprache mit dem Inspektor des Theologenheimes Hans Schulze (1912-1984). Am 17. Jänner 1938 fand unter dem Vorsitz des katholischen Soziologen August Maria Knoll (1900-1963) eine Sitzung aller »Schulungsleiter« der jeweiligen Fachschaften an der Universität Wien statt, bei der vermutlich zur Selbstbehauptung des Ständestaates aufgerufen wurde. Die Theologische Fachschaft organisierte eine Arbeitsgemeinschaft, in der aktuelle kirchenpolitische Fragen erörtert wurden: am 23. Februar »Barth und die Bekenntnisfront«, am 2. März »Liberalismus und Deutsche Christen«. Der Evangelische Bund hielt seine Gauverbandssitzung am 8. Februar 1938; an ihr nahm Stritar teil. Die Unterredung zwischen Schuschnigg und Hitler am 12. Februar 1938 auf dem Obersalzberg warf seinen Schatten auch auf die Evangelisch-theologische Fakultät, denn Hitler erzwang eine Regierungsumbildung und die Betrauung von Arthur Seyß-Inquart (1892-1946) mit dem Innenressort. Nun wurde eine legale Betätigungsmöglichkeit der Nationalsozialisten im Rahmen der VF geschaffen und eine Amnestie für verurteilte Nationalsozialisten erklärt, die auch verurteilten Studierenden zugutekam. Am 21. Februar fand eine NS-Kundgebung an der Universität Wien statt, bei der, wie Stritar vermerkte[56], der Hitlergruß nicht mehr geahndet wurde.

Die Fakultät im März 1938

Seit 4. März war das Tragen des Hakenkreuzes erlaubt[57]. Am Montag 7. März begann die 12. Evangelische Woche mit einem Vortrag des schwäbischen Theologen Eugen Gerstenmaier (1906-1986)[58]. Veranstalter war das Evangelische Jugendwerk, weil nur diese unter der Patronanz der Kirche stehende »verkirchlichte« Form der Jugend- und Studentenarbeit im Ständestaat neben der offiziellen Staatsjugend erlaubt war. Gerstenmaier sprach über »Blut und Geist«, am Dienstag über die Christusidee und Christuswirklichkeit, am Mittwoch schließlich im Rahmen des Deutschen Klubs über »Kirche und Volk«, während auf der Evangelischen Woche der in Hamburg wirkende Wiener Pfarrersohn Hans Stökl (1903-1957) einen Vortrag zum Thema »Macht und Ohnmacht der Kirche« gestaltete. Den Besuchern wurden Flugblätter ausge-

---

56 Stritar, Tagebuch 21.2.1938.
57 Stritar, Tagebuch 4.3.1938.
58 Das Programm der Evangelischen Woche ist abgedruckt bei Alfred Garcia Sobreira-Majer (Hrsg.), Die Evangelische Woche in Wien. 1927-1938/1958-1995. Eine Festschrift zu ihrem Jubiläum, Wien 1995, 77.

teilt, die für die bevorstehende »Volksabstimmung« am Sonntag 13. März 1938 warben[59]. Die bekanntgegebene Parole für diese von Bundeskanzler Schuschnigg angeordnete Volksbefragung lautete: »Für ein freies und deutsches, unabhängiges und soziales, für ein christliches und einiges Österreich! Für Friede und Arbeit und die Gleichberechtigung aller, die sich zu Volk und Vaterland bekennen.« Präsident Capesius empfand die gestellte Frage als eine, die von jedem »vaterlandstreuen Evangelischen« vorbehaltlos bejaht werden könne und erließ deshalb ein Rundschreiben an alle Pfarrämter und Presbyterien, dass sich die evangelische Bevölkerung möglichst vollzählig an der Abstimmung beteilige[60]. Noch in der Nacht erfuhr diese Maßnahme eine vernichtende Antwort, denn die Akademikergemeinschaft verabschiedete eine von Kauer verfasste Erklärung, die den oberkirchenrätlichen Volksbefragungsaufruf als »Gesetzesbruch« disqualifizierte und die Mitglieder des Oberkirchenrates zur Demission aufforderte[61]. An der Fakultät war am 11. März ebenfalls die »Volksabstimmung« das Thema aller Gespräche; die Fachschaft, inspiriert durch ein Gespräch mit Professor Entz, verfasste einen scharfen Protest gegen den Oberkirchenrat, den sie sogar an einzelne Tageszeitungen (Wiener Neueste Nachrichten, Linzer und Grazer Tagesanzeiger) richteten[62]. Die Stadt war in Aufruhr, Menschenmassen wälzten sich durch die Straßen, die Universität wurde geschlossen. Die NS veranstalteten einen Aufmarsch über den Ring. Auch in Berlin hatte jener Schachzug Schuschniggs schärfsten Widerstand hervorgerufen, Hitler drohte mit dem Einmarsch am 12. März, um die Volksbefragung zu verhindern. Am 11. März um 2.00 Uhr startete er das »Unternehmen Otto«, von Schuschnigg forderte er ultimativ die Verschiebung der Befragung, später seinen Rücktritt und die Betrauung von Seyß-Inquart mit der Regierungsbildung. Der Bundespräsident lehnte aber dessen Ernennung ab, erst gegen Mitternacht 11./12. März meldete der Rundfunk die Übernahme der Regierung durch Seyß-Inquart, um 24 Uhr überschritten die ersten Einheiten der Deutschen Wehrmacht die Grenze. Am 12. März empfing der gerade neubestellte Unterrichtsminister Oswald Menghin (1888–1973) die Superintendenten der Evangelischen Kirche sowie die beiden zum Rücktritt bereiten OKR-Mitglieder Capesius und Molin und nahm den personellen Wechsel im Oberkirchenrat vor, indem er Robert Kauer mit der kommissarischen Leitung betraute und

---

59 Stritar, Tagebuch 9.3.1938.
60 Erlass des Oberkirchenrates Z. 1817/10.3.1938 – Reingrabner/Schwarz, Quellentexte, 305.
61 Erklärung an den Oberkirchenrat, 11.3.1938 – Reingrabner/Schwarz, Quellentexte, 307–311.
62 Stritar, Tagebuch 11.3.1938.

Hans Eder (1890–1944) als geistlichen Rat ernannte. Der für Freitag, 11. März 1938, angekündigte Vortrag im Rahmen der Evangelischen Woche musste entfallen. Der vorgesehene Referent war Dekan Prof. Dr. Karl Beth, »das Christentum als die Religion des göttlichen Eros« war das Thema. Die politischen Zeitläufte verhinderten diesen letzten Auftritt Beths in der Öffentlichkeit. Seine Ablösung als gewählter Dekan gehört zu den dunklen Kapiteln der Fakultätsgeschichte. In seinen Memoiren beschönigt Entz diesen Vorgang, indem er behauptet, sein Vorgänger habe sofort sein Amt »aus eigenem Entschluss« zur Verfügung gestellt[63]. Doch die Weichen waren längst gestellt, und die an die Macht gespülten NS-Funktionäre, die die weitere Hochschulpolitik bestimmten, hatten in dem jüngsten Mitglied des Lehrkörpers Gustav Entz einen Erfüllungsgehilfen gefunden[64], der sich durch seine entschiedene Gegnerschaft zum Ständestaat empfohlen hatte, der durch seine Weigerung der VF beizutreten als Parteigänger empfunden wurde und durch zahlreiche aktuelle Publikationen unter Beweis gestellt hatte, dass er auf der Seite der neuen Machthaber stand[65]. Dass dem neu ernannten Dekan gleich in den ersten Tagen seines Amtes der »schmerzliche Auftrag« zuteilwurde, seinem Vorgänger mitzuteilen, »dass er auch seine Professur niederlegen müsse«[66], fügt sich in dieses dunkle Kapitel der Fakultätsgeschichte, denn noch wenige Jahre zuvor war Beth anlässlich seines 30-jährigen Amtsjubiläums im Mittelpunkt einer akademischen Ehrung gestanden, an der jener Mann als Rektor teilgenommen hatte, der als Minister Beths Absetzung und die Einsetzung von Gustav Entz als Dekan verantwortete: der Prähistoriker Oswald Menghin. Stritar notierte unter dem 22. April die offizielle Mitteilung von Dekan Entz in seinem Tagebuch, dass »Beth nicht mehr lesen werde«[67]. Vor diesem Hintergrund mag die Betroffenheit der Studenten und des Professorenkollegiums nachzuvollziehen sein. Dass letztere tatsächlich alles taten, »um dem Kollegen zu zeigen, dass wir dieses Vorgehen der Behörden bedauerten«, wie Entz in seinen Lebenserinnerungen konstatierte[68], ohne seine eigene Beteiligung an diesem »Vorgehen der Behörden« einzugestehen, kann nicht mehr festgestellt werden. Für Beth einen Nachfolger zu finden, waren die Kollegen jedenfalls äußerst flink, denn schon

---

63 Entz, Erinnerungen, in. Schwarz, Gustav Entz, 27.
64 Albert Müller, Dynamische Adaptierung und „Selbstbehauptung". Die Universität Wien in der NS-Zeit, Geschichte und Gesellschaft 23 (1997) 592–619, hier 598.
65 Entz, Erinnerungen, passim.
66 Entz, Erinnerungen, in: Schwarz, Gustav Entz, 28.
67 Stritar, Tagebuch 22.4.1938.
68 Entz, Erinnerungen, bei Schwarz, Gustav Entz, 28.

am 15. Mai 1938 legten sie einen einhelligen Besetzungsvorschlag vor[69]: primo loco Walter Ruttenbeck (1890-1964) aus Bonn, secundo loco pari passu Gerhard Heinzelmann (1884-1957) aus Halle und Hans Wilhelm Schmidt (1903-1991) aus Bonn, der 1939 tatsächlich berufen wurde –und gemeinsam mit Opitz, Gerhard Kittel (1888-1948), Hoffmann, Wilke und Entz die Wiener Fakultät in die kirchenpolitische und theologische Richtung der »Deutschen Christen« rückte[70]. Während also die Professoren am 15. Mai den Ternavorschlag erarbeiteten, wirkte Beth noch bei zwei Promotionsverfahren als Gutachter mit, die am 25. Mai abgeschlossen wurden[71]. Diese Eilfertigkeit lässt mich ein wenig an der Aufrichtigkeit zweifeln, mit der Beths Ausscheiden quittiert wurde. Mit einigem Recht ist vermutet worden, dass gegen Beths religionswissenschaftliche Ausrichtung theologische Vorbehalte vorhanden waren, die das Ende seiner Lehrtätigkeit nicht unbedingt beklagten[72]. Als einem der insgesamt 316 entlassenen oder zwangspensionierten Professoren der Universität Wien verschlossen sich Beth nunmehr die Tore der Alma Mater[73]. Als ihm mit Ende März 1939 auch noch der Ruhestandsbezug aberkannt wurde[74], sah er sich gezwungen, seiner 1938 in die USA geflüchteten Gattin zu folgen, von der er seit 4. Juli 1938 geschieden war[75]. 66-jährig suchte er an der Universität von Chicago eine neue akademische Wirkungsstätte. Es kam ihm zugute, dass er schon wiederholt an amerikanischen Universitäten Vorlesungen gehalten hatte und insbesondere mit dem Generalsekretär des Federal Council of the Churches of Christ Charles S. Macfarland (1866-1956) und dem Präsidenten der theologischen Fakultät der Universität Chicago Ozora Davis (1866-1931) befreundet war[76]. Ab 1941 lehrte er an der Meadville Lombard Theological School der Unitarischen Kirche, der er sich angeschlossen hatte.

---

69 AdR Wien, Ministerium f. inn. und kult. Ang. IV, 4 ev.-theol. Fakultät, Nr. 16.227/1938 – Bericht der Ev.-theol. Fakultät D.Z. 301/1937-38, 12.5.1938.
70 Rudolf Leeb, Die Deutschen Christen in Österreich im Lichte neuer Quellen, JGPrÖ 124/125 (2008/09) 39-101, hier 86 ff.
71 Es handelte sich um die Promotionen von Franz Fischer und Hans Heuer, bei denen Beth gemeinsam mit Entz als Gutachter fungierte: „Die theologischen Voraussetzungen des evangelischen Religionsunterrichts" / „Der Wille der lutherischen Reformation in der liturgischen Gestaltung" – Fakultätsarchiv Wien, Doktorenbuch Nr. 177 / 178 – Rigorosenprotokoll Nr. 30 / 33.
72 Reingrabner, Karl Beth, Glaube und Heimat 53 (1999) 41-43, hier 42; ders., Gustav Entz – Prediger und Lehrer, in: Schwarz (Hrsg.), Gustav Entz, 73-79, hier 78.
73 Müller, Dynamische Adaptierung, 603.
74 Erlass GZ IV/2-315875/39 aufgrund der Verordnung zur Neuordnung des österreichischen Berufsbeamtentums (§ 4 I), GBl. F.d.L. Österreich Nr. 160/1938 i.d.F. Nr. 299/1939.
75 Mitteilung des Bezirksgerichts Wien I vom 4.7.1938 (4 Ne 216/38-4), der zufolge die Ehe „von Tisch und Bett" geschieden wurde – handschriftliche Bleistiftergänzung im Trauungsbuch pag. 67 zu Zl. 125/1911 – PfA Wien-Innere Stadt.
76 Karl Beth, Selbstdarstellung, 37.

Keine/späte Rehabilitation von Karl Beth

Es gibt eine Reihe von Beweisen, dass Karl Beth nach 1945 den Kontakt zur Wiener Fakultät gesucht, ja sogar Lebensmittel in das hungernde Nachkriegs-Wien geschickt hat. Seine Korrespondenz mit der Fakultät[77] und mit der Familie Entz[78] dokumentieren eine tiefe Anhänglichkeit. Von Seiten der Fakultät wurde aber nichts unternommen, um ihn gegebenenfalls wieder nach Wien zurückzuberufen oder ihn durch eine Honorarprofessur zu rehabilitieren. Dabei mochte sein vorgerücktes Alter eine Rolle gespielt haben, vielleicht aber auch die Scham über seine erzwungene Amtsniederlegung. Immerhin war es Dekan Entz möglich, für Karl Beth zu intervenieren[79], als dieser nach dem Zweiten Weltkrieg jene Pensionsrechte einklagte, die ihm durch seine Exilierung entzogen worden waren. Erst spät und posthum gelang es in dreifacher Weise, den Namen Beth an der Fakultät in Erinnerung zu rufen: Am deutlichsten geschah dies mit dem »Tor der Erinnerung« am Universitätscampus; sodann wurden Beths wissenschaftliche Meriten auf dem Gebiet der Religionspsychologie bei der Umbenennung des Instituts für Praktische Theologie in ein solches für Praktische Theologie & Religionspsychologie von der damaligen Lehrstuhlinhaberin Susanne Heine gewürdigt. Schließlich wurde ein Forschungspreis als Karl-Beth-Preis ausgelobt, aber bisher noch nie vergeben. So vermag dieses Detail vielleicht wie kein anderes jene merkwürdige Befangenheit der Fakultät ausdrücken, die sie ihrer Geschichte in den Jahren zwischen 1938 und 1945 entgegenbringt. Hier einen Gegenakzent zu setzen, war und ist mein Anliegen, in diesem Sinne verstehen sich auch die vorliegenden Ausführungen.

---

77 Schwarz, „Haus in der Zeit", 208.
78 Schwarz, Gustav Entz, 136.
79 Entz, Erinnerungen, in: Schwarz, Gustav Entz, 28.

Prof. Gerhard Kittel, supplierte den Lehrstuhl für NT 1939,

Gerhard Kittel und seine Lehrtätigkeit an der Universität Wien

Einleitung

Er war eine unumstrittene Koryphäe in seinem Fach: Gerhard Kittel (1888–1948); als Professor für neutestamentliche Wissenschaft an der Eberhard-Karls-Universität Tübingen verfügte er über großes Ansehen an seiner Fakultät und in der scientific comunity im deutschen Sprachraum, ja weit darüber hinaus; als Herausgeber des Theologischen Wörterbuches zum Neuen Testament (ThWNT) galt ihm die Wertschätzung nicht nur der Exegeten, sondern der Theologen insgesamt. Als solcher war er in ein weltweites Netzwerk eingebunden, in die Societas Studiorum Novi Testamenti und konnte auch mit dem Respekt und der Solidarität seiner Kollegenschaft rechnen – auch und gerade dann, als ihm 1945 seine NS-Vergangenheit einholte und ihm sein Lehramt entzogen wurde. Sein wissenschaftlicher Rang enthob ihn keineswegs einer peinlichen Entnazifizierung, einer halbjährigen Inhaftierung und Entlassung aus dem Universitätsdienst, einer fast elfmonatigen Internierung in einem Lager in der Umgebung von Tübingen, schließlich begnadigt zu einer Art „Klosterhaft" in Beuron. In dieser Zeit verfasste er eine Verteidigungsschrift, die er unter seinen Kollegen im In- und Ausland distribuierte. Darin räumte er ein, er sei als Neutestamentler antijudaistisch eingestellt, weil das Neue Testament nur als die krasseste Antithese zum Judentum zu verstehen sei, aber diese Haltung müsse vom Rassenantisemitismus der NS-Zeit unterschieden werden.

Die Tübinger Fakultät stand ganz im Banne dieser Rechtfertigungsschrift von 1946[1] mit ihrer Forderung einer Differenzierung zwischen einem dezidiert christlichen Antijudaismus und dem rassistischen Antisemitismus. Sie hatte schon die erste kritische Studie über die Verstrickung deutscher Wissenschaftler in den Nationalsozialismus nicht zur Kenntnis nehmen wollen, weil sie in deren antisemitischer Einstellung die Grundlagen für die Shoa ortete[2]. Kittels Verteidigungsschrift, die Aufsehen im In- und Ausland erregt hatte,

---

1 Matthias Morgenstern / Alon Segev, Gerhard Kittels Verteidigung / Gerhard Kittel's Defense. Die Rechtfertigungsschrift eines Tübinger Theologen und „Judentumsforschers" vom Dezember 1946 / Apologia of a Tübingen Theologian and New Testament Scholar, December 1946, Berlin 2019.
2 Max Weinreich, Hitler's Professors. The Part of scholarship in Germanys crimes against the Jewish people, New York 1946, ²1999.

mochte die Argumente geliefert haben, um den Angriff auf die Integrität der deutschen Wissenschaft abzuwehren, sie blockierte freilich auch die zeitnahe Bearbeitung des dunklen NS-Kapitels der Tübinger Fakultätsgeschichte. Nichts kann dies besser illustrieren als die gefeierte Kirchenkampfdarstellung von Klaus Scholder (1930–1985), in der die Rolle Kittels völlig ausgespart blieb.

Die Causa Kittel aber wurde zum Thema der kirchlichen Zeitgeschichtsforschung: Die frühverstorbene Leonore Siegele-Wenschkewitz (1944–1999) mit ihren zahlreichen Untersuchungen zur Tübinger Fakultätsgeschichte stand am Beginn[3], wobei sie Kittel nicht an den Pranger stellte, sondern sehr differenziert zum Übergang von Antijudaismus zum Antisemitismus argumentierte. Dagegen votierte der amerikanische Zeithistoriker Robert P. Ericksen, der weitere Studien zu Kittel vorlegte[4]. Er repräsentiert auch den Übergang zur nächsten Forschergeneration[5], die auf einer erheblich erweiterten Quellenbasis die Differenzierung zwischen einem biblisch begründeten christlichen Antijudaismus und dem Antisemitismus in Zweifel zog und die Bedingungen untersuchte, unter denen eine Überformung und Vermischung beider befördert wurde. Am Denken und politischen Handeln Kittels ist dieses Ineinandergreifen von Antijudaismus und Antisemitismus zuletzt von einem ambitionierten Kreis interdisziplinär operierenden Wissenschaftler thematisiert und diese Dekonstruktionsarbeit geleistet worden[6].

Im Folgenden kehre ich zum Frühstadium der Kittel'schen Verteidigung zurück. Denn dazu gehören auch eine Reihe entlastender Stellungnahmen von Fachkollegen und Zeitzeugen, darunter solche aus Wien, wie etwa jenes Schrei-

---

3 Leonore Siegele-Wenschkewitz, Die Evangelisch-theologische Fakultät Tübingen in den Anfangsjahren des Dritten Reiches II: Gerhard Kittel und die Judenfrage, in: Tübinger Theologie im 20. Jahrhundert (ZThK BH 4), Tübingen 1978, 53–80; diess., Neutestamentliche Wissenschaft vor der Judenfrage. Gerhard Kittels theologische Arbeit im Wandel deutscher Geschichte, München 1980, 50; dies. (Hrsg.), Christlicher Antijudaismus und Antisemitismus. Theologische und kirchliche Programme Deutscher Christen, Frankfurt/M. 1994.
4 Robert P. Ericksen, Zur Auseinandersetzung mit und um Gerhard Kittels Antisemitismus, EvTh 43 (1983) 250–270; ders., Theologen unter Hitler. Das Bündnis zwischen evangelischer Dogmatik und Nationalsozialismus, München-Wien 1986, 57 ff., 72 f.
5 Robert P. Ericksen, Schweigen und Sprechen über den „Fall Kittel" nach 1945, in: Manfred Gailus / Clemens Vollnhals (Hrsg.), Christlicher Antisemitismus im 20. Jahrhundert. Der Tübinger Theologe und „Judenforscher" Gerhard Kittel, Göttingen 2020, 43–61.
6 Gailus / Vollnhals (wie Anm. 5). Die beiden Herausgeber sind ausgewiesene Spezialisten zur NS-Geschichte: Manfred Gailus (Hrsg.), Täter und Komplizen in Theologie und Kirchen 1933–1945, Göttingen 2015; ders. / Clemens Vollnhals (Hrsg.), Mit Herz und Verstand – Protestantische Frauen im Widerstand gegen die NS-Rassenpolitik, Göttingen 2013; diess. (Hrsg.), Für ein artgemäßes Christentum der Tat. Völkische Theologen im „Dritten Reich", Göttingen 2016; Clemens Vollnhals / Uwe Puschner (Hrsg.), Die völkisch-religiöse Bewegung im Nationalsozialismus. Eine Beziehungs- und Konfliktgeschichte, Göttingen 2012.

ben von Bischof Gerhard May (1898–1980)[7]. Es ist getragen von großer Dankbarkeit der Evangelischen Kirche in Österreich für Kittels „kirchliche Mitarbeit" durch die er geholfen habe, „den nationalsozialistischen Einbruch in unsere Kirche abzuwehren".

Er habe durch seinen „Einfluss, der maßgeblich war, und die überaus geschickte Art der Behandlung unsere evangelisch-theologische Fakultät vor der Gefahr einer deutsch-christlichen Radikalisierung bewahren geholfen ... Sie haben die führenden Männer unserer Kirche in ihrer Haltung bestärkt, die sich immer mehr der ‚Bekennenden Kirche' annäherte und der kirchenzerstörenden Tätigkeit der NSDAP entschlossenen Widerstand entgegensetzte."

Es wird die Aufgabe dieses Beitrags sein, die apostrophierte „kirchliche Mitarbeit" Kittels zu untersuchen und das Gewicht jener entlastenden Argumente zu überprüfen. Außerdem soll die Lehr- und Forschungstätigkeit Kittels in den Rahmen der Wiener Fakultätsgeschichte eingeordnet werden, eine Aufgabe, die bisher in der Kittelforschung nur von Horst Junginger ins Auge gefasst wurde[8].

Eine Dienstverfügung des Reichserziehungsministeriums

Die Verfügung des Reichserziehungsministeriums trägt das Datum 15. September 1939 und markiert den Beginn einer bis April 1943 währenden Lehrtätigkeit in Wien. Es war kein üblicher akademischer Ruf, dem er gefolgt wäre, sondern eine dienstliche Beauftragung. Kittel habe seine Wiener Aufgabe, so der Wiener Dekan Gustav Entz (1884–1957)[9] in einem Schreiben an das Reichserziehungsministerium[10], nie aus pekuniären Erfolgsgründen, sondern stets „unter dem Gesichtspunkt einer zu erfüllenden Pflicht und Aufgabe angesehen". So hatten ihm die zuständigen amtlichen Stellen im Herbst 1939 eben die „Wahrnehmung

---

7 Schreiben Bischof May an Prof. Kittel, 29.11.1946 – Tübingen: Universitätsarchiv, Nachlass-Kittel. Die hier aufliegenden Stellungnahmen zu Kittels Wiener Tätigkeit von Gerhard May (29.11.1946), Heinrich Liptak (7.12.1946), Josefa Eder (22.12.1946), Gustav Entz (13.8.1945, 13.12.1946), Hans vom Campenhausen (26.10.1945), Hans Langer (o.D. Abschrift vom 5.2.1947) wurden mir freundlicherweise von Frau Kollegin Uta Heil zur Verfügung gestellt, wofür hier ausdrücklich gedankt wird.

8 Horst Junginger, Gerhard Kittel. Ein biografischer Abriss im Kontext der politischen und kirchlichen Zeitgeschichte, in: Gailus / Vollnhals: Christlicher Antisemitismus (wie Anm. 5), 203–257.

9 Vom Langzeitdekan Gustav Entz gibt es maschinschriftliche „Erinnerungen aus fünfzig Jahren kirchlicher und theologischer Arbeit" (o.J. – 421 pp.) sowie eine Kurzfassung, in: Der Mann vor Christus. Zeitschrift des Männerwerkes 1953/54, 1, 2–13 – wieder abgedruckt in: Karl W. Schwarz (Hrsg.), Gustav Entz – ein Theologe in den Wirrnissen des 20. Jahrhunderts, Wien 2012, 13–49.

10 Schreiben Dekan Entz an das Reichserziehungsministerium , 13.10.1942 – zit. bei Junginger, biografischer Abriss, 236.

der Lehrkanzel" an der Evangelisch-Theologischen Fakultät in Wien nahegelegt – an einer ebenso traditionsreichen wie ambitionierten Universität, die zum kulturellen Aushängeschild für den südosteuropäischen Raum ausgestaltet werden sollte.[11] Ihm war die Stadt vertraut, an der Eröffnung der Propagandaausstellung „Der ewige Jude" im Sommer 1938 hatte er teilgenommen[12].

1939 war der langjährige Ordinarius Richard A. Hoffmann (1872–1948) 67jährig in den Ruhestand verabschiedet[13], der vakante Lehrstuhl aber nicht zur Wiederbesetzung ausgeschrieben worden. Der scheidende Professor hatte sich für den in Königsberg wirkenden Neutestamentler Carl Schneider (1900–1977) als Nachfolger eingesetzt[14], der nicht nur seit 1933 Parteigenosse, sondern auch im deutschchristlichen Lager fest verankert war[15] und im Rahmen der 11. Evangelischen Woche im März 1937 in Wien als Referent an der Seite Hoffmanns aufgetreten war[16]. Dagegen votierte der eben in Wien angekommene junge Kirchenhistoriker Hans Georg Opitz (1905–1941), Herausgeber der Theologischen Literaturzeitung, der Schneiders „wissenschaftliche Phantastereien" scharf kritisierte und dessen Berufung nach Wien unbedingt zu verhindern trachtete[17]. Auch ein anderer Deutscher Christ wurde als möglicher Lehrstuhlinhaber in Wien erwogen: Walter Grundmann (1906–1976), Professor für völkische Theologie und Neues Testament in Jena und Direktor des in Eisenach angesiedelten „Entjudungsinstituts"[18]. Dass schlussendlich Kittel nach Wien kam, wusste Opitz sich zugute zu halten. Er habe das Seine dazu getan, ließ er seinen Lehrer Hans Lietzmann (1875–1942) in Berlin wissen[19].

---

11 Gernot Heiß, „... As the Universities in Austria Were More Pillars of Our Movement Than Those in the Old Provinces in the Reich". The University of Vienna from Nazification to De-Nazification, Digestive Diseases 1999/17, 267–278, hier 270.
12 Junginger, biografischer Abriss, 229.
13 Sabine Taupe, Richard Adolf Hoffmann und seine Theologie. Intellektuelle Biographie eines neutestamentlichen Bibelwissenschaftlers, Parapsychologen und Spiritisten sowie radikalen Deutschen Christen, Diplomarbeit Wien 2010, 9.
14 Dirk Schuster, Die Lehre vom „arischen" Christentum. Das wissenschaftliche Selbstverständnis im Eisenacher „Entjudungsinstitut" (Kirche – Konfession – Religion 70), Göttingen 2017, 179.
15 Oliver Arnhold, Gerhard Kittel und seine Schüler. Welche Verbindungen bestanden zum Eisenacher „Entjudungsinstitut"? in: Gailus / Vollnhals, Christlicher Antisemitismus, 119–134, hier 126; zu ergänzen insofern Morgenstern, Gerhard Kittels Verteidigung, 43 Anm. 87.
16 Alfred Garcia Sobreira-Majer (Hrsg.), Die Evangelische Woche in Wien 1i927-1938/1958-1995, Wien 1995, 29 (Abbildung), 76 (Programm).
17 Schuster, Die Lehre vom „arischen" Christentum, 231.
18 Oliver Arnhold, „Entjudung" – Kirche im Abgrund II: Das „Institut zur Erforschung und Beseitigung jüdischen Einflusses auf das deutsche kirchliche Leben" 1939–1945, Berlin 2010, 852–861 (Mitarbeiterverzeichnis).
19 Schreiben vom 15.1.1940, in: Kurt Aland (Hrsg.), Glanz und Niedergang der deutschen Universität. 50 Jahre deutscher Wissenschaftsgeschichte in Briefen an und von Hans Lietzmann (1892-1942), Berlin-New York 1979, Nr. 1131, 986.

Mit der Formel „Wahrnehmung der Lehrkanzel" wurde Kittels Wechsel nach Wien im Vorlesungsverzeichnis kommuniziert. Das bedeutete, dass Kittel seine Stellung in Tübingen beibehielt, auch wenn er mit Familie nach Wien übersiedelte und hier von der kirchlichen und universitären Öffentlichkeit geradezu als „Mann der Stunde" begrüßt wurde[20]. Dieser Aufenthalt in Wien, der insgesamt vier Trimester und vier Semester vom Beginn des Wintertrimesters 1939/40 bis zum Ende des Sommersemesters 1943 dauerte, war für die ältere Kittelforschung noch mit Fragezeichen versehen, konnte aber unterdessen geklärt werden[21]. Dieser Ortswechsel macht nur Sinn, wenn die bedrohte Lage der Theologischen Fakultäten im „Dritten Reich"[22] und die in Aussicht genommenen Schließungen und Zusammenlegungen, das betraf namentlich Tübingen und Heidelberg, berücksichtigt werden.

Das Projekt einer „Grenzlandfakultät"

Diesen bedrohlichen Aussichten stand das stolze Projekt einer Grenzlandfakultät in Wien gegenüber. Es war durch den Ehrgeiz gespeist worden, die Alma Mater Rudolfina Viennensis zu einem kulturellen Zentrum für die volksdeutsche Diaspora im Südosten Europas auszubauen. Hier hat der Langzeitdekan Entz politische Chancen erkannt und zur Bestandssicherung der Theologie eingesetzt. Dass er dazu die modischen Vokabel der Zeit aufgriff und die politische Verlässlichkeit des ostmärkischen Protestantismus auf die Waagschale warf, erklärt sich einerseits aus der Begeisterung über den erfolgten Anschluss Österreichs an das Mutterland der Reformation, zum anderen aber auch aus dem Kalkül, eine deutsch-christliche „Vorzeigefakultät" gestalten zu können, um die Frequenz der Studierenden zu steigern und im Ranking der Theologischen Fakultäten aufzusteigen. Da kam ihm die Lehrtätigkeit von Gerhard Kittel gerade recht. Bei seinen Verhandlungen um die Nachbesetzung zweier weiterer Lehrstühle für Kirchengeschichte und Systematische Theologie wurden nicht die von der Fakultät vorgeschlagenen Kandidaten

---

20 Bischof Eder verwies in seinem 11. Amtsbrüderlichen Rundschreiben am 1. Oktober 1939 ausdrücklich darauf hin: Gustav Reingrabner / Karl Schwarz (Hrsg.), Quellentexte zur österreichischen evangelischen Kirchengeschichte zwischen 1918 und 1945, Wien 1989, 550.
21 Karl W. Schwarz, „Grenzburg" und „Bollwerk". Ein Bericht über die Wiener Evangelisch-theologische Fakultät in den Jahren 1938–1945, in: Leonore Siegele-Wenschkewitz / Carsten Nicolaisen (Hrsg.), Theologische Fakultäten im Nationalsozialismus, Göttingen 1993, 361–389, hier 374–377; das wurde von Siegele-Wenschkewitz auch bestätigt: „Meine Verteidigung" von Gerhard Kittel [...], in: Hermann Düringer / Karin Weintz (Hrsg.), Leonore Siegele-Wenschkewitz. Persönlichkeit und Wirksamkeit, Frankfurt/M. 2000, 135–170, hier 140 Anm. 6; – Junginger, biografischer Abriss, 236–244.
22 Eike Wolgast, Nationalsozialistische Hochschulpolitik und die theologischen Fakultäten, in: Siegele-Wenschkewitz/Nicolaisen, Theologische Fakultäten im Nationalsozialismus, 45–79, hier 70.

berufen, sondern jene, die über kräftigere politische Fürsprecher verfügten. So wurde als lutherischer Systematiker Hans Wilhelm Schmidt (1903–1991) aus Bonn und als Kirchenhistoriker Hans Georg Opitz aus Berlin berufen, beide überzeugte Nationalsozialisten, Parteigenossen und von der NS-Reichsdozentenführung in München protegiert. Man hat den Eindruck, dass Entz seinen Berliner Gesprächspartnern im Reichserziehungsministerium keinen nennenswerten Widerstand leistete, um sein Projekt nicht zu gefährden: die Erweiterung des Lehrkörpers um zwei Professuren: für die Kirchengeschichte des Südostmitteleuropäischen Raumes, um den Wunschkandidaten der Fakultät Paul Dedic (1890–1950) zu berücksichtigen, der bei der Wiederbesetzung des Ordinariates von Berlin übergangen worden war, und für kirchliche und ethnische Diasporakunde, wofür Entz den Pfarrer aus Cilli/Celje (Slowenien) Gerhard May (1898–1980) namhaft machte, einen hochqualifizierten Diasporatheologen, der durch seine Monographie über die „Volksdeutsche Sendung der Kirche" (Göttingen 1934) große Beachtung gefunden hatte und durch das Ehrendoktorat der Universität Heidelberg (1936) ausgezeichnet wurde[23]. Auch hier geizte Entz nicht mit den entsprechenden modischen Attributen, die beiden Herren zugeschrieben wurden, um sie für die in Aussicht genommenen Forschungsbereiche als „unverzichtbar" hinzustellen. Es sind markige Töne, die Entz gebrauchte und er stieß damit auf lebhafte Zustimmung, denn es sollte unter allen Umständen der Eindruck vermieden werden, daß Österreich „wie eine eroberte Kolonie" behandelt würde. Diese bittere Klage wurde von einem prominenten österreichischen Nationalsozialisten Edmund Glaise-Horstenau (1882–1946) lautstark in Berlin artikuliert[24]; mochte dabei auch seine persönliche Deklassierung eine Rolle gespielt habe, so war wohl auch sein mühsam aufgebauter Kurs einer Verständigung zwischen der NSDAP und der römisch-katholischen Kirche durch die neuen Machthaber um den „Reichskommissar für die Wiedervereinigung Österreichs mit dem Reich" einer Revision ausgesetzt und konterkariert wurde[25].

---

23 Karl W. Schwarz, Unter dem Gesetz der Diaspora. Das Diasporaverständnis des österreichischen Theologen Gerhard May zwischen politischer Konjunktur und theologischer Metaphorik, in: Kirche und Diaspora - Erfahrungen und Einsichten, Leipzig 2006, 9–40.
24 Peter Broucek, Ein General im Zwielicht. Die Erinnerungen Edmund Glaises von Horstenau, Wien 1980, 303.
25 Oliver Rathkolb, „Bierleiter Gaukel": Josef Bürckel als „Reichskommissar für die Wiedervereinigung Österreichs mit dem Reich", Gauleiter und Reichsleiter von Wien 1938-1940, in: Pia Nordblom / Walter Rummel / Barbara Schuttpelz (Hrsg.), Josef Bürckel. Nationalsozialistische Herrschaft und Gefolgschaft in der Pfalz, Kaiserslautern 2019, 191–202.

Demgegenüber fand das Grenzlandprojekt jedenfalls die Zustimmung des Reichserziehungsministers Bernhard Rust (1883–1945) und des Reichsfinanzministeriums. Die beachtliche Schwerpunktbildung zur politikaffinen „Volkstumstheologie" fand Gefallen. Gerhard Kittel war in diesem Projekt ein attraktiver Anfang und so konnte Entz in der Tat jubeln, als er sein Projekt „auf Schiene" gebracht sah – zu einem Zeitpunkt, da bereits Listen über die zu liquidierenden Theologischen Fakultäten kursierten[26] und in Österreich bereits drei katholische Fakultäten davon betroffen waren[27].

Das Projekt, von Entz geschickt eingefädelt, scheiterte aber letztlich am Widerspruch des Braunen Hauses in München. Die Parteikanzlei der NSDAP legte sich völlig quer und untersagte jegliche Förderung der Theologischen Fakultäten, ja ordnete an, dass vakante Lehrstühle auch nicht mehr nachbesetzt werden durften, sondern durch Dozenten zu supplieren waren.

In dieser Situation erfolgte eine bemerkenswerte Intervention Kittels. Er legte seine wissenschaftliche und politische Expertise auf den Tisch, als er am 21. Jänner 1941 im Büro des Reichsleiters Baldur von Schirach (1907–1974) vorsprach und ausdrücklich sein Verbleiben in Wien vom Ausbau der Fakultät abhängig machte. Er verwies nicht nur auf den NS-Dozentenführer und den Rektor der Universität, um sich ins rechte Licht zu setzen, sondern auch auf seine Vernetzung in der Ortsgruppe Burgviertel der NSDAP, auf seine Teilnahme als „persönlicher Ehrengast" Hitlers am NSDAP-Parteitag 1939 in Nürnberg und seine Beteiligung an der Sonderausstellung „Das körperliche und seelische Erscheinungsbild der Juden" im Naturhistorischen Museum in Wien (8.5.1939)[28]. „Der große und sich groß fühlende Kittel", wie ihn sein Kollege Hans von Campenhausen (1903–1989) nicht ohne Ironie in seinen Lebenserinnerungen festhielt[29], er wusste sich in Szene zu setzen – mit dem Bewusstsein, das „Rückgrat der geistig und politisch zu erneuernden Fakultät" zu sein und dafür die Verantwortung zu tragen.

---

26 Leonore Siegele-Wenschkewitz, Die Theologische Fakultät im Dritten Reich, in: Semper Apertus. 600 Jahre Ruprecht-Karls-Universität Heidelberg 1386–1986, Bd. III, Berlin-Heidelberg 1985, 504–543, hier 507 f.
27 Josef Kremsmair, Nationalsozialistische Maßnahmen gegen Katholisch-Theologische Fakultäten in Österreich, in: Maximilian Liebmann / Hans Paarhammer / Alfred Rinnerthaler (Hrsg.), Staat und Kirche in der „Ostmark", Frankfurt/M. u.a. 1998, 133–170.
28 Horst Junginger, Gerhard Kittel im „Dritten Reich", in: Christlicher Antisemitismus, 93.
29 Hans von Campenhausen, Die „Murren" des Hans Freiherr von Campenhausen. „Erinnerungen, dicht wie ein Schneegestöber", hg. von Ruth Slenczka, Norderstedt 2005, 194.

Der Pressesprecher und Gaupropagandaleiter Günther Kaufmann (1913–2001) verfaßte einen Besprechungsvermerk, der den Gang des Gesprächs skizzierte[30]:

Betrifft: Theolog[ische] Fakultät Uni[versität] Wien
Prof. Dr. Kittel Theologe Fakultät Tübingen (1. Fakultät Deutschlands) – Parteitag Groß Deutschlands Ehrengast d[es] Führers verwaltet verwaisten Lehrstuhl.
Evang[elische] Kirche in der Kampfzeit ihr[en] Mann gestanden
Fakultät übernommen von Rust – nach dem Anschluß Gedanken ausbauen
2 neue Professuren bewilligt, Kittel in diesem Zusammenhang berufen worden.
Mitglied des Reichsinstituts (Walter Frank) – Wacker hat Kittel berufen.
-
Der andere ein volksdeutscher Professor [Gerhard May], der dritte aus Graz [Paul Dedic]
Rust will ausbauen – Heß nicht genehmigen.
Kittel will in Tübing[en] bleiben – falls Fak[ultät] in W[ien] nicht ausgebaut [wird].

Hier findet sich mithin der Satz, der die noch bestehenden Rätsel um Kittels Wien-Engagement zu lösen imstande ist, der Gegensatz zwischen dem Minister Rust und dem Stellvertreter des Führers Rudolf Heß, dem das Projekt „Grenzlandfakultät" zum Opfer fiel.

Der handschriftliche Vermerk von Schirachs vom 1. Februar gab die Richtung an, verriet die geringen Zukunftsaussichten der Wiener Fakultät:

„R[eichs]L[eiter]: 1. II. K[ittel] soll in Tübingen bleiben."

Zwei Tage später antwortete der erwähnte Pressereferent, dass dem Vernehmen nach vorübergehend geringe Aussichten zum Ausbau Ihrer Fakultät vorhanden sind und daher Ihnen der von mir erbetene Rat persönlich gegeben wird, Ihre Tübinger Position nicht aufzugeben".

Die Vorsprache war demnach erfolglos. Es wurde ihm unzweideutig zur Kenntnis gebracht, dass er in Tübingen bleiben solle, weil der Ausbau der Wiener Fakultät nicht in Frage käme. So war die naive Vorstellung von Dekan Entz, die besondere geopolitische Lage der Universität Wien als Wissenschaftszentrum für den Südosten des Deutschen Reiches auszunützen und der Fakultät eine spezifische Aufgabe im Blick auf die volksdeutsche Diaspora im Südosten

---

30 AdR Wien, Bestand Reichsstatthalterei, Korrespondenz Kaufmann, Allg. Reihe, Karton 24, Ordner 89.

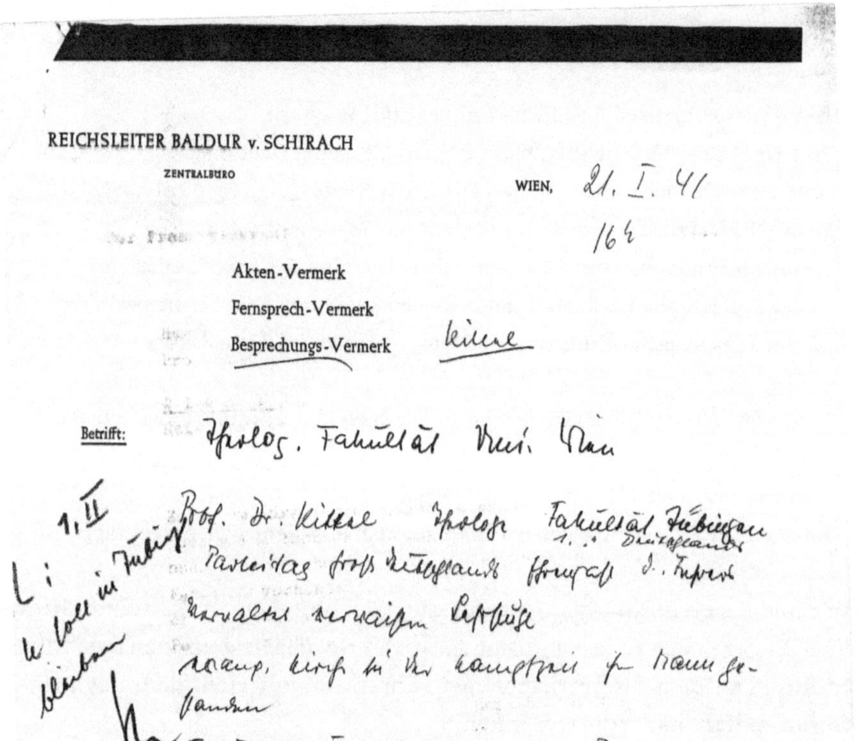

REICHSLEITER BALDUR v. SCHIRACH
ZENTRALBÜRO

WIEN, 21. I. 41
16⁰

Akten-Vermerk
Fernsprech-Vermerk
Besprechungs-Vermerk *Kittel*

Betrifft: *Theolog. Fakultät Wien*

Besprechungsvermerk des Gaupropagandaleiters Günther Kaufmann über die Vorsprache von Prof. Kittel im Büro des Reichsleiters Baldur von Schirach [zum Abschnitt Kittel]

Europas zu reklamieren, wie eine Seifenblase zerplatzt. Daran konnten auch seine weiteren Denkschriften über die spezifische Sendung der Fakultät als kulturpolitische Instanz für den Donau- und Karpatenraum nichts mehr ändern, auch politische Handlangerdienste wie die Ehrenpromotion eines Ministers aus dem mit Deutschland verbündeten Regimes Antonescu wären hier zu rubrizieren, sie trugen aber nichts mehr aus.

Die Fakultät zwischen Scylla und Charybdis

Es war Dekan Entz große Leistung, das Schiff seiner Fakultät geschickt durch die Zeit zwischen der Scylla politischer Fremdbestimmung und der Charybdis einer völligen Liquidierung hindurchlaviert zu haben. Er hat aber das deutsch-christliche Profil der Fakultät nicht verhindert, sondern umsichtig gepflegt. Er dürfte, wie nota bene auch Kittel, die deutsch-christliche Godesberger Erklärung (4. April 1939)[31] zum Verhältnis zwischen Protestantismus und Nationalsozialismus wenn schon nicht unterschrieben[32], so doch zum Leitmotiv seines hochschulpolitischen Handelns gemacht haben. Dort hatte es geheißen, dass der Nationalsozialismus als „Fortführung und Vollendung der Reformation Luthers" in weltanschaulicher und politischer Hinsicht zu verstehen sei. Von ihr führte denn auch eine direkte Linie zur Gründung des „Instituts zur Erforschung und Beseitigung des jüdischen Einflusses auf das kirchliche Leben des deutschen Volkes"[33], an dessen Tätigkeit sich einige der Wiener Professoren, neben Entz der Alttestamentler Fritz Wilke (1879–1957), der Patristiker Opitz, der Systematiker Schmidt und der Neutestamentler Hoffmann beteiligten[34]. Vor allem erfolgte die Habilitation des Eisenachers Geschäftsführers Heinz Hunger (1907–1995)[35] – nicht etwa an der nahegelegenen und radikal deutsch-christlich orientierten Fakultät in Jena, wo sein Chef, der Leiter des Entjudungsinstituts als Professor wirkte, sondern an der Wiener Evangelisch-Theologischen Fakultät. Das mag wohl auch dadurch begründet worden sein, dass

---

31 Dokumente zur Kirchenpolitik des Dritten Reiches Bd. IV: 1937–1939, bearb. von Gertraud Grünzinger und Carsten Nicolaisen, Gütersloh 2000, 340 f. – dazu Arnhold, „Entjudung" (wie Anm. 18), 432–454, 438 Anm. 973.
32 Junginger, Biografischer Abriss, 234.
33 Arnhold, „Entjudung", 432.
34 Susannah Heschel, Theologen für Hitler. Walter Grundmann und das Institut (...), in: Leonore Siegele-Wenschkewitz (Hrsg.), Christlicher Antijudaismus und Antisemitismus, 125–170, hier 140; Arnhold, „Entjudung", 852–861 (Mitarbeiterverzeichnis).
35 Arnhold, „Entjudung", 806; Schuster, Die Lehre vom „arischen" Christentum, 138 ff; ders., „Entjudung" als göttliche Aufgabe. Die Kirchenbewegung Deutsche Christen und das Eisenacher Entjudungsinstitut im Kontext der nationalsozialistischen Politik gegen Juden, in: Schweizerische Zeitschrift für Religions- und Kulturgeschichte 106 (2012) 241–255.

er 1936 dort mit einer religionswissenschaftlichen Arbeit „Zur Psychologie primitiver Völker. Das magisch-mystische Denken" den theologischen Doktorgrad erworben hatte, ein Thema, das in das Forschungssegment des damaligen Religionswissenschaftlers Karl Beth (1872–1959) passte. Für die Habilitation Hungers in Wien setzte sich vor allem ein Mitarbeiter des Eisenacher Instituts ein, Hans Wilhelm Schmidt, der in Hungers religionspsychologischer Studie „Religion, Ganzheit und Gemeinschaft" (1940/1942) einen Beleg für die Neuformulierung der Religionswissenschaft zu erkennen meinte und der seit 1939 in Wien als Nachfolger Beths für diese Disziplin zuständig war.

Gerhard Kittel

Die biographische Ebene wurde zuletzt von Clemens Vollnhals, Gerhard Lindemann und Horst Junginger aus unterschiedlichen Perspektiven bearbeitet.

Kittel entstammte dem schwäbischen Pietismus[36], sein Vater, der international anerkannte Alttestamentler Rudolf Kittel (1853–1929), Herausgeber der Biblia Hebraica, wirkte als Theologieprofessor in Breslau, wo dessen Sohn Gerhard geboren wurde. Der Vater wurde 1898 nach Leipzig berufen, wo der Sohn aufwuchs und sein Studium der evangelischen Theologie und Orientalistik aufnahm, um es in Tübingen, Berlin und Halle fortzusetzen; er wurde 1913 in Kiel promoviert und erwarb dort noch in demselben Jahr die Lehrbefugnis für NT; er arbeitete in der Folge als Marinepfarrer und in der Religionslehrerausbildung, ehe er 1921 seinen ersten akademischen Ruf als Extraordinarius nach Leipzig erhielt; er wechselte aber sofort nach Greifswald und wirkte sodann, unterbrochen durch seinen Wien-Aufenthalt (1939–1943) zwischen 1926 und 1945 in Tübingen; 1936–1945 war er zudem Mitarbeiter im Reichsinstitut für Geschichte des neuen Deutschland, Abteilung Judenfrage. Er war am 1. Mai 1933 der NSDAP beigetreten, trug dem „Aufbruchserlebnis" dieses Jahres Rechnung. Der Tag von Potsdam (21. März), als sich in der dortigen Garnisonskirche, der Grablege der Hohenzollern, der greise Reichspräsident Hindenburg und Hitler die Hand reichten und so „die symbolische Vereinigung des ‚alten' mit dem ‚neuen' Deutschland" inszenierten, war ein euphorisches Schlüsselerlebnis für die „nationalprotestantische[n] Traditionen"[37], die in rascher Folge vom Nationalsozialismus überformt wurden. In diesem Transfor-

---

36 Gerhard Lindemann, Gerhard Kittel: familiäre Herkunft, Ausbildung und wissenschaftliche Anfänge, in: Christlicher Antisemitismus, 63–82, hier 64.
37 Clemens Vollnhals, Nationalprotestantische Traditionen und das euphorische Aufbruchserlebnis der Kirchen im Jahr 1933, in: Christlicher Antisemitismus, 43–61.

mationsprozess reifte auch Kittels Karriere[38], die längst internationale Ausmaße erreicht hatte[39]. Ob hier zwischen der Arbeit am Neuen Testament und zur Judenfrage zu differenzieren ist, bleibt umstritten, auch wenn die Herausgeber in Kittels 1933 veröffentlichter Studie „Die Judenfrage" „in geradezu exemplarischer Weise (...) die Verknüpfung und Verschmelzung von christlichem Antijudaismus und völkischem Antisemitismus" erblicken[40].

In Wien behandelte Kittel die klassischen Themen des NT an der Theologischen[41], die ideologischen Themen zur Judenfrage aber an der Philosophischen Fakultät und erntete für letzteres höchstes Lob vom Rektor, dem Botaniker Fritz Knoll (1883–1981); dieser wusste Kittels Wirken als beispielhaft für den ehrgeizigen Anspruch der Wiener Universität hervorzuheben, diese zur führenden Bildungsstätte des europäischen Südostens auszugestalten. Einen institutionellen Wechsel auf die Philosophische Fakultät, die Kittel offeriert wurde, lehnte dieser strikte ab[42]. Pläne für die Gründung einer Professur zur Erforschung der geistigen Grundlagen des Judentums waren vom Dekan der Philosophischen Fakultät Viktor Christian (1885–1963) geschmiedet worden[43]. Die arisierte Fachbibliothek des Wiener Talmudarchäologen Samuel Krauss (1866–1948) und jene des Verlegers Ludwig Feuchtwanger (1885–1947) wurden dafür in Aussicht genommen[44]. Kittel leistete gutachtliche Unterstützung und verfasste eine Denkschrift über „Die Stellung der Judaistik im Rahmen der Gesamtwissenschaft"[45].

---

38 Horst Junginger, Gerhard Kittel im „Dritten Reich": Die Karriere eines evangelischen Theologen im Fahrwasser der nationalsozialistischen Judenpolitik, in: Christlicher Antisemitismus, 83–100.
39 Lukas Bormann, Gerhard Kittels wissenschaftliche Auslandsbeziehungen und die internationale Rezeption seiner Werke, in: Christlicher Antisemitismus, 135–160; vgl. aber auch: ders., Das Theologische Wörterbuch zum Neuen Testament im 21. Jahrhundert. Überlegungen zu seiner Geschichte und heutigen Benutzung, in: Theologisches Wörterbuch zum Neuen Testament, hrsg. von Gerhard Kittel und Gerhard Friedrich, Darmstadt, 2019, V–XXII; ders., Art. Holocaust II Christianity: 1. The Jewish Question and Christian Exegesis until the Holocaust, in: EBR 12 (2016) 87–89; ders., „Auch unter politischen Gesichtspunkten sehr sorgfältig ausgewählt": Die ersten deutschen Mitglieder der Studiorum Novi Testamenti Societas (SNTS) 1937–1946, New Testament Studies 58 (2012) 416–452.
40 Manfred Gailus, Art. „Die Judenfrage (Gerhard Kittel, 1933), in: Wolfgang Benz (Hrsg.), Handbuch des Antisemitismus Bd. 6: Publikationen, Berlin 2013, 339–341.
41 1939/40: „Das apostolische Zeitalter"; „Der Jakobusbrief"; „Johannes-Evangelium"; „Kirche und Amt im NT"; „Synoptiker"; 1940/41: „Entstehung der Evangelien"; „Epheser-, Kolosser-, Philemonbrief"; „Neutestamentliche Theologie"; 1941/42: „Römerbrief"; „Die Religion in der Umwelt des NT"; „Geschichte des Apostolischen Zeitalters"; „Jakobusbrief"; 1942/43: „Synoptiker" – dazu jeweils ein Proseminar und ein NT-Seminar (ohne thematische Festlegung).
42 Kittel, Meine Verteidigung, 197 Anm. 6.
43 Junginger, Biografischer Abriss, 243; dazu eingehend ders., Die Verwissenschaftlichung der „Judenfrage" im Nationalsozialismus, Darmstadt 2011, 211–217.
44 Junginger, Biografischer Abriss, 239 f.
45 Universitätsarchiv Wien, Philosophische Fakultät, Dekanat 734 – 1941/42 – dazu Junginger, Biografischer Abriss, 243.

Die heikle Frage, wie sich der traditionelle Antijudaismus (für Kittel war das NT die krasseste Antithese zum Judentum) zum ideologischen und rassischen Antisemitismus verhält, ist in gewisser Weise der entscheidende Angelpunkt der Kittelinterpretation. Er betrifft die philologisch-exegetische Ebene etwa am Beispiel des Theologischen Wörterbuchs, in dem nicht nur ein struktureller Antijudaismus registriert, sondern auch die Spuren antijüdischer Propaganda im antisemitischen Sinn entdeckt wurden[46] – oder an dem von Kittels Schüler Grundmann geleiteten Eisenacher „Entjudungsinstitut"[47]. Zur Arbeit an diesem 1939 gegründeten „Entjudungsinstitut" ging Kittel freilich auf deutliche Distanz, ja er habe sich dazu, wie er in seiner Verteidigungsschrift 1946 vernehmen ließ[48], „in schärfste Opposition gestellt", weil er am Alten Testament als zum biblischen Kanon gehörig festhalten wollte, während in Eisenach an einer konsequenten „Arisierung" des Christentums gearbeitet wurde, mit der die Preisgabe des Alten Testaments verbunden war. Kittel verstand sich – so der Tenor seiner Verteidigungsschrift, deren XIII. Kapitel zur Frage nach dessen indirekter Mitschuld an den Judenverfolgungen im Anhang abgedruckt wurde[49] – als Exponent einer antijudaistischen Interpretation des Neuen Testaments, das er als „das antijüdischste Buch der Weltgeschichte"[50] bezeichnete.

Gleichsam als Beleg für die gegenteilige Deutung Kittels als Beteiligten am nationalsozialistischen Rassenantisemitismus begegnet im Anhang auch dessen Gutachten für den geplanten Prozess gegen Herschel Grynszpan (1921–1942) vor dem Volksgerichtshof 1942[51]. Diesen hatte Kittel im Dezember 1941 im Untersuchungsgefängnis in Berlin-Moabit aufgesucht und verhört, um einen Zusammenhang zwischen dessen „talmudischer Mentalität" und der Tötung des deutschen Legationssekretär Ernst vom Rath (1909–1938) herzustellen und dieses Attentat als „Fanal eines jüdischen Angriffskrieges gegen das Deutsche Reich" zu interpretieren. So deutet es jedenfalls Horst Junginger[52], der schon vor etlichen Jahren in einem Fundbericht Kittels Gutachten zi-

---

46 Martin Leutzsch, Wissenschaftliche Selbstvergötzung des Christentums: Antijudaismus und Antisemitismus im „Theologischen Wörterbuch zum Neuen Testament", in: Christlicher Antisemitismus, 101–118.
47 Oliver Arnhold, Gerhard Kittel und seine Schüler. Welche Verbindungen bestanden zum Eisenacher „Entjudungsinstitut"? in: Christlicher Antisemitismus, 119–134.
48 Manfred Gailus, Gerhard Kittels „Meine Verteidigung" von 1946: Rechtfertigungsversuche eines schwer kompromittierten Theologen, in: Christlicher Antisemitismus, 161–182, 168.
49 Ebd. 195–202.
50 Ebd. 166.
51 Gailus / Vollnhals, Christlicher Antisemitismus, Anhang 185–194.
52 Junginger, Biografischer Abriss, 242; ders.: Verwissenschaftlichung der „Judenfrage", 289.

tierte[53]: der Angeklagte sei „ein vom ‚internationalen Weltjudentum' gedungener Mörder".

Den Abschluss bildet eine „Bibliografie" der Arbeiten Kittels, wobei hier nicht nach wissenschaftlicher Gewichtung oder tagespolitischer Abzweckung unterschieden wird. Das mag man vielleicht bedauern, aber an einem konkreten Punkt lässt sich zeigen, wie die unterschiedlichen Ebenen in dieser Persönlichkeit tatsächlich zusammenfielen. Als er am 21. Jänner 1941 im Büro des Wiener Gauleiters und Reichsstatthalters Baldur von Schirach vorsprach[54], traf er auf dessen Büroleiter Günter Kaufmann (1913–2001), der die Zeitschrift „Wille und Macht" redigierte, das „Führerorgan" der nationalsozialistischen Jugend. In diesem Gespräch, das aus hochschulpolitischen Gründen geführt wurde und die endgültige Berufung Kittels nach Wien zum Inhalt hatte, wurde die Idee geboren, dass er für die erwähnte Zeitschrift einen geeigneten Artikel zur Verfügung stellte, nämlich „Das antike Weltjudentum", der ein halbes Jahr später erschien[55]. Hier ist der nahtlose Übergang von der einen Ebene zur anderen zu beobachten. Ein solcher nahtloser Übergang ist auch daran zu ersehen, dass Kittels Lehrveranstaltungen zur Judenfrage (an der Philosophischen Fakultät) im Vorlesungsverzeichnis auch unter der Evangelisch-Theologischen Fakultät rubriziert wurden.

Kittel betrieb seine Forschungen zur Judenfrage aber nicht nur an der Wiener Philosophischen Fakultät, wo er regelmäßig Übungen zur „älteren Geschichte des Judentums" und der „Judenfrage" durchführte[56], sondern auch – und dies in einer geradezu programmatischen Weise – im „Reichsinstitut für Geschichte des neuen Deutschlands", deren einschlägige Tätigkeit er am 19. November 1936 in München mit dem Vortrag „Die Entstehung des Judentums und die Entstehung der Judenfrage" eröffnet hatte.

Auch wenn es ihm dann doch nicht gelang, den Mitarbeiterstab von Tübingen (zwei volle Assistenten) nach Wien mitzunehmen, so wurden ihm immerhin eine Assistentenstelle zugestanden, für die ursprünglich Ernst Würthwein (1909–1996) vorgesehen war, dann zeitweise Heinz Zahrnt (1915–2003), später Hans Theodor Alswede bekleideten, sowie für seine Forschungen zur Judenfrage zwei weitere Hilfskräfte, Otto Stumpff und Charlotte Schiller, einge-

---

53 Junginger, Politische Wissenschaft. Reichspogromnacht: Ein bisher unbekanntes Gutachten des antisemitischen Theologen Gerhard Kittel über Herschel Grynszpan, Süddeutsche Zeitung 9.11.2005, 13; ders., Verwissenschaftlichung der „Judenfrage", 293.
54 Junginger, Biografischer Abriss, 241.
55 Wille und Macht H. 13/1.7.1941, 8–12.
56 Junginger, Verwissenschaftlichung der „Judenfrage", 176.

räumt. Der zuerst Genannte, möglicherweise ein Bruder des Kittel-Schülers und Assistenten Albrecht Stumpff (1908–1940), wurde auch bei einzelnen einschlägigen Ausstellungen[57], bei der Parteitagsausstellung „Europas Schicksalskampf im Osten" (6.9.1938) oder in Wien bei der vom Naturhistorischen Museum veranstalteten Ausstellung „Das körperliche und seelische Erscheinungsbild der Juden"[58], aber auch bei der Katalogisierung der arisierten Forschungsbibliotheken herangezogen[59].

Neben diesen Personalressourcen wurden ihm auch zusätzliche Geldmittel in beträchtlicher Höhe zur Verfügung gestellt, wobei er unterstützt von Dekan Entz einen zermürbenden Kleinkrieg mit der Universitätsverwaltung um diese Ausstattung führen musste. Teilweise wurden dazu Budgetmittel des Rassenbiologischen Instituts der Medizinischen Fakultät herangezogen, damit Kittel die „rassengeschichtliche Entwicklung des antiken Judentums" porträtmäßig dokumentieren konnte. So wenigstens lautete die Begründung, als er die Ergebnisse im Frühjahr 1943 wieder an die Eberhard-Karls-Universität in Tübingen mitnahm[60], nachdem er sich mit einer Vorlesung vor großem Publikum zum Thema „Die Entstehung des Judentums" von Wien verabschiedet hatte. Im Laufe des Sommersemesters führte er aber noch mehrere Blockveranstaltungen in Wien durch, wie es der Chronist festgehalten hat: 12.–16. Mai, 26.–30. Mai, 9.–12. Juni, 24. Juni – 2. Juli, 14.–17. Juli 1943[61], sowie am 15. Juni 1944 eine Gastvorlesung über „das Rassenproblem der Spätantike und das Frühchristentum"[62].

Eine Denkschrift über Theologische Fakultäten (Sommer 1939)

Das oben erwähnte Gespräch Kittels mit Kaufmann war nicht bei der Wiener Fakultät stehen geblieben, sondern griff weit darüber hinaus. Denn es wurde grundsätzlicher und führte zum Stellenwert der Theologischen Fakultäten im nationalsozialistischen Deutschland. Deshalb sah sich Kittel veranlasst, wenige Tage später mit Schreiben vom 7. Februar 1941 eine zwanzigseitige Denkschrift mit einer handschriftlichen Datierung „Sommer 1939" zu übermitteln.

---

57 Junginger, Verwissenschaftlichung der „Judenfrage", 151–155.
58 Dazu Junginger, Das Bild des Juden in der nationalsozialistischen Judenforschung, in: Andrea Hoffmann / Utz Jeggle / Reinhard Johler / Martin Ulmer (Hrsg.), Die kulturelle Seite des Antisemitismus zwischen Aufklärung und Schoah, Tübingen 2006, 171–220.
59 Junginger, Biografischer Abriss 229. 239.
60 AdR Wien, Bestand Kurator, Karton 13. Dekan Entz an den Kurator D.Z. 166/7.12.1943.
61 Junginger, Biografischer Abriss, 244.
62 Junginger, Biografischer Abriss, 247.

Sie dürfte wohl unter seiner und Gustav Entzens Beteiligung erstellt worden sein, trägt jedenfalls verbale Spuren von beiden in diesen Zeitläuften einander näher gekommenen Persönlichkeiten.

Sie trug die Überschrift „Die Evangelisch-Theologischen Fakultäten und die Studenten der Evangelischen Theologie" und bezog sich auf die Verhältnisse einer süddeutschen Universität (zweifellos Tübingen), sie berichtete aber auch Einzelheiten aus der österreichischen Protestantengeschichte im katholischen Ständestaat. Die Gedankenführung erinnert an Entz, die Detailkenntnisse aus einer süddeutschen Universität, vermutlich Tübingen, dürften wohl von Kittel beigesteuert worden sein. Inhaltlich zielte jenes anonyme opusculum auf eine innige Symbiose von Nationalsozialismus und Protestantismus, wie sie für die Argumentationsweise von beiden typisch gewesen ist, einerseits, um das Grenzlandfakultät-Projekt ideologisch zu unterfüttern, andererseits, um die akademische Verankerung der protestantischen Theologie sicher zu stellen. In zehn Schritten wird begründet, warum die Erhaltung dieser Fakultäten schlechterdings unerlässlich ist:

Der erste Schritt (I.) behandelt die zentrale wissenschaftstheoretische Frage „Die Evangelisch-Theologischen Fakultäten und die Wissenschaft" und beantwortet sie kurzschlüssig mit einem Zitat des Naturwissenschaftlers Rudolf Thiel (1899–1981). 1938 hatte dieser vom Reichskirchenminister Kerrl protegierte und von Kittel geschätzte Schriftsteller seine Beobachtungen der deutschen Bibelwissenschaften mit dem Erstaunen quittiert[63]: „(...) lernte ich ehrfürchtig erstaunt eine der großartigsten Leistungen des Menschengeistes und zumal des deutschen Forschergeistes kennen".

Im zweiten Abschnitt (II.) wurde der „nationalpolitische Einsatz der Evangelisch-Theologischen Fakultäten" gewürdigt, wobei hier der militärische Einsatz an Hand der Gefallenenzahlen im Ersten Weltkrieg (am Beispiel der Tübinger evangelischen Theologen gezeigt), an der Beteiligung an den Freikorps im Widerstand gegen Spartakisten und Kommunisten sowie in der „Kampfzeit" für die NS-Bewegung, unter anderem auch an Hand der hohen Mitgliederzahlen und beim „völkischen Daseinskampf" in der Ostmark.

„Der gegenwärtige Nachwuchs der evangelischen Theologie" (III.) reflektiert den Rückgang der Studierendenzahlen (auf ca. 500 in den Jahren 1937/38),

---

63 Rudolf Thiel, Jesus Christus und die Wissenschaft. Mit einem Nachwort von Hanns Kerrl, Berlin 1938 – dazu Gerhard Kittel, Die Quellen zum Leben Jesu und ihre neueste Behandlung. „Jesus Christus und die Wissenschaft", über das Buch von Rudolf Thiel, Zeitwende 15 (1939) 577–587. Das Zitat findet sich auch bei Entz, Erinnerungen, 170.

analysiert diese Zahlen am Beispiel Tübingens im Sommersemester 1939 (von den 104 dort gezählten Studenten haben mehr als 80% im Heer gedient), um daraus den Schluß zu ziehen, daß diese „mit dem eigenen Lebenseinsatz" eine „lebendige Brücke" werden möchten „für ein neues echteres Verhältnis von Kirche und Volk".

Der vierte Abschnitt (IV.) greift einen thematischen Schwerpunkt im Jahre 1938 auf, nämlich die „'Entkonfessionalisierung' des öffentlichen Lebens" und bezieht es auf die Verankerung der Theologischen Fakultäten an der Universität, schließt aber die Konsequenz, das Abdrängen der Theologie in kirchliche Seminare, aus. Begründet wird dies damit, dass man „aus dem in der Gesamtheit der deutschen Hochschulen verkörperten wissenschaftlichen Leben die Darstellung und Erforschung der religiösen Bewegungen in Geschichte und Gegenwart" nicht ausschalten könne, denn das würde „dem Wesen des Nationalsozialismus als einer vor aller echten religiösen Wirklichkeit zu tiefst ehrfürchtigen Bewegung" widersprechen. In diesem Sinne lehnt die Denkschrift die Vorstellung einer von den konkreten Religionsgemeinschaften abstrahierende „reine" Religionswissenschaft ab, wie sie etwa unter „völkischem" Vorzeichen propagiert wurde; eine Religionswissenschaft, die das Christentum als gestaltende Kraft im geistigen Leben der Nation eliminiert, stieß in der Denkschrift auf heftige Ablehnung.

Der fünfte Abschnitt (V. „Die Evangelisch-Theologischen Fakultäten und die geistige Struktur der Kirchen") geht davon aus, dass die „Verkirchlichung" der Ausbildung eine vitale Gefahr für die deutsche evangelische Theologie wäre, weil mit ihr eine „Klerikalisierung" und „Katholisierung" verbunden wäre und eine solche Ausbildung in kirchlichen Einrichtungen und Hochschulen die Theologie in der „gegenwärtigen spannungsreichen Lage" (so wird der heftige „Kirchenkampf" 1938/39 umschrieben) an extreme kirchliche „Richtungen" ausliefern würde. Wiederum am Beispiel von Tübingen rechnet die Denkschrift die interdisziplinäre Ausrichtung der Theologenausbildung vor, den Besuch von Lehrveranstaltungen an nicht-theologischen Fakultäten (von der Wehrwissenschaft über die Naturwissenschaft bis zur Anthropologie und Rassenkunde) und die dadurch gewährleistete fakultätsübergreifende Kameradschaft. „Kirchliche Hochschulen", so faßt die Denkschrift zusammen, würden „zu einem Konventikel- und Sektentum der jungen Theologen und damit der künftigen Pfarrer führen" und so das „Ende der echten von Martin Luther herkommenden, mit ihrem Volk verbundenen Kirche" bedeuten.

Der Abschnitt VI. ist mit „Die Theologischen Fakultäten in der religiösen Auseinandersetzung der Gegenwart" überschrieben und erörtert die Bedeutung theologischer und wissenschaftlicher Kompetenz in den zeitgenössischen Konflikten, die eine „Höchstleistung des echten geistigen Ringens um die letzten Fragen" entstehen und „leichte und billige Lösungen" vermeiden lässt. Dabei wird auf die „protestantische Auffassung" rekurriert, die neben ihrer inneren Geschlossenheit und Gebundenheit aber auch der „harten Forderung" unterliegt, „ihre Grundlagen ständig an den allgemeinen wissenschaftlichen Erkenntnissen zu prüfen und immer neu zu legen".

„Die politische Seite der Frage" (so die Überschrift zum VII. Abschnitt) erörtert die denkbare Eliminierung des evangelischen Christentums als gesellschaftsbestimmendes Element, verwirft dies, weil es nach den Grundsätzen des NS-Staates „ausgeschlossen" wäre. Dieser könne nicht daran interessiert sein, dass die im Volk wirkenden Geistlichen „engstirnige Kleriker" sind, sondern „in lebendiger geistiger Fühlung mit dem Ringen der Zeit" stehen. Deshalb müsse er „im Blick auf das Gesamtleben des Volkes" daran interessiert sein, dass der geistliche Nachwuchs an der nationalsozialistisch ausgerichteten Universität ausgebildet würde. Denn dann hätte der Staat die „Zulassung und die Berufung der theologischen Dozenten in seiner Hand". Er wird sich zwar hüten, in die theologischen Konflikte einzugreifen, aber auf zweierlei bestehen: auf „wissenschaftliche Qualität und politische Bewährtheit". Beides könne er allein im Rahmen staatlicher, der Universität voll eingeordneter Fakultäten wirklich durchführen. Die das Fachstudium ergänzenden Lehrveranstaltungen erfolgen, so die Denkschrift, im Geist der Nationalsozialistischen Hochschule und durch die für diese Gebiete „vom Führer berufenen Dozenten". Die Denkschrift betont weiters die besondere Bedeutung, dass die künftigen Geistlichen als „volle Glieder der Studentenschaft" in die gesamte „vom Reichsstudentenführer geordnete politische und weltanschauliche Erziehung" eingefügt sind und sich darin als „Glieder einer im Staat und nicht neben dem Staat stehenden Kirche" verstehen. Nur die Ausbildung an der Universität schaffe die Voraussetzung für eine „staatsbejahende und dem Staat verbundene" Kirche".

Der VIII. Abschnitt („Die volksdeutsche Bedeutung der Evangelisch-Theologischen Fakultäten") thematisiert die besondere geopolitische Situation der Fakultät in Wien, deren Ringen um die Inkorporierung in die Universität – gegen „ultramontane Mächte" – deutlich akzentuiert wird, um in die rhetorische Feststellung zu münden: „Man wird ihr nach der Heimkehr Österreichs zum

Reich nicht nehmen oder auch nur einschränken wollen, was sie von der alten österreichischen Regierung in zähem Kampf errungen hat."

Ausgehend von dieser Wiener Geschichte, dass die Fakultät von der Universität separiert war, schließt der IX. Abschnitt („Die Theologiestudenten innerhalb der Universität") eine solche Lösung als „unzulänglich" und „unmöglich" aus. Diesen Versuch, die Studierenden an der Evangelisch-Theologischen Fakultät zu „Studenten zweiter Klasse zu degradieren", lehnt die Denkschrift als „besonders gefährlich" kategorisch ab, weil er den künftigen Pfarrer „von vorneherein aus der Gemeinschaft ausschließt und ihn damit zwangsläufig der Volksgemeinschaft, in die sein künftiges Amt wesensmäßig – der gesamten Tradition der Kirche der deutschen Reformation gemäß – ihn hineinstellen soll, künstlich entfremdet".

„Das Wort des Führers" (X.). Dieser abschließende Gedankengang bezog sich auf eine Aussage Hitlers in seiner Reichstagsrede zum 6. Jahrestag der „Machtergreifung" am 30. Jänner 1939, in der er die „unantastbare Staatstreue" von „Zehntausenden und Aber-Zehntausenden" loyaler Theologen rückhaltlos anerkannte und ihnen in „feierlicher Erklärung" seinen persönlichen Schutz versprach. Daraus leitet die Denkschrift auch einen Schutz gegen Verunglimpfung und Degradierung der Theologiestudenten zu solchen „zweiter Klasse" ab.

Diese Denkschrift trug nichts aus. Die Theologischen Fakultäten wurden sukzessive verdrängt, Nachbesetzungen nicht genehmigt, sondern mittels provisorischer Supplierungen durch Dozenten ersetzt. Das betraf in Wien die Lehrstühle für Kirchengeschichte infolge der Einberufung des Ordinarius Hans-Georg Opitz, der durch den Dozenten Hans von Campenhausen und für das Neue Testament wegen der Rückkehr Kittels nach Tübingen, der durch den Dozenten Gustav Stählin (1900–1985) suppliert wurden. Darin lag geradezu ein System, wie der Ministerialrat im Reichserziehungsministerium Hermann-Walter Frey (1888–1968) gegenüber Dekan Entz bestätigte: Die theologischen Professorenkollegien sollten gewissermaßen „von unten her absterben"[64]. Entz schildert seinen Gesprächspartner als eine „wahrhaft vornehme Persönlichkeit", die „unter dem in der Partei herrschenden Ungeist innerlich schwer litt". Er habe sich der Wiener Fakultät gegenüber als „wahrer Freund und Helfer erwiesen", insbesondere als es galt, die zuständigen Minister vom Wiener

---

64 Entz, Erinnerungen, 165.

Projekt einer Grenzlandfakultät zu überzeugen[65]. Von diesen war bekanntlich grünes Licht gegeben worden. Dass das Projekt im Herbst 1942 endgültig gescheitert ist, führte Frey „mit allen Zeichen schärfster Erbitterung" auf das Veto von Martin Bormann zurück[66].

Über diese fatale Entwicklung tauschte sich Entz auch mit Gerhard Kittel aus. Dieser nahm am 2. April 1942 brieflich dazu Stellung[67]: „Es wäre für die Zukunft der Theologischen Fakultäten keine Katastrophe, wenn etwa die Hälfte der planmäßigen Professoren abgebaut bzw. pensioniert würden, zum Beispiel wir Über-50-Jährigen; aber es wäre eine Katastrophe, wenn man die Alten zwar beläßt, aber den gesamten Nachwuchs abdrosselt. Dieser Plan ist besonders teuflisch. Man tut so, als sei man gar nicht so radikal in den Maßnahmen; dadurch schläfert man gutartige Leute ein; im Ergebnis aber erreicht man so sicherer, wie durch eine sofortige Aufhebung, die Abwürgung der wissenschaftlichen Theologie, indem man ihr den Nachwuchs und damit das Leben abtötet."

Die Wiener Fakultät, deren Frequenz in den Jahren des Weltkrieges stark gesunken war, von 39 (Herbst 1939) auf unter zehn (1941), konnte trotz angeordneter Schließung zum Wintersemester 1944/45 ihre Pforten offen halten. Entz war es gelungen, vom Berliner Reichserziehungsministerium eine nachträgliche Bewilligung zur Fortsetzung des Studienbetriebes zu erreichen – für vier fremdkonfessionelle Hörer, drei orthodoxe Stipendiaten und einen altkatholischen Studenten[68], Fritz Lejeune (1892–1966), Professor für Geschichte der Medizin an der Wiener Universität.

Eine kirchenamtliche Replik auf Kittels Tätigkeit in Wien

Das Schreiben, das Bischof D. Gerhard May am 7. November 1945 aufsetzte, trägt die Überschrift „kirchliches Leumundszeugnis für Prof. D. Gerhard Kittel"[69]. Es bestätigt, „dass Herr Prof. D. Gerhard Kittel während der fünf Jahre seiner Tätigkeit an der evangelisch-theologischen Fakultät der Universität Wien am Leben der Evangelischen Kirche A.u.H.B. in Österreich stets lebendigen Anteil genommen hat". Das mir vorliegende als „Leumundszeugnis" bezeichnete Schriftstück war das Konzept für zwei von Kittel in den Anhang sei-

---

65 Entz, Erinnerungen, ebd.; Schwarz, Entz 2012, 32.
66 Entz, Erinnerungen, ebd.
67 Entz, Erinnerungen, 168; Schwarz, Entz 2012, 34.
68 Siehe die Studentenstatistik 1932–1945 (nach Herkunftsländern) bei Schwarz, „Grenzburg" und „Bollwerk", 389.
69 Mir liegt das Konzept vor: AEvOKR Registratur A 44/10.

ner Rechtfertigungsschrift[70] aufgenommene Schreiben von Bischof May vom 29. November 1946 und von Präsident Dr. Heinrich Liptak (1898–1971) vom 7. Dezember 1946 und diente ihm als Beleg für seine kirchliche Haltung. Indem er sich namentlich auf seinen „engen Anschluss" an Landesbischof Theophil Wurm (1868–1953) in Stuttgart und Bischof Hans Eder (1890–1944) in Wien berief, deutete er mindestens eine Verbindung zur Bekennenden Kirche an, weil Eder seine Kirche in der „Kirchenführerkonferenz" vertrat und dort engen Kontakt zu Bischof Hans Meiser (1881–1956) gefunden hatte. Diese enge Verbindung mit Bischof Eder wird auch durch ein Schriftstück der Witwe Josefa Eder (1897–1977) vom 22. Dezember 1946 und durch eine Stellungnahme von Hans von Campenhausen vom 26. Oktober 1945 bestätigt.

Seinem Konzept legte May einen Zeitungsausschnitt eines Aufsatzes des Erzbischöflichen Ordinariatsrates Josef Casper (1906–1951) bei, den er als „unverdächtigen" Zeugen für die Haltung der evangelischen Kirche während der NS-Zeit namhaft machte[71]:

> „Nicht von ungefähr hat das Christentum sich in den vergangenen Jahren der Diktatur (...) innerlich vertieft. In Österreich äußerte sich dies darin, daß fast alle jene evangelischen Geistlichen, die vor 1938 sich vornehmlich aus konfessionsgebundenem und nicht primär aus nationalem Denken nach Berlin orientiert hatten, noch 1938 aber statt dessen auf jenes Zeichen schauten, das der gesamten Menschheit Heil und Erlösung brachte, das Kreuz Jesu Christi. In Deutschland wurde das Wort ‚Bekennende Kirche' geradezu Zeichen der Abwehr gegen die verschiedensten neuheidnischen Strömungen und Titel einer Gemeinschaft, deren Glieder für den Glauben der evangelischen Väter zu streiten, zu leiden und zu sterben bereit waren. Pastor Niemöller zählte zu ihnen. In Österreich standen in der evangelischen Kirche seit jeher evangelische Diasporaprobleme im Vordergrund, infolgedessen hat sich hier der Streit um Kirche und Christentum in politischer und philosophischer Form nicht in dieser Art ausgewirkt. Faktisch standen hier mehr als 90% aller Geistlichen auf der Grundlage der ‚Bekennenden Kirche', ohne freilich deren Namen zu übernehmen." –

Das war in der Tat eine bemerkenswerte Aussage aus einem prominenten katholischen Munde. Man spürt geradezu die Absicht des Bischofs, als er diesen

---

70 Mir liegen die im Universitätsarchiv Tübingen befindlichen Schriftstücke vor. Vgl. insgesamt (jedoch ohne Beilagen) Matthias Morgenstern / Alon Segev (Hrsg.), Gerhard Kittels „Verteidigung". Die Rechtfertigungsschrift eines Tübinger Theologen und „Judentumsforschers" vom Dezember 1946, Wiesbaden 2019.
71 Josef Casper, Das Ende des Konfessionalismus? Der Turm. Zeitschrift der österreichischen Kulturvereinigung, Sept. 1945, zit. im 13. Amtsbrüderlichen Rundschreiben von Bischof May, Weihnachtswoche 1945, abgedr. in: Reingrabner / Schwarz, Quellentexte, 673–686, hier 682 f.

Zeitungsartikel las, ihn als Beleg für das Verhalten seiner Kirche in den verflossenen sieben Jahren des sog. Dritten Reiches zu bewerten, gleichsam als Persilschein einer Kirche, die in den Jahren des Ständestaates als „Nazikirche" übel beleumundet wurde und die sich nach dem Anschluß 1938 mit großer Begeisterung als „Kirche der NS-Bewegung" zu inszenieren verstand, aber in einem Dreischritt von der Begeisterung über die Ernüchterung zur Verweigerung entwickelte. Bischof May kam eine solche Stellungnahme sehr zupaß, weil sie sozusagen von kompetenter Stelle seine Kirche für die „Bekennende Kirche" reklamierte. Da der Artikel aber nicht ausdrücklich auf Kittel Bezug nahm, wurde auf diesen Passus verzichtet. Möglicherweise war auch durchgesickert, daß der Verfasser ein prominentes Mitglied der „Arbeitsgemeinschaft für den religiösen Frieden" war und sich nachdrücklich um die Aufnahme in die NSDAP bemüht hatte[72].

Umso deutlicher dann die Ausführungen in dem an Kittel im Kloster Beuren gerichteten Schreiben, von dem „jeden geeignet erscheinenden Gebrauch zu machen", der Empfänger eingeladen wurde.

„Ich bezeuge Ihnen gerne", so der einleitende Satz des Bischofs, „dass Sie in den Jahren Ihrer Wirksamkeit in Wien das besondere Vertrauen des Evangelischen Oberkirchenrates besaßen. Denn Sie haben durch Ihren Einfluß, der maßgeblich war, und die überaus geschickte Art der Behandlung unsere evangelisch-theologische Fakultät vor der Gefahr einer deutsch-christlichen Radikalisierung bewahren geholfen. Sie waren ein vertrauter Ratgeber des verstorbenen Bischofs Dr. Hans Eder und haben durch Ihre große Personal- und Sachkenntnis dem Oberkirchenrat in manchen schwierigen Situationen besondere Dienste geleistet. Sie haben die führenden Männer unserer Kirche in ihrer Haltung bestärkt, die sich immer mehr der ‚Bekennenden Kirche' annäherte und der kirchenzerstörenden Tätigkeit der NSDAP entschlossenen Widerstand entgegensetzte. Aus diesem Grunde hat Bischof Eder Sie auch immer zu Pfarrkonferenzen und Rüstzeiten kirchlicher Mitarbeiter als Vortragender gebeten[73]. So haben Sie durch Ihre kirchliche Mitarbeit geholfen, den nationalsozialistischen Einbruch in unsere Kirche abzuwehren. Dafür schuldet Ihnen unsere österreichische evangelische Kirche steten Dank...."

Diese Aussage stimmt im Blick auf die eventuelle Berufung von Carl Schneider oder Walter Grundmann, sie stimmt aber nicht im Blick auf den Einfluß der

---

72 Lucia Scherzberg, Zwischen Partei und Kirche. Nationalsozialistische Priester in Österreich und Deutschland (1938–1944), Frankfurt/M. 2020, 181–184.
73 Pfarrerrüstzeiten im Juli 1940 und im Oktober 1942 – Reingrabner/Schwarz, Quellentexte, 569; 600.

Deutschen Christen, denn beginnend mit der Unterschrift des kommissarischen Präsidenten des Evangelischen Oberkirchenrates Dr. Robert Kauer unter die Godesberger Erklärung (1939) hat es intensive Kontakte zu den Deutschen Christen gegeben. Die Teilnahme am Erfurter Entjudungsinstitut und an der Bibelschule der Deutschen Christen in Bremen[74] belegen dies zur Genüge. Dass Kittel, der 1933 der DC-Bewegung beigetreten war, sie aber nach der Sportpalastkundgebung im November 1933 wieder verließ, in einer scharfen Distanz zur Thüringer und Eisenacher DC-Theologie stand, hinderte die Fakultät keineswegs, prominente DC-Theologen der Universität Jena zu Gastvorlesungen nach Wien einzuladen[75]: Heinz Erich Eisenhuth (1903–1983), Professor für Systematische Theologie, Walter Grundmann, Professor für NT und Völkische Theologie, Wolf Meyer-Erlach (1891–1982), Professor für Praktische Theologie und 1935–1937 Rektor der Universität, Erich Seeberg (1888–1945), Professor für Kirchengeschichte in Berlin.

Im ursprünglichen Konzept brachte May auch noch eine ökumenische Perspektive ein, wo er Kittels Ansehen als Gelehrter und Herausgeber des Theologischen Wörterbuches zum NT ansprach, die so bedeutsam und die Konfessionsgrenzen überschreitend zu bewerten war, „daß stets auch Studierende der katholischen Theologie zu seinen dankbaren Schülern zählten und die vorgesetzten katholisch kirchlichen Stellen Österreichs dieses Verhalten ihres priesterlichen Nachwuchses billigten."

Von Dekan Entz stammen zwei entlastende Stellungnahmen, die Kittel als Beilage zu seiner Rechtfertigungsschrift verwendete: ein Schreiben an Landesbischof Theophil Wurm und an den Dekan der Theologischen Fakultät in Tübingen Prof. Adolf Köberle (1898–1990) vom 13. August 1945 und eine an Kittel gerichtete Erklärung vom 13. Dezember 1946:

Das zuerst genannte Schriftstück benennt die Gründe, warum Kittel von Dekan Entz nach Wien geholt wurde: Es geschah nicht nur, um einen „Gelehrten von Weltruf" zu gewinnen, sondern es lag Entz daran,

„gerade unter der nationalsozialistischen Herrschaft für Wien einen Mann zu gewinnen, in dessen kirchlicher und christlicher Haltung die absolute Gewähr lag, dass er den antichristlichen und antikirchlichen Exzessen der nationalsozialistischen Kulturpolitik energischen Widerstand leisten, den Ungeist schwachmüti-

---

74 Reijo E. Heinonen, Anpassung und Identität. Theologie und Kirchenpolitik der Bremer Deutschen Christen 1933–1945, Göttingen 1978, 209.
75 Entz, Erinnerungen (Kurzfassung), 39.

ger Anbiederung an die sogenannte ‚nationalsozialistische Weltanschauung' von unserer Fakultät fernhalten und unsere Studenten in wissenschaftlicher wie in kirchlicher Hinsicht in einwandfreier Sachlichkeit und in einem ungebrochenen christlichen Geist erziehen werde".

Diese Erwartungen habe Prof. Kittel ... „in vollkommener und vorbildlicher Weise erfüllt".

Sodann benannte Entz seinen Dank auch im Blick auf Kittels Tätigkeit als Ephorus im Theologenheim, in dem Studierende unterschiedlicher (tschechischer, polnischer, ukrainischer und montenegrinischer) Nationalität ihren Wohnsitz hatten und eine gelungene Hausgemeinschaft bildeten. Weiter nahm Entz den ökumenischen Aspekt auf und betonte, dass an Kittels Lehrveranstaltungen „stets eine größere Anzahl von römisch-katholischen Theologen regelmäßig und eifrig teilgenommen haben, die offenbar in den Ausführungen Kittels nie auch nur die geringste Konzession an die nationalsozialistische Modeweisheit fanden".

Was seine Forschungen zur Judenfrage betrifft, so bezeugte Entz, daß sich Kittel „immer im Rahmen strengster wissenschaftlicher Sachlichkeit" gehalten habe. Ja er habe sogar, soweit die Umstände dies erlaubten, „die Gelegenheit seiner Vorträge dazu benützt, um die bekannten unhumanen, ja grauenhaften Exzesse der Partei gegen das Judentum in der ernstesten Weise zurückzuweisen".

Die zweitgenannte „amtliche Erklärung" von Dekan Entz bezog sich auf die von Kittel im Theologenheim und an der Fakultät gehaltenen Bibelstunden und Andachten, die er nie in politischer Weise ausnützte, sondern sich ausschließlich auf das religiöse und biblische Gebiet beschränkte. Sodann wiederholte Entz die Bedeutung von Kittels kommissarischer Führung des Lehrstuhls:

> Denn dadurch habe er „die Berufung einer führenden Persönlichkeit aus dem deutsch-christlichen Kreise verhindert". „Solche Persönlichkeiten waren nämlich neben Prof. Kittel in Vorschlag genannt und ihre Berufung wurde von der Partei gewünscht. Die Anwesenheit von Prof. Kittel in Wien hat das Vordringen, ja das Überhandnehmen dieser Richtung an der Wiener Fakultät und damit zugleich in der Evangelischen Kirche Österreichs entscheidend verhindert."

Mochte bei Bischof May auch eine gewisse Dankbarkeit für Kittel zu spüren sein, weil sich dieser für das Grenzlandprojekt der Wiener Fakultät und damit für Mays akademische Ambitionen (freilich vergeblich) eingesetzt hatte, so blieb auch dem Wiener Leumundszeugnis und den anderen Stellungnahmen zu dessen Gunsten der Erfolg versagt. Sie dienten wohl als Beilage zu dessen Rechtfertigungsschrift und lagen dem Entnazifizierungsverfahren durch die Universitäts-Spruchkammer in Tübingen zugrunde, aber dieses Verfahren wurde obsolet, weil Kittel am 11. Juli 1948 im Alter von 59 Jahren verstarb.

Fazit

Die jüngsten Publikationen rufen einen Wissenschaftler von Weltruf in Erinnerung; sie zeigen, wie er sich vom Zeitgeist getrieben für die antisemitische Politik der nationalsozialistischen Machthaber instrumentalisieren ließ – und wie in der Tat aus dem proklamierten Antijudaismus ein christlicher Antisemitismus geworden war. Dazu sind auch in den Jahren seines Wirkens in Wien deutliche Signale zu registrieren, über die auch die Leumundszeugnisse der Kirche nicht hinwegtäuschen können.

Auch wenn scheinbar eine klare Trennung zwischen den ideologischen Lehrveranstaltungen zur Judenforschung an der Philosophischen Fakultät und den streng neutestamentlichen Lehrveranstaltungen an der Theologischen Fakultät bestand, so zeigt das Vorlesungsverzeichnis dieser Jahre, dass Kittels Judenforschung auch unter der Evangelisch-Theologischen Fakultät rubriziert wurde und Studierende dieser Fakultät anlockte.

Bischof May umschrieb die kirchenpolitische Konstellation in Österreich in den Jahren des sogenannten Dritten Reiches in seinem bischöflichen Rückblick auf der ersten Generalsynode nach dem Krieg (1947) folgendermaßen:

> Während die Zahl der Deutschen Christen unter den Pfarrern gering gewesen sei und die meisten Kontakt zu Vertretern der Bekennenden Kirche in Deutschland gehabt hätten, schien es eine Zeit lang, „[...] als wolle die Theologische Fakultät zu einer Einbruchsstelle einer deutsch-christlichen Theologie werden – auch hier hat eine höhere Hand den Riegel vorgeschoben".[76]

Ob Gerhard Kittel als Handlanger jener höheren Hand gewertet werden darf, die den Riegel vorschob, kann dieser Beitrag nicht entscheiden. So sehr er sich bemüht zeigte, „die Sache der Theologie" zu kommunizieren, so ist nicht zu übersehen, dass er der Judenpolitik der NSDAP wichtige Schrittmacherdienste leistete und sich dadurch kaum als die in der Überschrift dieses Beitrags angedeutete „Abwehr" erweisen konnte. Er hat vielmehr dem in Ös-

---

[76] Bericht an die auf den 21. Oktober 1947 einberufene dritte Generalsynode A.u.H.B., Wien 1947, 17 – dazu Leeb, Die Deutschen Christen, 87.

terreich ohnedies verbreiteten (nicht nur klerikalen) Antisemitismus[77] eine zusätzliche theologische Schärfe vermittelt und seine Studierenden eben gerade nicht vor der Gefahr einer Amalgamierung von Antijudaismus und Antisemitismus bewahrt. Die bittere Klage von Ulrich Trinks, dass die Evangelische Kirche hierzulande „eine Kirche mit gestörtem Verhältnis zum Judentum sei"[78] und diese noch bis in die 50er-Jahre zu beobachtende antisemitische Tendenz am Beispiel des Praktologen Gustav Entz festmachte, wäre unbegründet. Erst das Synodenwort „Zeit zur Umkehr – Die Evangelischen Kirchen in Österreich und die Juden" hat dazu einen klaren Gegenakzent gesetzt.[79]

Zurück zu Kittel, der in der spezifisch österreichischen Problemgeschichte nur eine zeitlich begrenzte Rolle spielte, die aber nur cum grano salis mit einer ideologischen Abwehrhilfe bezeichnet werden kann. Es mag wohl sein, dass Kittel auch in seinem politischen und beruflichen Scheitern seine Größe zeigte. Er war, um nochmals Hans von Campenhausen zu zitieren, eine „seltsame Mischung von schwäbischem Pietismus mit einer zwar sanften, aber sehr energischen Kühle und Härte des Wesens, dabei wohlhabend, aber nicht ohne Charakter, den er auch später, als er abgesetzt und verfehmt [sic] in einem Kloster in Württemberg unterkam [...], durchaus bewährt hat".[80] Aber die ihm von Bischof May und Dekan Entz zugesprochene „Rettung" der Fakultät ist nur als Entlastungsaussage zu bewerten.

---

[77] Astrid Schweighofer, Religiöse Sucher in der Moderne – Konversionen vom Judentum zum Protestantismus in Wien um 1900, Berlin 2015, 34–40; dies.: Evangelischer Antisemitismus im Österreich der Zwischenkriegszeit, in: Gertrude Enderle-Burcel / Ilse Reiter-Zatloukal (Hrsg.), Antisemitismus in Österreich 1933–1938, Wien 2018, 259–275, hier 263–264 und 271–272 zur Fakultät.

[78] Ulrich Trinks, Herausgesagt. Persönliche Erfahrungen gelebten Christseins im 20. Jahrhundert, Wien 2007, 53.58 – dazu Schwarz: Einsichten eines Visionärs, Dialog-du Siach Nr. 68/2007, 33–39.

[79] Schwarz: „In Österreich ist das anders" – Schuld und Versöhnung als Thema der Evangelischen Kirchen, in: Christian-Erdmann Schott (Hrsg.): In Grenzen leben – Grenzen überwinden. Zur Kirchengeschichte des 20. Jahrhunderts in Ost-Mittel-Europa. Festschrift für Peter Maser zum 65. Geburtstag, Berlin 2008, 15–29, hier: 24–26.

[80] Campenhausen: Die „Murren", 194.

Eine politisch motivierte Ehrenpromotion an der Universität Wien im Jahre 1940

Ein Antrag der Evangelisch-Theologischen Fakultät

Am 5. November 1940 wurde der rumänische Theologe und Kulturpolitiker Nichifor Crainic (1889–1972) an der Alma Mater Rudolfina Viennensis mit dem Ehrendoktorat der evangelischen Theologie ausgezeichnet.[1] Auf einer sehr persönlichen Ebene konnte so ein Band der Beziehungen zwischen Wien und Rumänien geflochten werden, auch wenn die tagespolitischen Umstände, die kulturpolitische Verstärkung der Achse Berlin-Bukarest, nicht wegzuleugnen sind.

Diese Ehrung erfolgte über Antrag der Evangelisch-theologischen Fakultät der Wiener Universität, deren Dekan Gustav Entz (1884–1957) sich im Akademischen Senat dafür eingesetzt und auch politische Motive namhaft gemacht hatte. Er berief sich auf außenpolitische und wissenschaftspolitische Gründe, bezog sich auf eine Anregung der deutschen Gesandtschaft in Bukarest/ București, die bis 21. Januar 1941 von Wilhelm Fabricius (1882–1964) geleitet wurde, und rückte die Ehrenpromotion in einen größeren kulturpolitischen Kontext. Dass er daraus politisches Kapital zu gewinnen suchte, um die um ihre Existenz ringende Fakultät vor der Schließung zu retten, ist evident und gereicht ihm durchaus zur Ehre[2]. So nahm er den im Juni 1940 gefassten Beschluss seiner Fakultät betreffend Crainics Ehrenpromotion zum Anlass, diesen in etwas plakativer Weise höheren Ortes für eine Bestandssicherung der Fakultät zu verwenden: „Es ist für unsere Fakultät eine hohe Freude, dadurch den politischen und kulturpolitischen Interessen unseres Volkes und unseres Staates einen bedeutsamen Dienst leisten zu dürfen."[3]

---

1 Das offizielle Promotionsverzeichnis der Universität Wien im Universitätsarchiv nennt als Datum 7.7.1940, bezieht sich dabei wohl auf den Beschluss des Akademischen Senates. Das „Doktorenbuch" der Fakultät führt den 5.11.1940 an: Harald Baumgartner, Verzeichnis der Promotionen und Habilitationen an der Evangelisch-Theologischen Fakultät der Universität Wien. In: Karl Schwarz / Falk Wagner (Hrsg.), Zeitenwechsel und Beständigkeit. Beiträge zur Geschichte der Evangelisch-Theologischen Fakultät in Wien 1821–1996, Wien 1997, 515–530, 516.
2 Karl W. Schwarz (Hrsg.), Gustav Entz – ein Theologe in den Wirrnissen des 20. Jahrhunderts Wien 2012.
3 Schreiben Dekan Entz an den zuständigen Referenten im Reichserziehungsministerium in Berlin Ministerialrat Dr. Frey (Wien 8.10.1940) – Archiv der Republik Wien [AdR], Bestand „Kurator der Wiener Hochschulen" [Kurator], Karton 20, Nr. 9781 (Abschrift).

Doch die tagespolitische Begründung ist nur ein Aspekt jener akademischen Ehrung, dahinter stand auch ein langfristiges forschungspolitisches Kalkül, das im Folgenden skizziert werden soll.

Wien als „Kulturmetropole" des Südosten

Durch den Anschluss Österreichs an Hitlerdeutschland 1938 war Wien zur Provinzhauptstadt degradiert worden. Diese Marginalisierung sollte durch eine kulturpolitische Aufwertung egalisiert werden. Wien sollte zur Kulturmetropole des südostdeutschen Raumes ausgestaltet werden, dabei kam der Universität eine Schlüsselrolle zu. In diesem Kontext wurde auch die kleine Evangelisch-theologische Fakultät in ihrer Bedeutung für die „volksdeutsche Diaspora" in Südosteuropa entdeckt. Sie versuchte daraus politisches Kapital zu schlagen und unternahm den Versuch, ihren Bestand auszuweiten und das Lehrangebot durch zwei Lehrstühle für die Bedürfnisse der Kirchengeschichte und Diasporakunde des südosteuropäischen Raumes zu ergänzen[4]. Dieses Projekt einer ‚Grenzlandfakultät' wirkte sich auch dahin aus, dass die Fakultät an Attraktivität in Deutschland gewann und die Besetzung von vakanten Lehrstühlen zu heftigen akademischen Intrigen führte. Das Opfer einer solchen Intrige wurde der Marburger Kirchenhistoriker Ernst Benz (1907–1978). Sein Forschungsprofil, das er im Rahmen eines Besuches im Jänner 1939 in Wien vorstellte, hätte sich bestens in das Profil der Fakultät eingefügt, denn sein vitales Interesse an der Orthodoxie, seine Bearbeitung der Beziehungen der Reformation zur Ostkirche[5], hätten von Wien aus kürzere Wege nach dem Südosten Europas gefunden. Doch aus der Berufung wurde im Januar 1939 nichts, ein anderer Kandidat, der Patristiker Hans Georg Opitz (1905–1941), verfügte über bessere politische Karten.

Nichifor Crainic = Ion Dobre

Nichifor Crainic, sein bürgerlicher Name lautete Ion Dobre, blickte 1940 bereits auf ein bewegtes Leben zurück.[6] Er hatte an der Universität Bukarest und

---

4   Gustav Entz, Memorandum über die Stellung und den Ausbau der Evang.-theol. Fakultät der Wiener Universität (30.6.1938). Abgedruckt in: Gustav Reingrabner, Karl Schwarz (Hrsg.), Quellentexte zur österreichischen evangelischen Kirchengeschichte zwischen 1918 und 1945. Wien 1989, 334 f.
5   Ernst Benz, Wittenberg und Byzanz. Zur Begegnung und Auseinandersetzung der Reformation und der östlich-orthodoxen Kirche, Marburg 1949.
6   Jürgen Henkel, Eros und Ethos. Mensch, gottesdienstliche Gemeinschaft und Nation als Adressaten theologischer Ethik bei Dumitru Stăniloae. Münster u.a. 2003, 22–27, der sich auf Mircea Pacurariu, Dicționarul Teologilor Român [Wörterbuch der rumänischen Theologen], Bukarest 1996, 129–130 bezieht; vgl. auch Sigrid Irimia-Tuchtenhagen, „Nichifor Crainic". In: BBKL XVI, 331–334; Nicolae Dura, Kirche in Bewegung. Das religiöse Leben der Rumänen in Österreich, Wien 2007, 246, Anm. 108.

zwischen 1920 und 1922 an der Universität Wien studiert, wo er an der Philosophischen und Katholisch-theologischen Fakultät inskribiert war. Entz reklamierte ihn als ehemaligen Studenten, auch wenn die kleine Evangelisch-theologische Fakultät in der Türkenstraße, in der weiteren Umgebung der Votivkirche, noch nicht in den Verband der Universität Wien inkorporiert war. Da sie über eine ausgezeichnete Fachbibliothek verfügte und gute Arbeitsmöglichkeiten zur Verfügung stellen konnte, ist diese Annahme, die vermutlich auf einer Aussage Crainics beruhte, sehr wahrscheinlich.

Im Anschluss an sein Studium wirkte dieser als Redakteur bei renommierten politischen, historischen und philosophischen Zeitschriften, unter anderem als Chefredakteur bei Calendarul und als Herausgeber der Monatszeitschrift Gândirea (das Denken)[7], vor allem aber seit 1927 als Professor für moderne religiöse Literatur in Chișinău und seit 1932 als Inhaber des Lehrstuhls für Geschichte der Kirchenliteratur und moderner christlicher Literatur der Theologischen Fakultät Bukarest. Unter Bezugnahme auf seinen Namen (Crainic = Herold) wurde er „Herold der Orthodoxie" genannt [8], denn er vertrat einen orthodoxen Mystizismus, der ethnozentrisch aufgeladen war und in einem entschiedenen Plädoyer zugunsten einer ethnokratischen Gesellschaft gipfelte[9]. Crainics philosophisch-theologischer und politischer Ansatz ist zuletzt wieder auf ein verstärktes Interesse von Theologen, Kulturhistorikern und Politologen gestoßen.[10] Seine Einordnung der Völker und

---

7 Sigrid Irimia-Tuchtenhagen, Ideologische Aspekte im Rumänien der Zwischenkriegszeit im Spiegel der wichtigsten Kulturzeitschriften. Südost-Forschungen 56 (1997) 319–340, hier 328–330; Ionuț Biliuță, Ethnicy and Denomination. Orthodoxism and Catholicism. Nichifor Crainic and „Gîndirea". Nationalism and Orthodoxism in Interwar Romania. Historical Yearbook 4 (2007) 87–96; Gabriela Bădescu, Gândirea (Rumänien, 1921–1944). In: Handbuch des Antisemitismus. Judenfeindschaft in Geschichte und Gegenwart, Berlin/Boston 2013, 222–223.

8 Michael Weber, Der geistig-geistliche Mensch im Konzept der Gnade bei Dumitru Stăniloae. Eine theologische Untersuchung unter Berücksichtigung des soziokulturellen Hintergrundes. Münster 2012, 118, Anm. 305; Alexandru Dutu, Europäisches Bewusstsein und orthodoxe Tradition. In: Harald Heppner, Grigorios Larentzakis (Hrsg.), Das Europa-Verständnis im orthodoxen Südosteuropa, Graz 1996, 129–142 hier 132–134; Theodor Nikolaou, Die Orthodoxe Kirche im Spannungsfeld von Kultur, Nation und Religion, St. Ottilien 2005.

9 Nichifor Crainic, Ortodoxie și etnocrație. Cu o anexă: programul Statului etnocratic [Orthodoxie und Ethnokratie. Mit einem Anhang: Das Programm des ethnokratischen Staates], Bukarest 1938; ders., Spiritualitate și românism [Spiritualität und Rumänismus]. Gândirea 8 (1936) 377–387 – dazu Alexandru Dutu, Religion und Gesellschaft in Rumänien. In: Hans-Dieter Döpmann (Hrsg.), Religion und Gesellschaft in Südosteuropa 1997, 201–211, hier 207; István Keul, Kirchen im Streit und der Staat: Orthodoxe und Unierte in Rumänien. In: Vasilios N. Makrides (Hrsg.): Religion, Staat und Konfliktkonstellationen im orthodoxen Ost- und Südosteuropa. Frankfurt am Main, 53–84, hier 73.

10 Weber, Der geistig-geistliche Mensch, 118–187; Nicolai Staab, Rumänische Kultur, Orthodoxie und der Westen: Der Diskurs um die nationale Identität im Rumänien aus der Zwischenkriegszeit. Frankfurt am Main 2011; ders., „Wir sind [...] Rumänen, weil wir orthodox sind". Umwidmung der rumänischen Orthodoxie zum kulturellen Erbe. Deutsch-Rumänische Hefte 15/1 (2012), 12–14; Hans-Christian Maner, Parlamentarismus in Rumänien (1930–1940). Demokratie im autoritären Umfeld. München 1997, 118 (über

Nationen in das hierarchische Leben der christlichen Spiritualität wurde und wird als durchaus beeindruckend empfunden[11].

Neben seiner publizistischen und wissenschaftlichen Tätigkeit widmete er sich auch der Politik und zwar als Generalsekretär im Ministerium für Kultus und Künste (1926), in einer Zeit, in der bedeutende kultuspolitische Maßnahmen umgesetzt wurden[12], als Parlamentsabgeordneter (1927) und zeitweise (1940–1941) als Propagandaminister in der Regierung des ‚Conducătors' Ion Antonescu (1882–1946). Dieser hatte nach dem Zweiten Wiener Schiedsspruch (30.8.1940) und der Abtretung Nordsiebenbürgens an Ungarn und der Süddobrudscha an Bulgarien (4.9.1940) die Macht ergriffen[13] und eine enge Anbindung an das Deutsche Reich betrieben. Unverzüglich forderte er eine deutsche Militärmission an, um eine Überwachung der Grenzen und der für die deutsche Kriegsführung unverzichtbaren Erdölvorkommen sicher zu stellen. Am 23.11.1940 trat Rumänien dem Dreimächte-Pakt Deutschland-Italien-Japan bei.

Als Propagandaminister war Crainic dafür zuständig, das enge Bündnis zwischen Bukarest und Berlin politisch und zumal propagandistisch umzuset-

---

Crainic als „Ideologe der Eisernen Garde"); Paul Brusanowski, Der rumänisch-orthodoxe Klerus vor der Herausforderung durch den Antisemitismus und die legionäre Bewegung (Legion Erzengel Michael). Zugänge 41. 30–56, hier 36–37 (Crainic als Organisationsleiter der National-Christlichen Partei); bei Armin Heinen / Oliver Schmitt (Hrsg.), Inszenierte Gegenmacht von rechts. Die „Legion Erzengel Michael" in Rumänien 1918–1938. München 2013, 318 wird Crainic als „rechtsnationalistischer Intellektueller" gezeichnet, der sich im „Umfeld der Legion" bewegte (O. J. Schmitt), gleichwohl nach dem Krieg den Legionären eine „barbarische Mystifizierung des christlichen Denkens und des Nationalismus" unterstellte: Mihai Chioveanu, "Glaubenseiferer". Die Erneuerung der Nation und die Verzauberung der Politik im Rumänien der Zwischenkriegszeit". In: Armin Heinen, Oliver Jens Schmitt (Hrsg.), Inszenierte Gegenmacht von rechts. Die „Legion Erzengel Michael" in Rumänien 1918–1938. München 2013, 69–88, hier 72; Ionuț Biliuță, Between Orthodoxy and the Nation. Definition Romanianness in Interwar Romania. http://www.etd.ceu.hu/2007/biliuta_ionut.pdf (letzter Aufruf am 16.01.2020); ders., Periphery as Centre? The Fate of the Transylvanian Orthodox Church in the Romanian Patriarchy. In: Carmen Andras, Cornel Sigmirean (Hrsg.), Discourse and Counter-discourse in Cultural and Intellectual History. Sibiu 2015, 378–393; Ders., Sowing the Seeds of Hate. The Antisemitism of the Orthodox Church in the Interwar Period. S.I.M.O.N. – Shoah Intervention. Methods. Documentation 3 2016, 20–34; Jens Oliver Schmitt, Capitan Codreanu: Aufstieg und Fall des rumänischen Faschistenführers, Wien 2016, 126, der Crainic vom italienischen Faschismus beeinflusst sieht, „wenn er seinen ‚konstruktiven Nationalismus' propagierte und anstelle der ‚plutokratischen Demokratie' eine neue Spiritualität forderte, die neben Monarchie und Nation die Säulen des ‚ethnokratischen Staates' bilden sollte".

11   Ioan Vasile Leb, Die Nation im orthodoxen Christentum. In: Konstantin Nikolakopoulos, Athanasios Vletsis, Vladimír Ivanov (Hrsg.), Orthodoxe Theologie zwischen Ost und West. Festschrift für Prof. Theodor Nikolaou. Frankfurt am Main 2002, 277–291, hier 289 Anm. 22; ders., Die Rumänische Orthodoxe Kirche im Wandel der Zeiten, Cluj-Napoca 1998.

12   Hans-Christian Maner, Kirchen in Rumänien: Faktoren demokratischer Stabilität in der Zwischenkriegszeit? Zum Verhältnis von orthodoxer, römisch-katholischer und griechisch-katholischer Kirche. In: Hans-Christian Maner / Martin Schulze Wessel (Hrsg.), Religion im Nationalstaat zwischen den Weltkriegen 1918–1939. Polen – Tschechoslowakei – Ungarn – Rumänien. Stuttgart 2002, 103–120.

13   Michael Kroner, Das Parteiensystem Rumäniens in der Zwischenkriegszeit 1918–1940. In: Walter König (Hrsg.), Siebenbürgen zwischen den beiden Weltkriegen. Köln, Weimar, Wien 1994, 33–54, hier 50–51.

zen. Dazu diente ihm nicht zuletzt der orthodoxe Klerus, den er auf Antonescu einzuschwören verstand. Dem außenpolitischen Bündnis korrespondierte die völlige Abhängigkeit der „Deutschen Volksgruppe in Rumänien" von Berlin[14], mochte sie auch in Rumänien als solche mit öffentlich-rechtlicher Körperschaftsqualität ausgestattet worden sein. Dem Volksgruppenführer Andreas Schmidt (1912–1948) wird sogar nachgesagt, er habe diese „zu einem SS-dominierten, aus Berlin ferngesteuerten ‚Gau' umgewandelt"[15]. Am 22. Juni 1941 zog Rumänien an der Seite Deutschlands in den zum „Heiligen Krieg" hochstilisierten Feldzug gegen die Sowjetunion. „Antonescu hatte damit sein Schicksal und das seines Landes [...] ganz an den Sieg Hitler-Deutschlands über die stalinistische Sowjetunion gebunden"[16]. Und Crainic diente ihm als Propagandist, der quer durch das Land reiste und die Bevölkerung in diesem Sinne mobilisierte.

Crainics Deutschlandorientierung

Als Exponent einer solchen deutschlandhörigen Politik hat Nichifor Crainic die Kulturpolitik maßgeblich beeinflusst[17], wobei er in seinen „schwärmerischen Chauvinismus" auch einen massiven Antisemitismus einbettete[18] und somit Orthodoxie und Nationalismus in einer extremen Zuspitzung miteinander verband.[19] Als die Siebenbürger Sachsen am 15. August 1940 zu Ehren von Crainic eine Festsitzung in Kronstadt/Brașov abhielten, berichtete der Minister über die rumänisch-deutsche Annäherung, wobei er schon im ersten Satz

---

14 Johann Böhm, Das Nationalsozialistische Deutschland und die Deutsche Volksgruppe in Rumänien 1936–1944, Frankfurt/M 1985, 116–117.
15 Ulrich Andreas Wien, Kirchenleitung über dem Abgrund. Bischof Friedrich Müller vor den Herausforderungen durch Minderheitenexistenz, Nationalsozialismus und Kommunismus, Köln, Weimar, Wien 1998, 156.
16 Andreas Hillgruber, Rumänien zwischen Hitler und Stalin 1938–1944. In: Walter König (Hrsg.), Siebenbürgen zwischen den beiden Weltkriegen. Köln, Weimar, Wien 1994, 3–22, hier 12; vgl. auch ders., Hitler, König Carol und Marschall Antonescu, Wiesbaden 1965.
17 Alexandru Zub, Die rumänische Orthodoxie im ideen- und kulturgeschichtlichen Kontext der Zwischenkriegszeit. In: Hans-Christian Maner / Martin Schulze Wessel (Hrsg.), Religion im Nationalstaat zwischen den Weltkriegen 1918–1939. Polen – Tschechoslowakei – Ungarn – Rumänien, Stuttgart 2002, 179–188, hier 180–186.
18 Wolf Oschlies, Rumänischer und deutscher Antisemitismus gegen die Juden in Rumänien (2004). URL: https://www.zukunft-braucht-erinnerung.de/rumaenischer-und-deutscher-antisemitismus-gegen-die-juden-in-rumaenien/ (letzter Zugriff 16.01.2020); Armin Heinen, Ethnische Säuberung – Rumänien, der Holocaust und die Regierung Antonescu. In: Krista Zach (Hrsg.), Rumänien im Brennpunkt. München 1998, 169–197.
19 Roland Clark, Nationalism and Orthodoxy: Nichifor Crainic and the Political Culture of the Extreme Right in 1930s Romania. Nationalities Papers 40 2012, 107–126.Vgl. auch Jens Oliver Schmitt, Der orthodoxe Klerus in Rumänien und die extreme Rechte in der Zwischenkriegszeit. In: Aleksandar Jakir, Marko Trogrlić (Hrsg.), Klerus und Nation in Südosteuropa vom 19. bis zum 21. Jahrhundert. Frankfurt am Main u. a. 2013, 187–213, der aber auf Crainic nicht näher eingeht.

seiner programmatischen Ausführungen („Deutschland und die Orthodoxe Welt"[20]) einen Ton anschlug, der die Achse zwischen Bukarest und Berlin als Non plus ultra ausgab:

„Im gegenwärtigen Augenblick kommen die Völker Südosteuropas auf zweierlei Art mit dem Nationalsozialismus in Berührung: Entweder durch eigene Überzeugung als Verbündete Deutschlands, wie Rumänien und Bulgarien, oder aber als Opfer englischer Politik, wie die Serben und Griechen."

Die Annäherung an die Großmacht Deutschland resultierte aus der damit verknüpften Hoffnung, eine „Wiedergeburt der orthodoxen Gemeinschaft in Südosteuropa" zu verwirklichen[21], für die Crainic drei Wünsche formulierte:

- Die Wiederherstellung eines ökumenischen Patriarchates in Konstantinopel, um aus ihm die Lebensmitte der östlichen Kirche zu formen. Sie bedingt einen ökumenischen Patriarchen, der abwechselnd aus allen orthodoxen Völkern gestellt werden sollte, umgeben von einer ständigen Synode, in der eine gleiche Anzahl von „Beauftragten aller nationalen Kirchen" vertreten sein sollte.
- Ein überstaatliches orthodoxes Statut, das die Gleichberechtigung aller nationalen Kirchen auf dem Berg Athos, dem „traditionellen Zentrum unseres mönchischen Lebens" festzulegen hätte.
- Die Hagia-Sophia-Kathedrale, das gewaltigste Denkmal byzantinischer Baukunst, das in eine Moschee verwandelt wurde, sollte „großzügig" dem orthodoxen Ritus restituiert werden.

Um diese Pläne zu realisieren bedarf es des Schutzes und der Hilfe einer Großmacht. Crainic erblickt eine solche Schutzmacht im Deutschen Reich, das er als „religiös neutral" bezeichnete und von dem er überzeugt war, dass es der Wiedergeburt der orthodoxen Gemeinschaft positiv gegenüberstehe – gewissermaßen als logische Folgerung aus den getroffenen außenpolitischen Entscheidungen in Südosteuropa. Er sah hier ein entschlossenes Einschreiten Hitlers gegen die Schutzpolitik Russlands zugunsten der orthodoxen Völker

---

20 Oskar Wittstock, Eine Brücke von Volk zu Volk. Das Kronstädter Rumänisch-deutsche Kulturinstitut 1935–1940. Kronstadt 1940; Nichifor Crainic, Deutschland und die Orthodoxe Welt, o. O. 1942, vorgesehen für die Drucklegung in der Zeitschrift der deutschen Volksgruppe in Rumänien: Volk im Osten 1942/1, 29–34. Dieses Heft ist infolge des Krieges tatsächlich nicht erschienen. Mir lag ein masch. Manuskript vor: Bundesarchiv Berlin, Bestand Auswärtiges Amt, Politisches Archiv, BArch R 901/69301. Nachfolgende Zitate nach jenem Manuskript. Herrn Archivar Dr. Gerhard Keiper verdanke ich eine Ablichtung. Vgl. auch Michail Shkarovskij, Die Kirchenpolitik des Dritten Reiches gegenüber den orthodoxen Kirchen in Osteuropa (1939–1945). Münster 2004, 97–98, der diesen Vortrag allerdings als eine an das Berliner Außenministerium gerichtete Denkschrift identifiziert.
21 Shkarovskij, Kirchenpolitik, 97.

des Balkans, gegen die aus Panslawismus und Orthodoxie (Byzanz für den „orthodoxen Zaren") abgeleitete Legitimität einer politischen Vorherrschaft über den Bosporus und die Dardanellen und weiter damit verbunden einer „Russifizierung des ökumenischen Patriarchats" sowie schließlich gegen die Integration aller orthodoxen Völker in das „Moskovitenreich".

Genauso wie das Russische Imperium agierte das bolschewistische Regime, der „Todfeind der Orthodoxie", als „der getreue Nachfolger des Zarismus in Bezug auf Konstantinopel und die Zertrümmerung der kleinen orthodoxen Staaten". Deshalb sei eine neue Ordnung des ökumenischen Zentrums nötig, um „jedes Wiederaufflackern des russischen Imperialismus unter orthodoxer Maske" zu verhindern. Das nationalsozialistische Deutschland könne den geistigen Problemen des Südostens auch aus einem zweiten Grund nicht gleichgültig gegenüberstehen: wegen der angelsächsischen Politik, die, um dem russischen Drang nach Konstantinopel/Istanbul ein Gegengewicht entgegenzustellen, den britischen Einfluss auf die Meerenge ebenfalls religiös untermauerte. Crainic ging in der Folge auf die theologischen Überlegungen der Anglikanischen Kirche ein, sich mit der orthodoxen Kirche zu vereinigen. Die ökumenischen Bemühungen klammerte er aber vollständig aus[22]. Die von London seit dem Ersten Weltkrieg mit allen orthodoxen Nationalkirchen geführten Verhandlungen[23] führte er auf das Selbstverständnis einer „neuen Schutzherrin der christlichen Sache im Osten" und gewissermaßen Nachfolgerin des seiner antireligiösen Einstellung wegen diskreditierten russischen Imperialismus zurück – und zwar mit dem ausschließlich politischen Ziel, die orthodoxen Völker „für den britischen Imperialismus einzuspannen". Er bezichtigte eine ganze Reihe von Theologen und Bischöfen des Ostens, etwa den früheren Patriarchen Gavrilo aus Belgrad/Beograd, der Naivität, dass sie vertrauensselig „an die britische Aufrichtigkeit glaubten" und dann ein „unangenehmes Erwachen erlebten", als der Erzbischof von Canterbury den Himmel um den Sieg des Bolschewismus anflehte. Für Crainic stellte sich heraus, dass sowohl das zaristische Russland als auch Großbritannien „in der Orthodoxie unserer Völker ein Mittel, ein Werkzeug gesehen (haben), mit dem man uns beherrschen wollte."

---

22 Mircea Păcurariu, Geschichte der Rumänischen Orthodoxen Kirche. Erlangen 1994, 570–572; Constantin Patuleanu, Die Begegnung der rumänischen Orthodoxie mit dem Protestantismus (16. bis 20. Jahrhundert). Hamburg 2000, 162-170; Johannes Oeldemann, Orthodoxe Kirchen im ökumenischen Dialog, Paderborn 2004, 66.
23 vgl. Nikolaus von Arseniew, Anglikanismus und Ostkirche, Kyrios 1936/1-2, 130-156.

Für die Anglikanische Kirche hatte er nur wenig freundliche Worte zur Hand, sie habe sich „den Forderungen der britischen Diplomatie gleichgeschaltet" und sei ein „chamäleonartiger Organismus" geworden, der bald für den Protestantismus, bald für den Katholizismus eingetreten sei, dann wieder für die Orthodoxie oder gar für den Atheismus, wie es gerade die „tagespolitischen Forderungen des englischen Imperialismus" verlangten.

Eine solche Analyse, so zeigte sich Crainic überzeugt, dürfe nicht einfach übergangen werden. Sie begründet die Annahme, dass die besonders gelagerten Verhältnisse des europäischen Südostens eine Ergänzung der deutschen Wirtschaftsideologie durch diese geistige Förderung notwendig machen. Sie wäre für beide Seiten von Vorteil. Im Gegensatz zur russischen und englischen Politik würde Deutschland „in der Rolle eines Förderers" das volle Vertrauen der orthodoxen Völker genießen, besonders dann, wenn die grundsätzlich neutrale Haltung des Nationalsozialismus gegenüber der Orthodoxie allgemein bekannt sein werde. Der Vortrag schloss mit einer vielleicht taktischen Verbeugung vor der „epochalen Leistung" Deutschlands, dem „Kreuzzug gegen den Bolschewismus", den er für die Völker der Orthodoxie mit einem Kreuzzug gegen den Atheismus gleichsetzte. „In unseren Augen", so die abschließenden Worte des Referenten, „verleiht dieser gewaltige Kampf Deutschland ein unvergleichlich höheres sittliches Ansehen, als jenes, das ein zaristisches Rußland als ‚Schirmherrin der Orthodoxie' oder England jemals unter diesen Völkern genoss". Aufgrund eines solchen moralischen Übergewichts würde die deutsche Unterstützung der ökumenischen Politik der Orthodoxie tatsächlich „zu einer neuen und großen Epoche des Geisteslebens und zu gesicherten Verhältnissen im europäischen Südosten führen".

Crainics Dank an die Universität Wien

Mit diesen abschließenden Worten verwies Crainic auf das Unternehmen Barbarossa, das am 21. Juni 1941 seinen Anfang nahm und an dem sich rumänische Truppen beteiligten. Als Crainic in Wien akademische Ehren und Würden entgegennahm, liefen die Planungen für den Russlandfeldzug auf Hochtouren.

Crainic bedankte sich bei der Wiener Universitätsbibliothek mit Widmungsexemplaren seiner 1938–1940 erschienenen Werke,[24] bei seinem Wie-

---

24 Nichifor Crainic, *Ortodoxie și Etnocrație* (1938); *Puncte Cardinale in Haos* (1940); *Țara de Peste Veac. Poesii* (1940). Der Text der Widmung lautet: "Der Universitätsbibliothek Wien anlässlich meiner Promovierung zum Doktor honoris causa 5. November 1940 Nichifor Crainic" – freundlicher Hinweis von Prof. Jens Oliver Schmitt.

ner Gastgeber mit einer Gastvorlesung[25], aber auch mit einer Gegeneinladung nach Bukarest, die noch 1941 eingelöst werden sollte. Entz berichtet, dass er zwei Vorlesungen angeboten habe: „Die Bedeutung Platons für die christliche Frömmigkeit und Theologie", womit er an seinen früheren Forschungsschwerpunkt anknüpfen wollte[26], sowie „Das Verhältnis Jesu zum Judentum", ein brisantes Thema vor dem Hintergrund eines grassierenden Antisemitismus in Rumänien. Dazu mochte ihn sein Fakultätskollege Gerhard Kittel (1888–1948) inspiriert haben, der zwischen 1940 und dem Ende des Sommersemesters 1943 den Lehrstuhl für neutestamentliche Wissenschaft supplierte und auch an der Philosophischen Fakultät seine Forschungen zur Judenfrage präsentierte.

Die von Entz vorgeschlagenen Themen stießen auf Seiten der Bukarester Theologen – neben Crainic unterzeichnete der Bukarester Dekan Șerban Ionescu (1887–1957) das Einladungsschreiben – aber auch des Präsidenten des dortigen Deutschen Wissenschaftsinstituts Ernst Gamillscheg (1887–1971)[27] auf lebhaftes Interesse, sodass sie mit Schreiben vom 4. Oktober 1941 eine „sehr herzlich gehaltene Einladung" an Entz richteten.[28] Entz deutete an, dass der zweite Vortrag nicht an der Universität vorgesehen war, sondern vor „einem größeren Kreis", „in der rumänischen Provinz", den er nicht näher identifizierte[29]. Es ist zu vermuten, dass der Vortrag im Rahmen der ‚Arbeitsgemeinschaft des Institutes zur Erforschung des jüdischen Einflusses auf das deutsche kirchliche Leben in der evangelischen Landeskirche A.B. in Rumänien' hätte vorgetragen werden sollen, die im März 1942 ihre Arbeit aufnahm[30]. Aber der Plan scheiterte, wiewohl vom zuständigen Ministerium die offizielle Genehmigung einer Dienstreise vorlag, am „gehässigen Widerstand" des deut-

---

25 Crainic, Das Jesusgebet, ZKG 60 (1941) 341–353.
26 Gustav Entz, Pessimismus und Weltflucht bei Platon, Tübingen 1911, dazu Kurt Niederwimmer, Mementote praepositorum vestrorum. Erinnerungen an Gustav Entz. In: Karl W. Schwarz (Hrsg.), Gustav Entz – ein Theologe in den Wirrnissen des 20. Jahrhunderts. Wien 2012, 63–67, hier 65–67.
27 Frank-Rutger Hausmann, Auch im Krieg schweigen die Musen nicht. Die Deutschen Wissenschaftlichen Institute im Zweiten Weltkrieg, Göttingen ²2002.
28 Gustav Entz, Erinnerungen aus fünfzig Jahren kirchlicher und theologischer Arbeit, [masch. Manuskript]. Wien (1956), 175; in der Druckfassung bei Schwarz, Gustav Entz, 40.
29 Entz, Erinnerungen, Druckfassung ebd.
30 Andreas Scheiner (Hrsg.), Bericht über die gründende Tagung der Arbeitsgemeinschaft des Institutes zur Erforschung des jüdischen Einflusses auf das deutsche kirchliche Leben in der evangelischen Landeskirche A.B. in Rumänien am 4. und 5. März 1942 in Hermannstadt [Sonderdruck aus: Kirchliche Blätter]. Hermannstadt 1942; Dirk Schuster, Eine unheilvolle Verbindung. Das ‚Institut zur Erforschung und Beseitigung des jüdischen Einflusses auf das deutsche kirchliche Leben' und seine Hermannstädter Außenstelle. Zugänge 41 (2013) 57–83, hier 70–73; Ulrich Andreas Wien, Mitgliedschaft im ‚Institut zur Erforschung des jüdischen Einflusses (...)' unter der Ägide Wilhelm Staedels. In: ders., Resonanz und Widerspruch. Von der siebenbürgischen Diaspora-Volkskirche zur Diaspora in Rumänien, Erlangen 2014, 402–405.

schen Gesandten in Bukarest Manfred Freiherr von Killinger (1886–1944), einem fanatischen Nationalsozialisten[31]. Dieser hatte die Losung ausgegeben, dass Vorträge über theologische und religiöse Themen zur Zeit in Rumänien nicht erwünscht seien. Zu diesem Zeitpunkt war Crainic bereits aus der Regierung ausgeschieden und an die Universität zurückgekehrt, wo sein Lehrstuhl entsprechend den besonderen wissenschaftlichen Neigungen des Gelehrten[32] in einen solchen für Asketik und Mystik umgewidmet worden war. Im Rahmen einer Gastvorlesung an der Universität Sofia/Sofija am 27. Mai 1941 wiederholte er die Grundsätze seiner religiös motivierten Bündnispolitik mit Hitlerdeutschland, nachdem er die drei anderen Alternativen wegen des „Atheismus der Sowjets", der „Hinterhältigkeit Londons" und dem „Ehrgeiz des Vatikans" ausgeschlossen hatte[33]:

„Wenn Konstantinopel unter die unmittelbare politische Einflusssphäre Deutschlands geriete, könnte es zweifellos das religiöse Zentrum der orthodoxen Völker mit einem wahrhaft ökumenischen Patriarchat werden, das durch eine Dauervertretung aller Nationalkirchen gestützt würde."[34]

Symbol dieser Ökumenischen Heimat ist die Sophienkirche in Konstantinopel/Istanbul. Er erinnerte an die fünfhundertjährige Fremdherrschaft, in die „dieser erhabene Tempel östlicher religiöser Inbrunst" gefallen sei. „In ihren Marmormauern, ihren kostbaren Mosaiken, ihren Kuppelgewölben [...] seufzt der Heilige Geist der Orthodoxie über die Verlassenheit, in der er durch uns geblieben ist."[35] Gegen die Behauptung, diese Kirche sei ein griechisches Gotteshaus, wiederholt er deren ökumenische Bestimmung, denn sie wurde aus der „Beisteuer aller orthodoxen Völker" gebaut und sie ist der „einzige" „ökumenische Tempel", der unter seiner Kuppel „die Herzen und die Sprachen unserer Völker vereint, verbrüdert in der symphonischen Einheit der Liebe Jesu Christi."[36]

---

31 Igor-Philipp Matić, Killinger, Manfred Frh. von. In: Hermann Weiß (Hrsg.), Biographisches Lexikon zum Dritten Reich, Frankfurt am Main 2002, 263–264.
32 Jürgen Henkel, Eros und Ethos, 24–25.
33 Crainic, *Unsere ökumenische Heimat*. 38 – BArch R 901/69300 (Dank an Dr. Gerhard Keiper).
34 Crainic, *Unsere ökumenische Heimat*. 40 – ebd.
35 Crainic, *Unsere ökumenische Heimat*. 42 – ebd.
36 Crainic, *Unsere ökumenische Heimat*. 43 – ebd.

Hans Koch und das Deutsche Wissenschaftsinstitut

Den hochschulpolitischen Auftrag, in Sofia ein Deutsches Wissenschaftsinstitut aufzubauen[37], erhielt 1940 der für seine wissenschaftsorganisatorischen Fähigkeiten bekannte Theologe und Osteuropahistoriker Hans Koch (1894–1959). Er hatte seit 1934 in Königsberg in Preußen/Kaliningrad ein einschlägiges Forschungsinstitut (‚Institut zum Studium Osteuropas') geleitet, 1937 in Breslau/Wrocław das Osteuropa-Institut begründet und damit auch politische Auftragsarbeiten zu leisten gehabt. Er war aber auch aus inhaltlichen Gründen prädestiniert für diese Aufgabe. Denn auf der Grundlage seiner intensiven Kenntnis der orthodoxen Kirchen Osteuropas[38] widmete er sich der Herausgabe der Vierteljahresschrift für Kirchen- und Geistesgeschichte Osteuropas Kyrios von 1936 bis zur kriegsbedingten Einstellung 1942/43 und verfolgte damit ein langfristiges Ziel. Er hatte nicht nur am Panorthodoxen Theologenkongress im Herbst 1936 in Athen teilgenommen – in offizieller Funktion, als „wohlwollender Beobachter" und als Vertreter des Deutschen Reiches[39], der die politische Bedeutung der Ostkirche im Blick auf die ökumenische Bewegung, die Kriegsschuldfrage und die Abwehr des Bolschewismus richtig einzuschätzen wusste. Er hatte auch die Annäherung der ‚Balkankirchen' an die Anglikanische Kirche, nicht zuletzt als Folge der Ökumenischen Konferenzen 1937 in Oxford und Edinburgh, registriert und dürfte auch einer der Urheber jener Gegenstrategie gewesen sein. Das Kirchliche Außenamt, das vom Auslandsbischof Theodor Heckel (1894–1967) geleitet wurde, hat diese Überlegungen genährt und mit Kräften unterstützt, um so gleichsam mit politischem Auftrag agieren zu können. In diesem Sinne argumentierte auch der Legationsrat im Außenministerium Bernd von Haeften (1905–1944) in seiner Denkschrift „zur Frage der deutschen Politik gegenüber der Balkan-Orthodoxie"[40].

---

37 Frank-Rutger Hausmann, Auch im Krieg schweigen die Musen nicht. Die Deutschen Wissenschaftlichen Institute im Zweiten Weltkrieg, Göttingen ²2002, 131-132.
38 Hans Koch, Die Slavisierung der griechischen Kirche im Moskauer Staate als bodenständige Voraussetzung des russischen Raskol, phil. Diss. Wien 1924. – Abgedruckt in: ders., Kleine Schriften zur Kirchen- und Geistesgeschichte Osteuropas, Wiesbaden 1962, 42-107; ders., Die russische Orthodoxie im Petrinischen Zeitalter. Ein Beitrag zur Geschichte westlicher Einflüsse auf das ostslavische Denken (theol. Diss. Wien 1927), Breslau, Oppeln 1929; ders., Die griechische Kirche im alten Russland. Skizzen zur Kirchengeschichte Osteuropas (masch. Habilitationsschrift), Wien 1929. – Hans Koch verfasste regelmäßig Berichte über die orthodoxe Kirche des Ostens, veröffentlicht in: Ost-Europa 10 (1935): 330-348; Ost-Europa 11/5 (1936): 295-320; Ost-Europa 12/8 (1937): 493-502; Ost-Europa 13/9 (1938) 591-606 und 665-681.
39 Hans Koch, Die orthodoxe Kirche des Ostens 1936. Osteuropa 12/8 (1937). 493-502; ders., Bericht als Leiter des Osteuropa-Instituts Breslau über den Zeitraum 1. Oktober 1937 bis 31. März 1940 (begonnen vor Stalingrad, Ende November 1942, abgeschlossen im Lazarett, Mitte Januar 1943). Jahrbuch des Osteuropa-Instituts zu Breslau 1942, 40-45.
40 BArch Berlin. Politisches Archiv des Auswärtigen Amtes, Signatur R 98794.

Deren Ziel war die Formulierung einer Gegenstrategie gegen die mit der Wahl des Patriarchen Sergius einhergehenden neuen Kirchenpolitik Stalins, die ihr Augenmerk auf das Ökumenische Patriarchat von Byzanz gerichtet hatte. Als enger Mitarbeiter Heckels unternahm Eugen Gerstenmaier (1906-1986) im Auftrag der Kulturpolitischen Abteilung des Auswärtigen Amtes Erkundungsreisen zu den orthodoxen Kirchen am Balkan, worüber er eingehende Berichte verfasste[41]. Dies veranlasste sogar den Chef der Sicherheitspolizei und des SD, bei Minister Joachim von Ribbentrop (1893-1946) gegen die Initiativen des Kirchlichen Außenamtes entschieden Einspruch zu erheben[42]: Bischof Heckel biete nicht die Gewähr, „die politischen Interessen des Reiches im Ausland einwandfrei zu vertreten". Über Weisung des Reichsaußenministers vom 1. Juni 1942 wurden Heckel und Gerstenmaier „von der Auslandsarbeit ausgeschaltet" und an deren Stelle mit der Sicherstellung der politischen und propagandistischen Einflussnahme Deutschlands auf die orthodoxen Kirchen des Südostens Professor Koch, der frühere Kulturreferent der Deutschen Gesandtschaft in Sofia, vorgeschlagen[43].

Solche Überlegungen über eine offensive Kulturpolitik gegenüber den orthodoxen Balkankirchen fanden in Nichifor Crainic und Gustav Entz lebhafte Unterstützung. Um die apostrophierten „Balkankirchen" für Deutschland zu gewinnen, das Misstrauen gegenüber Deutschland abzubauen und der antideutschen Propaganda entgegen zu treten, wurden für 1942 immerhin 100.000 Reichsmark budgetiert[44]. Es ist freilich nicht zu übersehen, dass der enge Kontakt Crainics mit dem Kirchlichen Außenamt bei den politischen Stellen, insbesondere im Ministerium des Äußeren, zunehmend auf Ablehnung stieß und dessen Versuche zu offiziellen Gesprächen in Berlin torpediert wurden.

Teil der Strategie war auch, Dozenten und Studenten durch Stipendien des Deutschen Studienwerkes für Ausländer nach Deutschland zu rufen, Gelehrte aus dem Raum der Orthodoxie durch Ehrenpromotionen mit Deutschland ins Gespräch zu bringen: Chrysostomos Papadopoulos (1868-1938) 1937 in Königsberg/Kaliningrad, Nikolaus Louvaris (1887-1961) 1938 in Göttingen, Stefan Zankow (1881-1965) aus Sofia/Sofija 1940 in Berlin und Nichifor Crainic 1940 in Wien. Auch die Gründung einer orthodoxen Theologischen Akademie

---

41 Gerstenmaier, Reisebericht über Orthodoxe Nationalkirchen des Südostens, 24.9.1941 – BArch Berlin Sign. R 98797.
42 BArch Berlin ebd.
43 BArch Berlin ebd. Vortragsnotiz zu D XII-712/42, 1.10.1942 – zur Vorlage über StS Weizsäcker an Reichsaußenminister.
44 Shkarovskij, Kirchenpolitik, 76.

wurde erwogen (entweder in Breslau oder in Wien), scheiterte aber am Widerstand der Parteikanzlei[45]. In diese kulturpolitische Strategie, Wien zu einem Zentrum für die Süd-Ost-Forschung auszubauen, auf die Theologen der Balkanländer werbend einzuwirken und das Bild des Großdeutschen Reiches zu verbessern, ordnete sich der Aufenthalt Kochs in Sofia ein, wo er Zugang zur bulgarischen Theologenausbildung suchte und in diesem Rahmen Lehrveranstaltungen durchführte. Diese Tätigkeit in Sofia nahm ihn dermaßen in Anspruch, dass er den Beginn seiner Lehrtätigkeit an der Universität Wien, wohin er 1940 berufen worden war, ständig verschob. Bis zum 26. März 1941 blieb er in Sofia, seit 1. April 1941 war er als Ukraine-Experte in die Vorbereitung des Plans Barbarossa eingebunden; mit Beginn des Russlandkrieges bekam Koch einen anderen militärischen Auftrag[46], der ihn in die Ukraine führte, wo er unter anderen Koordinaten seine Studien über die Orthodoxie fortsetzte, sofern der Kriegsverlauf und seine Tätigkeit in der „Abwehr" dies überhaupt zuließen.

Die kulturpolitische Bedeutung der Wiener Fakultät

Mit Schreiben vom 22. März 1944 richtete Dekan Entz auf dem Dienstweg über den Kurator der Wissenschaftlichen Hochschulen Wiens eine Denkschrift an den Reichsminister für Wissenschaft, Erziehung und Volksbildung zum Thema Die kulturpolitische Bedeutung der Wiener Evangelisch-theologischen Fakultät in Beziehung auf Süd-Ost-Europa.[47] Er bezog sich auf seinen Bericht zu demselben Thema an den Rektor der Universität Wien vom August 1941, in dem er auf die Ausstrahlung der Fakultät auf die volksdeutsche Diaspora im europäischen Südosten hingewiesen hatte, die aber auch Studierende slowakischer und magyarischer Zunge anzog, insbesondere auch „orthodoxe Theologen" aus den Balkanländern, die so „unter den Einfluss deutscher Kultur und deutschen Geisteslebens" gelangten. Weiter verwies er auf das erwähnte Memorandum der Fakultät über den Ausbau der Fakultät zu einer Grenzlandfakultät (1938).

---

45 Shkarovskij, Kirchenpolitik, 28.
46 Andreas Kappeler, „Hans Koch". In: Arnold Suppan / Marija Wakounig / Georg Kastner (Hrsg.), Osteuropäische Geschichte in Wien. 100 Jahre Forschung und Lehre an der Universität. Innsbruck u.a. 2007, 227–254, hier 243–244.
47 Gustav Entz, Die kulturpolitische Bedeutung der Wiener Evangelisch-theologischen Fakultät in Beziehung auf Süd-Ost-Europa. Masch. Manuskript Wien 22.3.1944 – gerichtet an den Reichsminister für Wissenschaft, Erziehung und Volksbildung in Berlin – in Abschrift bei Schreiben Dekan Entz an Präsident Dr. Heinrich Liptak, 24.3.1944; Archiv des Ev. Oberkirchenrates Wien [AEvOKR] Registratur A 44/1 (Abschrift; Beilage zu OKR Z. 2189/44).

In diesem Zusammenhang wurde die Neugründung zweier Lehrstühle für nationale und kirchliche Diasporakunde sowie für die Kirchengeschichte des ost- und südostmitteleuropäischen Raumes angeregt, vom Reichserziehungsministerium 1940 genehmigt und sogar vom Reichsfinanzministerium etatmäßig berücksichtigt. Infolge eines Einspruchs von politischer Seite (gemeint war: die Parteikanzlei der NSDAP in München) wurde dieses Projekt aber fallen gelassen, denn nach dem Plan des „Braunen Hauses" sollten die Theologischen Fakultäten nicht nur nicht ausgebaut, sondern überhaupt geschlossen werden[48]. Das bekam auch die Wiener Fakultät zu spüren, deren vakante Lehrstühle nicht mehr nachbesetzt, sondern nur mehr kommissarisch verwaltet wurden, deren Erweiterung gestoppt wurde; ja einer der beiden zugesagten Lehrstühle wurde 1944 in einen Lehrstuhl für Bulgaristik an der Universität Graz umgewidmet.[49]

In seiner Argumentation bezog sich Entz ausdrücklich auf die Situation der evangelischen Siebenbürger Sachsen, die „die Erhaltung ihres deutschen Volkstums in den Jahrhunderten der Bedrückung fast ausschließlich ihrer deutschen lutherischen Kirche zu verdanken haben", und deshalb in der Förderung ihrer kirchlichen Belange (dazu zählte Entz den Ausbau der Wiener Fakultät) „eine Förderung und Sicherung ihrer nationalen Eigenart" erblickten. Sodann zitierte Entz den „Ehrendoktor" Nichifor Crainic, der sich zu bemühen versprach, „nach dem Kriege den Zustrom junger orthodoxer Theologen nach Wien an die hiesige Fakultät in die Wege zu leiten."

Soweit der Bericht von 1941, dem er ergänzend hinzufügte, dass dieser Zustrom orthodoxer Theologen schon während des Krieges eingesetzt hätte, denn trotz aller kriegsbedingten Schwierigkeiten und Hemmungen hätten sechs orthodoxe Theologen an der Wiener Fakultät studiert. Zwei davon hätten hier das theologische Doktorat erworben, ein dritter habe seine Dissertation bereits eingereicht.[50]

---

48 Eike Wolgast, Nationalsozialistische Hochschulpolitik und die evangelisch-theologischen Fakultäten. In: Leonore Siegele-Wenschkewitz, Carsten Nicolaisen (Hrsg.), Theologische Fakultäten im Nationalsozialismus. Göttingen 1993, 45–79, hier 66–75; Kurt Meier, Die Theologischen Fakultäten im Dritten Reich. Berlin 1996, 436–465.
49 Schreiben Dekan Entz an das REM D.Zl. 183/17.11.1944 – in Abschrift AEvOKR, Registratur A 44/6 (Beilage).
50 Schreiben Dekan Entz an das REM, Wien, 13.3.1944 Gesuch um (nachträgliche) Genehmigung der Promotion der Ausländer Kotur, Dr. jur. Vaso Šipka und Dr. Vukčevic; Schreiben Dekan Entz an das REM, D.Z. Notprotokoll 1/26.2.1945 Gesuch um Genehmigung der Promotion des Ausländers Kotur – AdR, Kurator, Karton 9.

Von den drei orthodoxen Doktoranden an der Fakultät, Vaso Šipka (1899–1950), Nikola Vukčević (1914–1982)[51] und Kristivoj Kotur (1915–1981)[52], war der erstgenannte der prominenteste, denn er war Generalsekretär der Heiligen Synode der prawoslawen Orthodoxen Kirche in Belgrad und bereits ausgebildeter Jurist. Er war in Wien zum Dr. jur. promoviert worden, ehe er an der Theologischen Fakultät mit einer Arbeit über prawoslawes Eherecht 1943 einen weiteren Doktortitel erwarb.[53] Ihn nennt Entz einen „Mann von sehr bedeutender und einflussreicher Stellung", der „aufgrund seiner Erfahrungen und Beobachtungen [...] gern bereit sein wird, weitere serbische Theologen, zumal Anfänger, an die Wiener Fakultät zu weisen."

Von Šipka ist bekannt, dass er nach dem Weltkrieg nicht mehr nach Serbien zurückkehrte, sondern Pfarrer der serbisch-orthodoxen Kirchengemeinde in Wien wurde.[54] Der Zweitgereihte war montenegrinischer Herkunft und widmete sich ebenfalls dem Eherecht,[55] während der dritte serbischer Herkunft war und ein kulturtheologisches Thema gewählt hatte, noch vor Kriegsende promoviert wurde und nach Amerika emigrierte.[56] Entz registrierte bereits im Wintersemester 1943/44 die Inskription von zwei serbischen und einem rumänischen Theologen.

Die erwähnte Denkschrift an das Reichserziehungsministerium vom Frühjahr 1944 wertete als großen Erfolg der Fakultät, dass die genannten orthodoxen Theologen „aus eigener Initiative" nach Wien kamen. Vor dem Hintergrund einer großen Werbeaktion der Anglikanischen Kirche, die durch ihre Bischöfe Einfluss auf die orthodoxen Kirchen auf dem Balkan zu gewinnen versuchten und junge Theologen nach England einluden, verlangte der Wiener Dekan für seine Gegenstrategie entsprechende Beachtung. Deshalb emp-

---

51 Klaus Buchenau, Orthodoxie und Katholizismus in Jugoslawien 1945–1991. Ein serbisch-kroatischer Vergleich. Wiesbaden 2004, 181; hier der Hinweis, dass sich Vukčević nach dem Krieg zum Sozialismus bekehrte und Anfang der 1950erJahre als Historiker Mitarbeiter der Kommission für religiöse Angelegenheiten wurde.
52 Paul Pavlovich, The History of the Serbian Orthodox Church. Michigan, 1989 – dazu *Serbian Studies* 5/4 (1990), 73–74. Hier der Hinweis auf Koturs Emigration nach Amerika, wo er als Priester an der St. Nicholas Church in Steelton (PA) wirkte.
53 Vaso Šipka, Das Ehescheidungsverfahren in der Serbischen Prawoslawen Kirche nach geltendem Recht. Theol. Diss. Wien 1943. Als Gutachter verzeichnet das Doktorenbuch die Professoren Josef Bohatec und Gustav Entz, als Promotionstermin den 30.06.1943.
54 Nachruf in Glasnik 31 (1950) 152. Für die Zusendung einer Ablichtung danke ich Herrn Bischof Andreas Cilerdzic/Wien, für die Übersetzung Prof. Arnold Suppan/Wien.
55 Nikola Vukčević, Die Verwandtschaft als Ehehindernis in der morgen- und abendländischen Kirche, theol. Diss. Wien 1944 – Gutachter ebenfalls Bohatec und Entz, Promotionstermin der 09.02.1944.
56 Kristivoj Kotur, Die christlichen religiös-sittlichen Elemente in der serbischen Volkspoesie, theol. Diss. Wien 1945; ders., The Serbian Folk Epic: Its Theology and Anthropology. New York 1977 – Gutachter Bohatec und Hans Wilhelm Schmidt, Promotionstermin der 03.03.1945.

fand er geradezu eine patriotische Pflicht, diesen politisch und kulturpolitisch wichtigen Dienst für Deutschland zu fördern. Die Fakultät könne, wenn sie entsprechend ausgebaut und der Lehrstuhl für Diasporakunde realisiert würde, „unter den Balkanvölkern für Deutschland eine starke werbende Kraft ausüben". Mit Nachdruck wies Entz auf dieses Kalkül, dass die Studenten „aus den Balkankirchen", die von sich aus den Anschluss an den deutschen Protestantismus suchten, mit der deutschen Kultur enge Fühlung gewinnen. Sie könnte aber ebenso gut gezwungen sein, „sich einen anderweitigen Ersatz zu verschaffen[,] [...] falls wir deutsche Theologen verhindert würden, ihnen mit unseren Gaben zu dienen". Damit meinte er den Einsatz seiner Fakultät in Wien, aber auch die Anfragen zu Gastvorträgen in Rumänien. Sollte diese Sendung zum Scheitern gebracht werden, „so würde das deutsche Volk für alle Fälle an seiner geistigen und kulturpolitischen Geltung eine empfindliche Einbuße erleiden".

Ähnlich argumentiert Entz in einem Schreiben an Reichsstatthalter Baldur von Schirach (1907–1974), als die Anordnung aus Berlin zur Stilllegung der Fakultät erfolgte:[57] Die Fakultät habe von ihrer innerdeutschen und evangelisch-kirchlichen Aufgabe ganz abgesehen eine hervorragende kulturpolitische Bedeutung als Bindeglied zwischen Deutschland und den orthodoxen Nationen des Balkans. Seit vielen Jahrzehnten studierten immer wieder orthodoxe Theologen aus den verschiedensten Balkanvölkern an der Fakultät, etwa der Führer der Bulgarischen Nationalbewegung, Theologieprofessor Stefan Zankow oder der Führer der serbisch-christlichen, deutschfreundlichen Kreise, Philosophieprofessor Dimitrije Najdanović (1897–1986) in Belgrad, der am 9. September 1944 nach Wien gekommen sei und Entz besucht habe, ebenso ein jüngerer serbischer Gelehrter namens Dr. Sarenad, der in der Fakultätsbibliothek arbeite. Die Schließung der Fakultät wäre ein Affront gegen die kulturpolitische Sendung der Fakultät und sollte deshalb verhindert werden.

Es gelang Entz tatsächlich, dass der Schließungsbefehl zurückgezogen wurde, aber die seit Kriegsbeginn arg dezimierte Hörerschaft war in diesem Wintersemester auf vier gesunken, drei orthodoxe und ein altkatholischer Student frequentierten die Lehrveranstaltungen, die wenigen evangelischen Studenten, die an den Fingern abgezählt werden konnten, waren zum Militär eingezogen worden. Was aber die große Denkschrift über die kulturpolitische Sendung der Wiener Fakultät betrifft, so ist sie gar nicht mehr bis nach Berlin

---

57 Schreiben Dekan Entz an Baldur von Schirach, 30.9.1944 – in Abschrift AEvOKR Wien, Registratur A 44/5.

gelangt. Sie blieb schon in Wien liegen, denn der Kurator der Wiener Hochschulen hielt sie zurück,[58] weil sie zum Jahreswechsel 1944/45 und der entsprechenden Kriegslage ihren Zweck verfehlte.

Der Verlust ökumenischer Forschungskompetenz

Ein Kapitel ökumenischer Partnerschaft war damit abgeschlossen. Es war durch die politischen Begleitumstände zu einem heiklen Thema geworden, das gleichwohl zu memorieren ist und zum Reservoir jener Bereiche zählt, die verschriftlicht werden müssen, um die gerne verdrängte ideologische Instrumentalisierung einer Theologischen Fakultät an einem konkreten Beispiel aufzuzeigen.

Die Wiener Fakultät hat nach 1945 das Studienangebot vervielfacht, die biblische Archäologie, Religionspädagogik und Philosophie wurden in den Fächerkanon aufgenommen, später auch die Religionspsychologie, das Kirchen- und Staatskirchenrecht wurde zeitweise erweitert und später wieder abgewertet, die Religionswissenschaft und die kirchliche Kunst wurden integriert, aber das Studium der Orthodoxie rückte nur einmal und nur vorübergehend wieder ins Blickfeld der Fakultät: Als 1958/59 eine Rückberufung von Hans Koch an die Fakultät erwogen wurde, hätte ein zweiter Lehrstuhl für Kirchengeschichte diesem Bereich der Historischen Theologie und der Kirchengeschichte des ost- und südostmitteleuropäischen Raumes gewidmet werden können[59]. Dazu ist es aber nicht gekommen. Wer sich heute in Wien mit der Theologie der Ostkirchen beschäftigen möchte, ist auf die benachbarte Katholisch-theologische Fakultät angewiesen.

---

58 AdR, Kurator, Rektorat Wien an REM GZ. 473/1942–43, Bericht vom 20.11.1944.
59 Karl W. Schwarz, Evangelische Theologie zwischen kultureller Nachbarschaftshilfe und volksdeutschem „Sendungsbewusstsein". Die Wiener Protestantisch-theologische Lehranstalt/Fakultät und ihre Bedeutung für den Donau- und Karpatenraum. Danubiana Carpathica 2 (2007) 89–112.

Gerhard May und der Wiener Lehrstuhl für Diasporawissenschaften

Der evangelische Theologe Gerhard May (1898–1980) ist einer der wenigen Österreicher, dem im Theologischen Lexikon „Religion in Geschichte und Gegenwart" (RGG) ein eigener Artikel gewidmet wurde[1]. Darin wird ausgeführt, in welchen unterschiedlichen Bereichen seine Bedeutung lag: Zuerst ist auf die von ihm konzipierte Diasporatheologie zu verweisen, die er im Kontext des Gustav-Adolf-Werkes erbrachte[2]. An dessen Zentrale, dem Franz-Rendtorff-Haus in Leipzig, an dem er im Studienjahr 1934/35 als Studienleiter wirkte, lernte er die damals geläufige völkische Theologie kennen; er erwies sich in der Folge als ambitionierter Schüler und Vertreter einer diasporatheologischen Position, die ihn weit über den Raum seines pastoralen Wirkens in Cilli/Celje in der Untersteiermark bzw. Slowenien hinaus Einfluss nehmen ließ. Dort galt er neben dem fünf Jahre älteren Bischof Philipp Popp (1893–1945) als „der eigentliche theologische Kopf der Deutschen Evangelischen Kirche in Jugoslawien"[3], dort wuchs ihm darüber hinaus auch die Aufgabe eines volksdeutschen politischen Vordenkers und nach 1941 die eines praktizierenden Politikers des mit dem deutschen Nationalsozialismus im Naheverhältnis stehenden Schwäbisch-deutschen Kulturbundes zu. Mit seiner Berufung nach Wien 1944 als Bischof der evangelischen Landeskirche in Österreich ist eine bemerkenswerte Konversion verbunden, die alle seine volkstumspolitischen Ambitionen beendete[4] und ihn zum bischöflichen Wegweiser des österreichischen Protestantismus werden ließ. Als solcher wurde er zum Motor für dessen „Austrifizierung"[5]. Auch wenn die Kirche in den Jahren des sogenannten Dritten Reiches „Österreich" in ihrem Namen beibehielt, wurde sie doch immer wieder als „deutsche" Kirche apostrophiert, ja galt als „Exponent des

---

1 RGG[4] V, Sp. 936 – umfangreiche Literaturhinweise in: BBKL V, Sp. 1095–1103.
2 Karl W. Schwarz: Unter dem Gesetz der Diaspora. Das Diasporaverständnis des österreichischen Theologen Gerhard May zwischen politischer Konjunktur und theologischer Metaphorik, in: Karl-Christoph Epting (Hrsg.), Quellen und Forschungen zur Diasporawissenschaft, Leipzig 2006, 1–40. Der nachfolgende Beitrag berührt sich mit früheren Studien über May, vertieft sie und führt darüber hinaus.
3 Roland Vetter (Hrsg.), Keine bleibende Stadt. Beiträge zur Geschichte deutscher Protestanten aus Jugoslawien, Wiesbaden 1990, 211.
4 Karl Schwarz, Gerhard May – vom volksdeutschen Vordenker in Slowenien zum bischöflichen Wegweiser der Evangelischen Kirche in Österreich, Südostdeutsches Archiv 46/47 (2003/2004) 39–64.
5 Karl W. Schwarz, Vom „Gottesgericht" zur „Austrifizierung": Die Evangelische Kirche A.u.H.B. in Österreich, ihr Selbstverständnis und ihr religionsrechtlicher Status nach 1945, in: ders.: Der österreichische Protestantismus im Spiegel seiner Rechtsgeschichte, Tübingen 2017, 212–223, 216.

reichsdeutschen Protestantismus"[6]. May gelang es, diesen Prozess der Austrifizierung mit der Zurückweisung jedweder politischen Sendung der Kirche zu verknüpfen[7]. Aus der Niederlage seiner politischen Bindung vor 1945 resultierte eine apodiktische Entpolitisierung der Kirche nach 1945. „Man habe sich einmal die Finger verbrannt und möchte sich hüten, dies noch einmal zu tun", war seine Losung, die nicht ohne Widerspruch seitens der Pfarrerschaft aufgenommen wurde[8].

Im Folgenden soll nach einem knappen Lebensabriss vor allem seine diasporatheologische Sendung in Jugoslawien geschildert werden, aus der heraus ein kultur- und volkspolitischer Auftrag erwuchs und ihn dazu veranlasste, eine „volksdeutsche Sendung der Kirche" zu postulieren[9]. Das wird in einem dritten Abschnitt erörtert, der ihn zu akademischen Aufgaben an die Wiener Universität hätte rufen sollen. Die Berufung auf eine Professur für Diasporawissenschaft kam nicht zustande, weil die Stelle kurz nach der behördlichen Genehmigung wieder eingezogen wurde und damit die politische Absicht deutlich wurde, die theologischen Fakultäten aus dem akademischen Raum zu verdrängen. Der Beitrag schließt mit Mays Übersiedlung nach Wien, mit seiner Berufung in die Kirchenleitung der Evangelischen Kirche A.u.H.B. in Österreich (1944).

Zur Vita

Gerhard May entstammte einem altösterreichischen Pfarrhaus. Er wurde 1898 in Graz geboren, einer A.u.H.B.-Gemeinde, wo sein Vater Fritz May (1869–1928), ein gebürtiger Wiener und Glied der dortigen reformierten Stadtgemeinde[10], als Vikar wirkte. Dieser hatte seine geistliche Laufbahn als Hilfsprediger im reformierten Budapest begonnen, wo er eine sehr bewusste ungarländische Calvinistin ehelichte, die ihm vier Kinder schenkte, darunter zwei Söhne, die beide später den Beruf des Vaters ergriffen. Fritz May wurde 1899 zum Pfarrer von Cilli/Celje in der Untersteiermark gewählt, wie Graz

---

6   Gerhard May, Amtsbrüderliche Rundschreiben [hinkünftig: AR] 1944–1947, abgedruckt in: Gustav Reingrabner / Karl Schwarz (Hrsg.), Quellentexte zur österreichischen evangelischen Kirchengeschichte zwischen 1918 und 1945 [hinkünftig: Quellentexte], Wien 1989, 616–757, 658 (10. AR 12.8.1945).
7   May: 9. AR 17.7.1945, in: Quellentexte, 647–655, 648 – dazu auch Rudolf Leeb, Die Evangelische Kirche in Österreich nach 1945 und die Suche der Kirchenleitung nach einer neuen kirchlichen Identität, in: Evangelische Akademie Wien (Hrsg.), Evangelische Identitäten nach 1945. Tagungsband, Wien 2012, 47–70; Karl W. Schwarz, Bischof D. Gerhard May und die Austrifizierung der Evangelischen Kirche, ebd. 71–86.
8   May: 14. AR Jänner 1946, in: Quellentexte, 686–701, 690 ff.
9   Gerhard May, Die volksdeutsche Sendung der Kirche, Göttingen 1934.
10 Peter Karner (Hrsg.), Die evangelische Gemeinde H.B. in Wien. Jubiläumsfestschrift, Wien 1986, 138.

eine A.u.H.B.-Gemeinde, die trotz lutherischer Mehrheit dem reformierten Kirchenregiment unterstand. Daraus kann eine konfessionelle Arglosigkeit gefolgert werden oder auch eine Großzügigkeit. Hier hat sich jedenfalls eine konfessionelle Kooperation ergeben, die im Einzelfall unter Umständen zu Irritationen führte, aber im Großen und Ganzen das verwirklichte, was später die Präambel zur österreichischen Kirchenverfassung (1949) vollmundig proklamierte: dass die beiden Kirchen A.B. und H.B. in ihrer Geschichte von Gott zusammengeführt worden seien. Auch die konfessionelle Biographie von Gerhard May entspricht dieser Entwicklung und führte ihn vom Heidelberger Katechismus seiner Kindheit zu Martin Luther[11].

Cilli war eine kleine, aber rege Gemeinde, die schon seit 1853 von Laibach/Ljubljana mitversorgt wurde. Am 26. Mai 1853 ist der erste Gottesdienst nachgewiesen, den der Laibacher Pfarrer Theodor Elze (1823–1900) in einer alten Schmiede in Unterkötting bei Cilli gehalten hat, ehe im Derianischen Haus an der Ecke von Rathaus- und Klostergasse ein Gottesdienstlokal eingerichtet wurde. Am 24. August 1855 erfolgte die behördliche Genehmigung der Konstituierung als Filialgemeinde. 1856 konnte trotz „Quertreibereien des Bischofs"[12] die profanierte Andreas-Kapelle in der Gartengasse erworben werden[13], 1904 erfolgte die Grundsteinlegung der Christuskirche auf einer Insel in der Sann/Savinja, 1906 die Einweihung. Der Protestantismus wurde nicht freundlich aufgenommen, dessen Anliegen geradezu verunglimpft[14]. Im kirchlichen Schematismus von 1886 wird Cilli mit 148 Gemeindegliedern, im letzten Schematismus vor dem Zusammenbruch der Donaumonarchie 1913 mit 531 Seelen ausgewiesen. Dieser Zuwachs signalisiert einen Erfolg der Los-von-Rom-Bewegung und wird auch an der Vernetzung der Gemeinde mit einer Vielzahl von Predigtstationen (für durchschnittlich dreißig Seelen) deutlich. Im Wesentlichen gefördert durch den Gustav-Adolf-Verein in Deutschland hat sich mit dieser frommen kirchlichen Aufbauarbeit handfeste politische Programmatik verbunden[15]. Diese Protestantengemeinden verstanden sich als deut-

---

11   Karl Schwarz, „Für mich gelten Sie als Lutheraner!" Ein Kapitel aus der Biographie von Bischof D. Gerhard May, in: Vielseitigkeit des Alten Testaments. Festschrift für Georg Sauer zum 70. Geburtstag, Frankfurt/M. 1999, 387–397.
12   6. Flugblatt der Ev. Gemeinde in Cilli, Sept. 1913, 6.
13   Die Einweihung der neugegründeten evangelischen Andreaskirche in Cilli am 25. März 1857, Laibach (Ignaz v. Kleinmayr & Fedor Bamberg) 1857 – mit einer historischen Skizze der Reformation in Cilli von Theodor Elze und den Ansprachen von Senior Friedrich Bauer/Tressdorf und Pfarrer Heinrich Medicus/Triest.
14   Fritz May, Martin Luther. Ein Lebensbild zur Abwehr ultramontaner Geschichtsfälschung, Cilli 1902, 16.
15   Karl-Reinhart Trauner, Die Los-von-Rom-Bewegung. Gesellschaftspolitische und kirchliche Strömung in der ausgehenden Habsburgermonarchie, Szentendre ²2006, 619 ff.; Arnold Suppan, Zwischen Adria und Karawanken, Berlin 1998, 305.

sche Wehrkirchen gegen das Slawentum[16] und so wird manche Konversion auch einer bewussten ethnischen Neuorientierung geschuldet sein[17].

Einer der Los-von-Rom-Prediger war der aus dem Westfälischen zugezogene Ludwig Mahnert (1874–1943)[18], der seinen Dienst in der Untersteiermark – „auf Vorposten" – als volkspolitischen Kampf verstanden hat und sein literarisches Schaffen dieser Aufgabe unterstellt hat[19].

Aus den literarischen Arbeiten von Mahnert ist eine treffende Schilderung der vom Volkstumskampf bestimmten Atmosphäre zu entnehmen, in der Gerhard May in Cilli aufwuchs. Dort besuchte er die Volksschule und das traditionsreiche Deutsche Gymnasium, das bei der Einführung utraquistischer, d.h. gemischtsprachiger Klassen („Errichtung des k.k. Untergymnasiums mit deutsch-slowenischer Unterrichtssprache"[20]) den Nationalitätenkonflikt der Habsburgermonarchie hatte eskalieren lassen und eine der heftigsten Regierungskrisen auslöste[21]. Als „Fall Cilli" war diese Frage 1895 zur Frage deutscher Selbstbehauptung hochstilisiert worden[22]. Diese frühe Prägung durch den heftigen Kampf zwischen Deutschen und Slowenen, wie er in der Untersteiermark praktisch um jeden Quadratmeter Boden, um jeden Bauernhof, um jeden Straßenzug geführt wurde, ein politisches Ringen um die Legitimität von Schulen, Vereinen und sonstigen Kultureinrichtungen, spielte im Leben Mays eine ganz wesentliche Rolle. Denn dieser Kampf wird nach dem Zusammenbruch der Habsburgermonarchie mit umgekehrten Vorzeichen weitergehen und die Stellung der deutschen Bevölkerung als ethnische Minderheit in der nunmehr zu Jugoslawien geschlagenen Untersteiermark in Zweifel ziehen und aufheben. Die demographische Abnahme der deutschen Bevölkerung in

---

16 Janez Cvirn, Trdnjavski trikotnik. Politična orientacija Nemcev na Spodnjem Štajerskem [Das Festungsdreieck. Die politische Orientierung der Deutschen in der Untersteiermark], Maribor 1997, 237 ff.; ders., Deutsche und Slowenen in der Untersteiermark: zwischen Kooperation und Konfrontation, in: Harald Heppner (Hrsg.), Slowenen und Deutsche im gemeinsamen Raum, München 2002, 111-125.
17 Trauner, Die Los-von-Rom-Bewegung, 567.
18 Herbert Rampler, Evangelische Pfarrer und Pfarrerinnen der Steiermark seit dem Toleranzpatent, Graz 1998, 196-198. Zu seinem literarischen Schaffen ebd. 417-423.
19 Karl-Reinhart Trauner, Biograph seiner Zeit: Pfarrer Ludwig Mahnert, in: Michael Bünker / Karl W. Schwarz (Hrsg.), protestantismus & literatur. Ein kulturwissenschaftlicher dialog, Wien 2007, 213-262.
20 Gub, Geschichte der Stadt Cilli, 444f.
21 Peter Vodopivec, Von den Anfängen des nationalen Erwachens bis zum Beitritt in die Europäische Union, in: Peter Štih / Vasko Simoniti / Peter Vodopivec, Slowenische Geschichte. Gesellschaft – Politik – Kultur, Graz 2008, 217-518, 283 ff.; Oto Luthar (Hrsg.), The Land Between. A History of Slovenia, Frankfurt/M. 2008, 336.
22 Berthold Sutter, Die politische und rechtliche Stellung der Deutschen in Österreich 1848 bis 1918, in: Adam Wandruszka / Peter Urbanitsch (Hrsg.), Die Habsburgermonarchie 1848-1918 Bd. III: Die Völker des Reiches, Wien 1980, 154-339, 223; Arnold Suppan: Die Untersteiermark, Krain und das Küstenland zwischen Maria Theresia und Franz Joseph (1740-1918), in: ders (Hrsg,), Zwischen Adria und Karawanken, Berlin ²2002, 264-384, 326 ff.

Slowenien ist eklatant[23]. In Cilli lebten 1910 noch 4.625 (fast 70%) Deutsche, im Jahr 1921 sind es nur noch 859 (11%) mit deutscher Muttersprache, 1931 sinkt die Zahl weiter auf 449 (knapp 6%).

Der Friedensvertrag von St. Germain hatte die Abtretung der Untersteiermark an den SHS-Staat (Kraljevina Srba, Hrvata i Slovenca) herbeigeführt, sodass die drei evangelischen Pfarrgemeinden in Cilli/Celje, Marburg/Maribor und Laibach/Ljubljana aus der Evangelischen Kirche A.u.H.B. in Österreich ausschieden und zum Seniorat der deutschen evangelischen Gemeinden in Slowenien zusammengeschlossen wurden[24]. Diese drei Gemeinden wählten Fritz May zu ihrem Senior; er trug dieses Amt trotz zunehmender körperlicher Leiden (eine multiple Sklerose zwang ihn zu einem Leben im Rollstuhl) bis 1925, er wurde aber seit 1920 durch seinen Sohn Gerhard entlastet, der am 16. Juni 1925 einstimmig zum Pfarrer gewählt wurde[25]. Dieser hatte schon während seiner Studienzeit in Wien, Halle/Saale und Basel den Kontakt zur Ökumene hergestellt: zum Gustav-Adolf-Verein, zum Evangelischen Bund, zum Weltbund für Freundschaftsarbeit der Kirchen. Er hatte 1920 in Wien das Examen pro candidatura absolviert und wurde im darauf folgenden Jahr durch seinen Vater ordiniert. Die Pläne einer wissenschaftlichen Laufbahn mussten aus verständlichen Gründen fallen gelassen werden. Aus den vielfältigen Kontakten erwuchs eine rege Korrespondententätigkeit über die Evangelischen in Südslawien. Viele der Berichte in der „Wartburg"[26] oder in der Evangelischen Diaspora [27] mussten ohne Namensnennung erscheinen, weil sie ihren Verfasser kompromittiert hätten. Sie geben jedenfalls ein ungeschminktes Bild des kirchlichen Lebens in der „doppelten" d.h. konfessionellen und nationalen Diaspora wieder, um hier schon einen Leitbegriff seiner späteren Arbeit aufzugreifen („doppelte Diaspora")[28].

---

23 Arnold Suppan, Zur Lage der Deutschen in Slowenien zwischen 1918 und 1938. Demographie – Recht – Gesellschaft – Politik, in: ders. / Helmut Rumpler (Hrsg.), Geschichte der Deutschen im Bereich des heutigen Slowenien 1848–1941, Wien-München 1988, 171–240; ders.: Jugoslawien und Österreich 1918–1938. Bilaterale Aussenpolitik im europäischen Umfeld, Wien-München 1996; Reinhard Reimann: „Für echte Deutsche gibt es bei uns genügend Rechte". Die Slowenen und ihre deutsche Minderheit 1918–1941, in: Harald Heppner (Hrsg.), Slowenen und Deutsche im gemeinsamen Raum, 126–151, 142.
24 Balduin Saria, Die Gründung der Deutschen ev.-christlichen Kirche A.B. im Königreich Jugoslawien, Ostdeutsche Wissenschaft 7 (1960) 263–285, 268; Karl-Reinhart Trauner, Der Zusammenbruch der Donaumonarchie und die Kirchen im jugoslawischen Raum, EvDia 87 (2018/19) 36–45.
25 Weihnachtsgruß an die Evangelischen in Slowenien, 5. Flugblatt Cilli Dezember 1925, 4.
26 „Die Wartburg", hinkünftig WB – Zeitschrift des Evangelischen Bundes.
27 Die Evangelische Diaspora, hinkünftig EvDia – Zeitschrift der Gustav-Adolf-Stiftung, Leipzig.
28 Gerhard May, Doppelte Diaspora als Gemeinschaftsordnung, in: Zwischen Völkern und Kirchen. Festschrift für Bruno Geißler z. 60. Geburtstag, Leipzig 1935, 107–123.

1927 gestaltet er ein ganzes Beiheft zur Evangelischen Diaspora mit den Evangelischen im südslawischen Reich[29]. Als Mitglied der Synode, des Schul- und Gesangsbuchausschusses seiner Kirche, als Beteiligter an der Gründung des protestantischen Diakonievereines (1923), des Gustav-Adolf-Hauptvereines (1931), des Evangelischen Presseverbandes (1927), der Luthergesellschaft (1934) und eines gemeinsamen Gesangbuches hatte er maßgeblich zur Integration der protestantischen Kirche in diesem neu entstandenen südslawischen Reich beigetragen[30]. Der erste Schritt dazu erfolgte am ersten evangelischen Kirchentag Jugoslawiens in Neudorf bei Vinkovci/Slavonien 14.–15.9.1920, zu dem 58 Vertreter aus allen Teilen des SHS-Staates angereist waren. Sechs Nationen waren vertreten, aus fünf Landeskirchen stammten sie, in vier Sprachen (serbo-kroatisch, deutsch, slowakisch und magyarisch) wurde verhandelt. So gab die Versammlung ein lebendiges Bild der Vielgestaltigkeit des evangelischen Lebens im neuen Staat. Als theologische Prämisse wurde der zu bildenden Kirche vom Kirchentag (1920) vorgegeben[31], dass sie „weder eine Staats- noch eine Pfaffenkirche" sein wolle, „die von irgend ‚von oben her' aufoktroyiert wird." Doch dies sei „kein Zugeständnis an die demokratische Zeitströmung", sondern entspreche unserem Geist, „dem evangelischen Grundsatz vom allgemeinen Priestertum der Gläubigen, der evangelischen Freiheit und Selbstverantwortlichkeit, wenn die Gemeindeglieder und die Einzelgemeinden als die Träger des religiösen und kirchlichen Lebens die Bausteine unserer Kirche sein sollen."

Es schwebte den Beteiligten eine nach Landschaften und Nationen in Seniorate gegliederte Landeskirche vor, die in zwei Distrikte zusammengefasst durch jeweils einen Bischof (ein Deutscher und ein Slawe) geleitet wird. Die reformierten Magyaren in der Batschka hatten von vorneherein abgewunken und waren nicht beteiligt. Durch eine „reinliche Scheidung" im Einzelnen und durch das „Zusammengehen im Größeren" soll der „leidige Nationalitätenstreit wenigstens in der Kirche gesteuert und doch der übernationalen Einheit des Christentums ... Ausdruck gegeben" werden[32].

---

29 Gerhard May, Deutsch-evangelisches Leben in Slowenien, Leipzig 1927. 32 pp.
30 Georg Wild, Die Deutsche Ev. Kirche in Jugoslawien 1918–1941, München 1980, 237 ff..
31 Gerhard May, Bericht über den Ersten evangelischen Kirchentag Jugoslawiens (14.–15. September 1920), in: 4. Flugblatt für die Gemeinden in Slowenien, Cilli 1920, 1.
32 Ebd.

Jugoslawien in der Zwischenkriegszeit

Man muss die nationale und konfessionelle Gemengelage in dem neu gebildeten südslawischen Königreich kennen, um dieses protestantische Integrationswerk richtig würdigen zu können.

Die Grenzziehung nach dem Ersten Weltkrieg vereinigte auf dem Boden Jugoslawiens (von dem einmal gesagt wurde, dass es „der österreichischste aller Nachfolgestaaten"[33] sei)

- sechs Millionen orthodoxe Serben,
- fünf Millionen Katholiken, ethnisch gegliedert in Kroaten und Slowenen sowie Magyaren und Donauschwaben[34],
- 1,4 Millionen Moslems,
- ca. 240.000 Protestanten,
- 60.000 Juden sowohl nach der aschkenasischen als auch der sephardischen Richtung,
- sowie Altkatholiken, Griechisch-unierte und sonstige Anhänger von staatlich anerkannten und nicht anerkannten Religionsgemeinschaften.

Die neun staatlich anerkannten Religionsgemeinschaften verteilten sich auf zwölf Nationen, wobei Serben, Kroaten und Slowenen nur als eine südslawische Nation gerechnet werden durften.

Die erwähnten knapp eine Viertelmillion zählenden Protestanten waren ihrer Nationalität nach Deutsche, Magyaren, Slowaken und Slowenen. Sie organisierten sich in drei Kirchen, zwei lutherischen und einer reformierten:

- der deutsch-evangelischen Landeskirche mit 125.000 Seelen,
- der slowakischen Kirche A.B. mit 50.000 Seelen,
- und der reformierten Kirche mit 65.000 Seelen[35];

Daneben gab es noch einige Tausend Kongregationalisten in der Gegend von Strumica (Makedonien).

Zur deutsch-evangelischen Landeskirche ist zu bemerken, dass sie zu ihrer Prädizierung als „deutsche" Kirche nicht von selbst gekommen ist, der Staat

---

33 zit. bei Klaus-Detlev Grothusen: Jugoslawien zwischen Ost und West, in: ders. / Christian Gneuss (Hrsg.), Jugoslawien. Aspekte der Gegenwart – Perspektiven der Zukunft, Stuttgart 1979, 25–45, 28.
34 Der überwiegende Teil der Donauschwaben, ca. ¾, war römisch-katholisch: Valentin Oberkersch, Die Deutschen in Syrmien, Slawonien, Kroatien und Bosnien, Stuttgart 1989, 340 ff.; Holm Sundhaussen, Die Deutschen in Jugoslawien, in: Klaus J. Bade (Hrsg., Deutsche im Ausland – Fremde in Deutschland. Migration in Geschichte und Gegenwart, München 1992, 54–70, 56.
35 Gerhard May: Die reformierte Kirche in Südlawien, EvDia 15 (1933) 199–206; Nachdruck in: Georg Wild (Hrsg.), Festschrift für Franz Hamm zum 80. Geburtstag, München 1981, 39–46; Karl Sterlemann, Studien zur Kirchengeschichte der Reformierten Christlichen Kirche in Jugoslawien, Kroatien und Südungarn, Bad Nauheim 1988.

hat sie ihr aufgedrängt. Dabei war sie nicht einmal korrekt, denn zu ihr hielten sich neben 5.000 Magyaren auch 25.000 lutherische Slowenen im Übermurgebiet (Prekmurje) auf ehemals ungarischem Boden[36].

Die Evangelische Kirche in Jugoslawien vereinte demnach unterschiedlich geprägte Gemeinden:
- ihren Schwerpunkt hatte sie zweifellos in der Batschka/Bačka/Bácska, nördlich von Neusatz/Novi Sad/Újvidék, deutsche Kolonistengemeinden aus dem 18. Jahrhundert, die wie die Gemeinden im Banat bis 1919 zur Evangelischen Kirche A.B. im Königreich Ungarn gehört hatten[37].
- Die Gemeinden in Bosnien und in der Herzegowina machten etwa 10.000 Protestanten aus, sie hatten schon seit ihrer Gründung im 19. Jahrhundert einen eigenständigen Konvent der vereinigten evangelischen und reformierten Pfarrgemeinden mit einer eigenen Synode („Bosnische Synode") gebildet[38].
- Die 1854 gegründete Gemeinde Belgrad/Beograd mit ganz Serbien war autonom gewesen und geblieben[39].
- Im Westen kamen die vorher zur Ev. Kirche A.u.H.B. in Österreich gehörenden Gemeinden in Marburg[40], Cilli und Laibach hinzu, die 1925 auf 2.029 Mitglieder verweisen konnten[41].

Die nationale Segregation unter den Lutheranern war 1921 von den Slowaken ausgegangen. Diese hatten sich verselbständigt, als die Hoffnung auf ein Fortbestehen der über die Grenzen der neu gebildeten Nationalstaaten sich erstreckenden ehemaligen ungarländischen Kirche A.B. zunichte geworden war. Der Weltbund für Freundschaftsarbeit der Kirchen hatte sich vergeblich dafür eingesetzt, seine Resolution vom 3. Oktober 1919 war ohne Wirkung verhallt.

Ein letztes Wort zur Reformierten Kirche, die etwa fünfzig Gemeinden mit 65.000 Seelen umfasste. Auch diese in der ungarischen, streng kalvinistischen Tradition stehende Kirche war zweisprachig. Den Hauptteil machten die magyarischen Gemeinden aus, doch bildeten zwölf deutsche Gemeinden mit ca.

---

36 Gerhard May, Der Protestantismus bei den Slowenen (Wenden), EvDia 13 (1931) 90–96; Franc Šebjanič, Die protestantische Bewegung der pannonischen Slowenen, Murska Sobota 1979; Vili Kerčmar, Evangeličanska cerkev na Slovenskem, Murska Sobota 1995.
37 Friedrich Lotz, Die deutsch-protestantische Besiedlung der Batschka, Auslanddeutschtum und Evangelische Kirche 1938, 226–245; Wild, Die Deutsche Evangelische Kirche in Jugoslawien, 11 ff.
38 Wild, Die Deutsche Evangelische Kirche in Jugoslawien, 67 ff.
39 Wild, Die Deutsche Evangelische Kirche in Jugoslawien, 61 ff.; Angela Ilić, Belgrad. Eine Stadt, zwei ehemalige deutsche evangelische Kirchen, Spiegelungen 11 (2016) 2, 9–25.
40 Karl-Reinhart Trauner, Konfessionalität und Nationalität. Die evangelische Pfarrgemeinde Marburg/Maribor im 19. und 20. Jahrhundert", Wien-Köln-Weimar 2019.
41 7. FB an die Evangelischen in Slowenien, Sept. 1926, 2.

15.000 Seelen ein eigenes deutsches Seniorat, ebenfalls in der Batschka gelegen mit dem Zentrum in Neuwerbaß.

Einmal abgesehen von der schwierigen politischen Situation am Balkan, die sich in der Zwischenkriegszeit am Konflikt zwischen Serben und Kroaten um die Gestaltung des neuen gemeinsamen Staates festmachen lässt, gab es für die Evangelischen deutscher Sprache Probleme, weil sie sich erst nach der staatlichen Genehmigung ihrer Kirchenverfassung (10.11.1930) auf ihrem ersten in Novisad veranstalteten Landeskirchentag (17./18.2.1931) konstituieren konnte[42]. Am 22.9. 1931 wurde als Bischof der Agramer Pfarrer Dr. Philipp Popp und der donauschwäbische Kaufmann Dr. jur. Wilhelm Roth als weltlicher Kirchenpräsident eingeführt[43].

Zurück zu den spezifischen Schwierigkeiten: In einem der ersten anonym erschienenen Korrespondentenberichte Mays ist nachzulesen[44], dass die Evangelischen aus dem Friedensvertrag von St. Germain und dem Minderheiten-Schutzvertrag vom 10. Oktober 1919 Hoffnung schöpften:
- er hatte allen konfessionellen und nationalen Minderheiten Gleichberechtigung zugesichert,
- weiters den Gebrauch der Muttersprache im Verkehr mit den Behörden,
- sowie die freie Religionsausübung
- und das Recht, Schulen und Vereine zu gründen.
- Bei einer allfälligen Verletzung wurde den Minderheiten ein Rekursrecht an den Völkerbund eingeräumt. So stand es jedenfalls auf dem Papier.

May zeigte sich in seiner Analyse freilich ziemlich skeptisch: er musste nur auf den SHS-Staat hinweisen, der sich zunächst überhaupt weigerte, den Friedensvertrag zu unterzeichnen; größere Hoffnung verband er mit dem Weltprotestantismus. Vom 1914 in Konstanz gegründeten Weltbund für Freundschaftsarbeit der Kirchen[45] erhoffte er eine moralische Unterstützung.

Die österreichische Weltbundarbeit hat diesem Anliegen vollkommen Rechnung getragen: Die Frage des Schutzes deutscher Minderheiten in den Nachfolgestaaten und die Revision der Pariser Friedensverträge bildete den Schwerpunkt der österreichischen Aktivitäten[46]. Ein Zitat des deutschen Sekretärs

---

42 20. FB Pfingstgruß an die Evangelischen in Slowenien, Mai 1931, 2.
43 Gerhard May, Die Amtseinführung unseres Bischofs, in: 21. FB Weihnachtsgruß an die Evangelischen in Slowenien, Dezember 1931, 2–6.
44 Von den ev. Gemeinden in Südslawien, WB Nr. 19/20, 14.5.1920, 83.
45 Dazu Karl-Christoph Epting, Die erste internationale Konferenz der Kirchen für Frieden und Freundschaft in Konstanz 1914, ÖR 34 (1985) 7–25; Harmjan Dam, Der Weltbund für Freundschaftsarbeit der Kirchen 1914–1948. Eine ökumenische Friedensorganisation, Frankfurt/Main 2001.
46 Franz Fischer, Die Ev. Kirche Österreichs in den ökumenischen Bestrebungen, in: Friedrich Siegmund-

der Weltbundarbeit Friedrich Siegmund-Schultze (1885–1969) begegnet leitmotivisch in fast allen Veröffentlichungen des österreichischen Freundeskreises und unterstreicht die zwingende Notwendigkeit einer Revision der Pariser Vorortverträge[47]: „Durch den Weltkrieg ist das deutsche Volk zum Frieden erzogen worden, aber durch diesen Frieden wird es wieder zum Krieg erzogen!"

Ein Konfliktfeld größten Ausmaßes war die Schulpolitik Jugoslawiens. Eine Denkschrift aus dem Jahr 1920[48] listete auf:

- das deutsche Schulwerk wurde aufgelöst (71 Volks- und Bürgerschulen mit zusammen 165 Schulklassen, drei Gymnasien, eine Oberrealschule, zwei Lehrer- und Lehrerinnenbildungsanstalten, zwanzig Kindergärten u.a.m.);
- die Vereinsarbeit wurde zunichte gemacht,
- die Privatschulen wurden verstaatlicht,
- das Minderheitenschulwesen wurde vom Staat in eigene Regie übernommen,
- restriktive Bildung von deutschen Nebenklassen in slowenischen Schulen, um Kinder aus ethnischen Mischehen leichter zu assimilieren;
- der größte Teil der deutschen Lehrkräfte wurde entlassen.

Für die evangelische Kirchengemeinde in Cilli war es eine Frage des Überlebens, dass unter der evangelischen Schuljugend die Kenntnis der deutschen Muttersprache erhalten blieb. Aus der Erkenntnis, dass mit dem Verlust der Muttersprache auch jener der Zugehörigkeit zur evangelischen Kirchengemeinde einhergehen könnte, richtete May im Geheimen deutsche Privatstunden ein, deren Bezahlung durch einen Lastenausgleich bewältigt wurde, um alle in Frage kommenden Kinder, einschließlich der katholischen Kinder deutscher Muttersprache, zu beteiligen.

Schultze (Hrsg.), Die Ev. Kirche in Österreich (= Ekklesia IV/14), Gotha 1935, 158–165, 160 ff.

47 Friedrich Siegmund-Schultze, Religiöse und sittliche Wirkungen des Versailler Vertrages auf das deutsche Volk (Rede auf der Jahresversammlung des deutschen Zweiges der Weltbundvereinigung in Kassel [August 1929]), zit. bei Franz Fischer, Die Ev. Kirche Österreichs, 162; ders., Gegen Unrecht und Gewalt. Die Revision der Friedensdiktate: Eine Forderung des christlichen Weltgewissens, Wien 1932.

48 Die Lage der Deutschen in Slowenien – o.D. AEOKR Wien, Nachlass May.

Das Volk als „religiöse" Kategorie

„Der verlorene Weltkrieg hat uns, den Besiegten, einen Gewinn gebracht: er hat uns das größere Deutschland entdecken lassen."

Mit diesen Worten beginnt ein anonymer Aufsatz in der Zeitschrift „Zeitwende". Er stammt von Gerhard May und ist eines der frühen Dokumente seiner Auseinandersetzung mit den Problemen der „doppelten Diaspora", der Reflexion also, als Volksdeutscher (evangelischer Konfession) Bürger eines fremdnationalen Staates zu sein und sein Volkstum als gottgegebenes Schicksal zu erfahren[49]:

Unser Volkstum war die bestimmende Daseinsmacht. Es war das, was man sich nicht wählte, ja, wofür man sich nicht einmal entscheiden konnte. Ob einer wollte oder nicht – er war hineingeboren in sein Volkstum und nun hineingestellt in seine Leiden und seinen Kampf ... Ich bin Deutscher – das gab diesen zehn bitteren Jahren den Inhalt.

Die Prägung jedes Einzellebens „vom großen Volkstumsschicksal". Hinter dem Pathos dieser Feststellung lag die bittere Erfahrung, dass es kein individuelles Leben mehr gegeben habe, das wichtiger und tiefer erlebt wurde als dieses Volksschicksal. Für viele lag darin sogar „das große religiöse Erlebnis", weil es dem Leben Sinn und Ziel gab. Eine solche Einstellung laufe Gefahr, zum blanken Götzendienst zu werden; jedem Nationalismus drohe eine solche Entartung, wenn er nicht im Sinne eines Erwählungsglaubens korrigiert würde. „Gerade als Glaubende" hätten die Auslanddeutschen das Bewusstsein einer „besonderen Erwählung von Gott", allerdings nicht als Bevorzugung, sondern im Sinne einer „besondere[n] Prüfung durch das Erleben unseres Volkes".

Die enge Zusammengehörigkeit von Volk und Gott wird auf mehrfache Weise untermauert. So begegnet das Argument, man könne schon aus religiösen Gründen nicht vom eigenen Volkstum lassen („gerade um unserer religiösen Bindungen willen ..."). Darin zeige sich etwas von Gottes Willen, Sorge zu tragen für die Seele des armen, bedrängten Volkes. „Volksseelsorge" nennt es May[50], ohne sich der Ambiguität des Wortes bewusst zu werden. Er versteht sie als Dienst der Liebe am Volk aus der Sorge um seine Seele. Er reklamierte damit einen besonderen Ort im und einen besonderen Beruf des Christen zum Ringen mit dem „nackten Nationalismus": wir sollen den Nationalismus und das bedeutet konkret „uns selbst in unserem völkischen Empfinden, Wollen

---
49 (Gerhard May) Vom inneren Kampf des Auslanddeutschen um Volkstum und Glauben, Zeitwende 5 (1929) 1, 396–405. Das nachfolgende Zitat ebd. 398.
50 Gerhard May, Volksseelsorge!, Mann und Kirche 1933/10, 135 f.

und Handeln" vor den Ewigen und unter dessen Anspruch und Gericht stellen – zur Läuterung und Heiligung, zur Sündenerkenntnis („Wer sein Christentum umsetzen will in Leben und Tat, muss den Mut zur Sünde haben") und zur Sündenvergebung.

Damit ist Mays volkstheologisches Credo in nuce ermittelt, das er in vielen Einzeluntersuchungen entfaltete und variierte („In den brennenden Fragen des völkischen Lebenskampfes muss die Kirche die Antwort des Glaubens wagen.")[51] und das er schließlich zur Monographie ausarbeitete, die alle vorherigen Untersuchungen auf den Punkt brachte[52]: Die volksdeutsche Sendung der Kirche. Dieser damals moderne theologische Entwurf wies ihn nicht nur im Sinne einer äußerst zeitgemäßen kontextuellen Theologie aus, er wurde auch methodisch als weiterführend empfunden, weil er sich auf soziologische Kategorien stützte, wenn er von Volk und Gemeinschaft sprach, und somit einen Brückenschlag von der Theologie zur Soziologie vollzog. Der Titel wurde als Signal verstanden, vielleicht auch als „verdächtige Theologie"[53] missverstanden. Doch abgesehen von der Zuspitzung auf „Volk" und „Volkstum", die aus der außendeutschen Perspektive des Verfassers resultiert, welche eine außerordentliche Konjunktur erlebte, bewegte sich der Text inhaltlich im gängigen Begriffsfeld reformatorischer Theologie[54].

Eine seiner Kernforderungen, sein immer wieder vorgetragenes ceterum censeo lautete[55]: „Wir brauchen eine Theologie der Diaspora, besser eine politische Theologie des Außendeutschtums". Und er sparte nicht mit Kritik an der „binnendeutschen" Theologie, welche die Diaspora in ihrer „völkischen Not" „im Stich gelassen" habe. Sie habe nicht „die letzte Hilfe" geboten, um „unsere außendeutsche Existenz aus dem Evangelium zu begründen". „Sie gab uns nicht die letzten Antriebe für unseren völkischen Freiheitskampf."

In der Passionszeit 1934, als es in Berlin zur Ratifizierung eines freundschaftlichen Übereinkommens zwischen der Deutschen Evangelischen Kirche und ihrer Schwesterkirche in Jugoslawien durch Reichsbischof Ludwig Müller (1883–1945) und Bischof Dr. Philipp Popp kam[56], schrieb May das Nachwort

---

51 Gerhard May, Vom deutschen Willen der ev. Kirche in Südslawien, Zeitwende 8 (1932) 2, 66–70, 70.
52 Gerhard May, Die volksdeutsche Sendung der Kirche, Göttingen 1934.
53 Paul-Wilhelm Gennrich, Gott und die Völker. Beiträge zur Auffassung von Volk und Volkstum in der Geschichte der Theologie, Stuttgart 1972, 126, Trauner, Die Los-von-Rom-Bewegung, 566 ff.
54 Herbert Krimm, Das Volk, der Staat und der christliche Glaube. Ein auslanddeutscher Beitrag zum theologischen Gespräch, Zeitwende 1936/II, 53–56.
55 Gerhard May, Außendeutsche Not und kirchliche Verkündigung, Das Ev. Deutschland Nr. 34/26.08.1934, 287 f.
56 Wild, Die Deutsche Evangelische Kirche in Jugoslawien, 187 f.

zu seiner Monographie und nannte darin einen Namen, von dem der Pfarrer in Cilli besondere Förderungen erfuhr: D. Theodor Heckel (1894–1967), der Auslandsbischof der DEK, der wie kein anderer die „enge Fühlungnahme" zwischen Zagreb und Berlin personifizierte. Es ist May zweifellos zu attestieren, dass er mit seinem Buch eine maßgebliche und durchaus programmatische Aussage der auslandsdeutschen evangelischen Gemeinden getroffen hatte. In dem einschlägigen Jahrbuch „Auslandsdeutschtum und Evangelische Kirche" (ADEK) finden sich denn auch zahlreiche Beiträge aus seiner Feder und weitere bibliographische Nachweise, die das Gewicht der Fragestellung unterstreichen.

Die Lage der volksdeutschen Diaspora sah May durch eine dreifache Frontstellung charakterisiert: 1. gegen die fremde Konfession, das fremde Volk, den fremden Staat, 2. gegen die Auswirkungen des politischen Katholizismus im Außendeutschtum, der unter den Donauschwaben dominierte[57], 3. gegen den nationalen Säkularismus in den eigenen Reihen.

Aus volksdeutscher Perspektive die Begriffe „Volk", „Staat" und „Kirche" zu definieren ließ ihn an die Theologie der Schöpfungsordnung anknüpfen und repetieren, was er bei den ausgewiesenen theologischen Schriftstellern gelernt hatte.

Kirche und Volkstum

In der kirchlichen Rundschau „Das Evangelische Deutschland" erschien im April 1938 ein besonderes „Österreich-Heft", dem Dekan Entz mit einem sprechenden Zitat nicht nur das Motto vorgab, sondern auch die von seiner Fakultät mit größtem Interesse verfolgte Pflicht der Kirche am Volkstum als einer „Gottes Ordnung"[58]. Ebenso sah er auch die kirchlichen Amtsträger in die Pflicht genommen – „zur verstehenden, geduldigen, tragenden Liebe gegenüber den Nöten unseres Volkes und zum Dienst beim Aufbau einer besseren Zukunft". Er fing damit auf, was in der theologischen Diskussion seit 1934 geradezu Furore gemacht hatte: die „volksdeutsche Sendung der Kirche", ein Schlagwort, mit dem der Auslandsdeutsche Gerhard May, als „Führer" des Deutschtums in der Untersteiermark Berühmtheit erlangte hatte.

May war von seiner Kirche 1936 beurlaubt worden, um im Stab des Kirchlichen Außenamtes die Weltkirchenkonferenz von Oxford (1937) vorzubereiten.

---

57 Friedrich Gottas, Geschichte der ungarländischen Schwaben im Zeitraum von 1848 bis 1867, in: Ingomar Senz (Hrsg.), Donauschwäbische Geschichte II, München 1997, 167–250, 195 ff.
58 Das Ev. Deutschland Nr. 14/3.4.1938, 111.

In diesem Kontext publizierte er zwei einschlägige Studien, nahm er an der Konferenz teil und repräsentierte gemeinsam mit den Bischöfen Philipp Popp und Peter Harald Poelchau (1870-1945), dem Kronstädter Pfarrer Konrad Möckel (1892-1965) und dem aus Galizien stammenden Wiener Religionspädagogen Franz Fischer (1895-1975) das evangelische Außendeutschtum.

Erste akademische Angebote taten sich auf, so wurde er für den Lehrstuhl für Praktische Theologie an der Universität Breslau – neben Alfred Dedo Müller (1890-1972) und Eduard Steinwand (1890-1960) – und für die Leitung eines geplanten Diaspora-Predigerseminars als Kandidat nominiert. Vorträge führten ihn wiederholt zur Arbeitsstelle für auslandsdeutsche Volksforschung nach Stuttgart, wo ihm im August 1937 die silberne Verdienstmedaille überreicht wurde. „Volkskirche und Volksseelsorge" war das Thema eines Vortrags an der Lutherakademie in Sondershausen im August 1938. Über diese Vorlesung gibt es den aufschlußreichen Bericht eines Beamten des Reichskirchenministeriums LGR Dr. Werner Haugg (1908-1977)[59]. Dieser hob die verständnisvollen Worte des Referenten über „das volkshafte Geschehen im heutigen NS-Deutschland" hervor und lobte dessen didaktische Fähigkeiten und fesselnden Vortragstil. Vor allem fand der Berichterstatter seinen früheren Eindruck bestätigt, dass May „auf seinem schwierigen Auslandsposten für unsere deutschen Belange das tut, was überhaupt zu tun ist" und er fügt dem die Bemerkung an, dass, „wenn sich einmal Gelegenheit bieten sollte, von hier aus [i.e. Reichskirchenministerium] etwas für ihn zu tun, dies nicht vergebens sein würde".

Ein Lehrstuhl für „Diaspora-Kunde"

Haugg ahnte es wohl kaum, dass dieser Fall noch innerhalb eines Monats eintreten, und noch weniger, dass er seine aktenmäßige Verwendungszusage sozusagen postwendend vergessen würde. Denn wenige Tage später, als Dekan Entz in Berlin vorsprach und den zuständigen Beamten im Reichserziehungsministerium mit dem Namen May konfrontierte, ergab die Rücksprache beim Reichskirchenministerium zwar beachtliche politische Zensuren, aber für die Sache der Wiener Fakultät ein höchst kontraproduktives Ergebnis[60]: Haugg hielt May durchaus für geeignet, vertrat jedoch den Standpunkt, „daß May an seiner jetzigen Stelle in Zilly [sic], wo er als rechte Hand und Vertreter des Bi-

---

59 Bundesarchiv Berlin Bestand Reichskirchenministerium [RKM] 51.01, Bd. 22.543 (Lutherakademie Sondershausen), fol. 224.
60 BA Berlin, RKM, Bd. 21.715 fol. 49 – AV Richter 7.9.1938.

schofs Propp [sic] wichtige und umfangreiche Öffentlichkeitsarbeit leistet, einen so bedeutungsvollen Auftrag für das Deutschtum im Ausland auszuführen hat, daß seine Fortnahme aus Zilly einen schwer zu ersetzenden Verlust bedeuten würde, der durch seine Wirksamkeit in Wien kaum aufgewogen werden könnte".

In seinem Bericht über May brachte Entz die gutachtliche Stellungnahme des Wiener Hofkammerarchivdirektors Hofrat Josef Kallbrunner (1881–1951) vor[61], der Mays Arbeiten ausgezeichnet beurteilte, sie nähmen im Schrifttum über das süd-ost-deutsche Auslanddeutschtum eine sehr geachtete und bedeutende Stellung ein. Es gebe niemanden, der die Problematik der Stellung der evangelischen Kirche im Südosten besser kenne als er. Immer wenn er das Wort ergreife, bekomme man „von seiner Sachkunde, seinem politischen Blick, seiner unbedingten Ehrlichkeit und seiner deutschen und evangelischen Gesinnung einen großen Eindruck".

Nicht ohne Hintersinn deponierte Entz aber auch eine kurze Feststellung zur politischen Haltung des in Aussicht genommenen Lehrstuhlinhabers: er sei der „Vertrauensmann" der NSDAP für Jugoslawien. Und um die volkstumspolitische Relevanz des Wiener Fakultätsprojekts zu unterstreichen, zitierte er auch den Süd-Ost-Referenten der „Volksdeutschen Mittelstelle" in Stuttgart, der den präsumtiven Lehrstuhlinhaber sehr schätze und dessen Berufung zustimme.

Es vereinigen sich bei May, so fasste Dekan Entz seinen Bericht zusammen, „die seelsorgerliche Erfahrung, die wissenschaftlich-theologische Arbeit, die nationale Arbeit und die politische Bewährung in einer Weise, daß seine Berufung auf einen an der Wiener Fakultät gegründeten Lehrstuhl für Diaspora-Kunde sich von selbst empfiehlt". Angesichts dieser Sachlage könne auf die Erstellung eines Ternavorschlags verzichtet werden, da es zu May absolut keine Alternative gäbe. Die Nennung weiterer Namen würde daher auf eine „innerlich unwahre Formalität" hinauslaufen.

Die thematische Konjunktur seines Nachdenkens über Kirche, Volk und Staat ist nicht zu übersehen. Doch muss man sich den politisch-gesellschaftlichen Hintergrund im Jugoslawien der Zwischenkriegszeit dazu denken, um die Ausgangslage von Mays politischer Theologie zu verstehen. Einige der Schlussfolgerungen lassen sich überhaupt nur vor diesem Hintergrund sinnvoll verstehen, etwa die geschichtliche Sendung des Volkes als Gottes geoffen-

---

61 BA Berlin RKM, ebd. fol. 89 ff.: Bericht vom 20.6.1939 DZ 382/1938/39.

barter Auftrag, das Reklamieren des bedrohten Volkes als „dein Nächster" oder das nicht ausdrücklich proklamierte, aber stillschweigend vorausgesetzte Wächteramt der Kirche hinsichtlich allfälliger Grenzverletzungen des Staates gegenüber dem Volk.

Kulturpolitischer Auftrag im Schwäbisch-deutschen Kulturbund

Für May resultierte aus dieser Situation seines Volkes und seiner Kirche in Jugoslawien ein politischer Auftrag, den er im Schwäbisch-deutschen Kulturbund, einer 1920 gegründeten, aber später wiederholt vom Staat aufgelösten und verbotenen Organisation zur Selbstbehauptung der Donauschwaben im neuen Staat der Serben, Kroaten und Slowenen, wahrnahm. Er galt als einer der wichtigen politischen Funktionäre des Kulturbundes. In den Gesandtschaftsberichten aus Laibach, Rom und Belgrad ist immer wieder von der Propagandazentrale in den Pfarrhäusern von Marburg und Cilli die Rede, von wo die nationalsozialistische Propaganda ihren Ausgang nehme[62]. May war darüber hinaus der Verbindungsmann zum Verband für das Deutschtum im Ausland (VDA), dem er fortlaufend Korrespondentenberichte lieferte.

Im Studienjahr 1934/35 wurde May als Studienleiter an das Franz-Rendtorff-Haus in Leipzig berufen. Diese Tätigkeit versetzte ihn in die Lage, gezielter wissenschaftlich zu arbeiten und sich der ihn umtreibenden Frage nach einer theologischen Deutung des Volkes und des Volkstums zu widmen[63]. Es war die brennende Frage des außendeutschen Protestantismus, der unter volksfremder Herrschaft im Glauben um sein Volkstum zu ringen hatte. Für die südslawische Presse war der Konnex zwischen der nationalen Arbeit der Deutschen in Jugoslawien und der Kirche evident. An der Nahtstelle wurde der Gustav-Adolf-Verein platziert. Ihm wurde unterstellt, dass er „unter kirchlichem Deckmantel völkische Arbeit treibe"[64]. Über diesen Verdacht konnte sich May ärgern, obwohl die Zeitung, in der er diesem Ärger Ausdruck gab, „Kirche und Volk" hieß. Mit dem Hinweis auf die slowenischen Protestanten in Apace/Abstall, deren Selbständigkeit durch Mittel des deutschen Gustav-Adolf-Vereines gewährleistet wurde, meinte er die kirchliche Gebundenheit

---

62 Arnold Suppan, Jugoslawien und Österreich, 699 f., 889; ders., Hitler – Beneš – Tito. Konflikt, Krieg und Völkermord in Ostmittel- und Südosteuropa, Wien 2014, 668.
63 Gennrich, Gott und die Völker, 121 ff.; Karl-Christoph Epting, Diasporawissenschaft aus der Sicht des Gustav-Adolf-Werkes als Diasporawerk der EKD, in: Ulrich Hutter-Wolandt (Hrsg.), Diasporawissenschaft als theologische Disziplin, Leipzig 2003, 9–30, 19.
64 Gerhard May, Wer Kirche baut, baut Volk, Kirche und Volk 2 (1935) 114 f.

der Gustav-Adolf-Arbeit beweisen zu können. Freilich zeigt schon der Titel seines Aufsatzes („Wer Kirche baut, baut Volk"), dass die finanziellen Mittel zum kirchlichen Leben „in einem tieferen Sinn" dem Volk zugute kommen. May betont, dass dies auch den nichtdeutschen Völkern wie den Slowenen gegolten habe, gerade den Slowenen, deren Bibelübersetzung und Buchproduktion (Primus Truber, Hans Ungnad von Sonneck) in entscheidender Weise durch deutsche Finanzmittel ermöglicht worden war.

Zwei Jahre später nahm er in enger Abstimmung mit dem Kirchlichen Außenamt der DEK gemeinsam mit Eugen Gerstenmaier (1906–1986) die Vorbereitung der Weltkirchenkonferenz in Oxford (1937) vor[65]. Er war auch als Vertreter der volksdeutschen Kirche in Jugoslawien an der Konferenz beteiligt, während der deutsche Protestantismus fernblieb. Dessen Fehlen signalisierte nicht nur die Isolierung der Deutschen Evangelischen Kirche, es hat auch ein Stück weit den Konferenzverlauf bestimmt[66].

Bereits im Vorfeld der Konferenz war May anlässlich des 550-Jahr-Jubiläums der Universität Heidelberg das Ehrendoktorat der Theologie verliehen worden. Der Dekan der Theologischen Fakultät hatte den Promotionsvorschlag begründet, dass es „aus Fakultätsgründen" wichtig wäre, wenn May, der literarisch bestens ausgewiesen sei und zur Zeit im Kirchlichen Außenamt mit der Vorbereitung der Weltkirchenkonferenz beschäftigt sei, promoviert würde. Er sei „des heutigen Deutschlands Freund, nicht nur im geheimen, sondern auch wenn es in Zusammenkünften gilt, die deutsche Sache zu vertreten"[67]. Die Heidelberger Universität ehre in Gerhard May, so heißt es dann später in der Promotionsurkunde[68], „den charaktervollen Vertreter volksdeutscher Gemeindearbeit, den die Beziehungen von Christentum und politischer Wirklichkeit maßgeblich erhellenden Theologen, den wissenschaftlich wie organisatorisch bewährten Mitarbeiter der ökumenischen Bewegung".

Das internationale Aufsehen, das der untersteirische Pfarrer als einer der profilierten Vertreter des Außendeutschtums auf der Oxforder Weltkirchen-

---

65 Gerhard May, Ein Brief eines Volksdeutschen an einen englischen Theologen, ADEK 1936, 35–58; ders., Kirche und Volkstum. Ein volksdeutscher Beitrag zur Frage Kirche und Volk, in: Eugen Gerstenmaier (Hrsg.), Kirche, Volk und Staat. Stimmen aus der Deutschen Evangelischen Kirche zur Oxforder Weltkirchenkonferenz, Berlin 1937, 76–96; ders., Der Totalitätsanspruch des heutigen Staates und das christliche Freiheitsverständnis, in: Totaler Staat und christliche Freiheit, Genf 1937, 107–131; ders., Die Weltkirchenkonferenz von Oxford und die Volksgruppen, Auslandsdeutsche Volksforschung 1 (1937) 190–196.
66 Gerhard May, Die Weltkirchenkonferenz von Oxford und ihre Fragen, Protestantische Rundschau 14 (1938) 297–306, 302.
67 Schreiben Dekan Odenwald an den Rektor der Universität Heidelberg, 7.6.1936 – Universitätsarchiv Heidelberg B-1523/7a
68 Ebd.

konferenz erzielt hatte, seine vielfältige Vortragstätigkeit in Deutschland (Auslandsdeutsche Volksforschung, Gustav-Adolf-Verein, Lutherakademie Sondershausen) und sein publizistischer Fleiß führten dazu, dass er mit akademischen Aufgaben in Verbindung gebracht wurde, etwa mit dem Lehrstuhl für Praktische Theologie in Breslau (1938). Im Rahmen des Gustav-Adolf-Vereins wurde über die spezifische Diaspora-Ausbildung des geistlichen Nachwuchses nachgedacht und ein eigenes Predigerseminar angedacht[69]. Es sollte entweder in Dresden oder in Österreich errichtet und mit dessen Leitung Gerhard May betraut werden.

Das Naheverhältnis zur Evangelischen Kirche in Österreich versteht sich von selbst, eine weitere Vertiefung dieses Naheverhältnisses sollte die geplante Berufung an die Wiener Evangelisch-theologische Fakultät bewirken. Das Berufungsprojekt war bereits weit gediehen und stand mit dem 1938 initiierten Ausbau der Wiener Fakultät zu einer Grenzlandfakultät im Zusammenhang[70]. Es war die erklärte Absicht des Wiener Dekans Entz, das besondere Profil seiner Fakultät als Ausbildungsstätte für die evangelischen Diasporakirchen im südostmitteleuropäischen Raum zu schärfen[71]. Er war bis zu Pontius und Pilatus gegangen und hatte händeringend die Fakultät angepriesen, um sein Projekt zu verwirklichen. May war dabei als Inhaber eines neuen Lehrstuhls für „religiöse und völkische Diasporakunde" vorgesehen. Mit größter Förderung des Kirchlichen Außenamtes und des Reichskirchenministeriums gelang es dem umtriebigen Dekan noch im Jahr 1939 das zuständige Berliner Reichserziehungsministerium für dieses Projekt zu gewinnen. Auch die etatmäßige Berücksichtigung konnte erreicht werden. Entz hatte demnach alle Ursache, über diese Entwicklung zu jubeln.

Denn auch im Blick auf May erhielt Dekan Entz grünes Licht vom Reichserziehungsministerium und von der Dienststelle „Stellvertreter des Führers" – sowohl für die Errichtung des Lehrstuhls als auch dessen Besetzung. Die Berufung konnte nur noch deshalb nicht durchgeführt werden, weil die Genehmigung des Haushaltsplanes für die Universität Wien noch ausstand.

---

69 Martin Schian, Die Diasporaarbeit in der Vorbildung des evangelischen Pfarrers, in: Bruno Geißler (Hrsg.), Evangelische Diaspora und Gustav-Adolf-Verein. Festschrift für Franz Rendtorff zum 70. Geburtstag, Leipzig 1930, 315–327.
70 Quellentexte zur österreichischen evangelischen Kirchengeschichte, Nr. 131, 334 f. – dazu Karl Schwarz, „Grenzburg" und „Bollwerk". Ein Bericht über die Wiener Evangelisch-theologische Fakultät in den Jahren 1938-1945, in: Leonore Siegele-Wenschkewitz / Carsten Nicolaisen (Hrsg.), Theologische Fakultäten im Nationalsozialismus, Göttingen 1993, 361–389.
71 Gustav Entz, Erinnerungen aus fünfzig Jahren theologischer Arbeit (Kurzfassung 1954), in: Karl W. Schwarz (Hrsg.), Gustav Entz – ein Theologe in den Wirrnissen des 20. Jahrhunderts, Wien 2012, 13–50, 32.

Angesichts eines konzentrierten Angriffs gegen die „Theologie" auf akademischen Boden, der seit dem Herbst 1938 von Seiten des Ministeriums, des Sicherheitsdienstes und der Parteikanzlei der NSDAP betrieben wurde, war das Zwischenergebnis, das Dekan Entz in Händen hielt, tatsächlich bemerkenswert. Zu einem Zeitpunkt, da bereits Listen über die zu liquidierenden Theologischen Fakultäten kursierten und in Österreich bereits drei katholische Fakultäten betroffen waren, gab man sich in Wien noch der Hoffnung hin, durch die besondere geopolitische Lage der Fakultät und durch die immer wieder zum Ausdruck gebrachte innige Symbiose von Nationalsozialismus und Protestantismus die Krise zu meistern.

Um diese enge Beziehung zu illustrieren, diente dem Dekan auch die Berufung von Gerhard May[72]. Dessen nationale Arbeit und politische Bewährung wurde deshalb als besondere Empfehlung erwähnt. Dass die Diasporawissenschaft nicht nur aus kirchlicher Perspektive betrieben würde, sondern auch aus „völkischer" Perspektive, war wohl ein Zugeständnis an den politischen Zeitgeist und sollte der Verwirklichung des Projekts dienen. Wie ja Entz auch nicht ohne Hintersinn eine kurze Feststellung zur politischen Haltung des in Aussicht genommenen Professors deponierte; auch sie sollte die Realisierung beschleunigen: May sei der Vertrauensmann der NSDAP für Jugoslawien.

Es kam, wie es kommen musste: Die Fakultätserweiterung wurde ad Kalendas Graecas vertagt – zuerst hieß es: bis Kriegsende. Da aber der Lehrstuhl für Diasporakunde bereits budgetmäßig berücksichtigt wurde, machte seine Nichtbesetzung Budgetmittel frei. Diese kamen aber keineswegs der betroffenen Fakultät zugute, sondern sie dienten unter anderem zur Abgeltung eines Lehrauftrags für Verwaltung an der Universität Greifswald, ehe das Ministerium im Herbst 1944 überhaupt verfügte, dass dieser Wiener Lehrstuhl umzuwandeln sei in einen Lehrstuhl für Bulgarische Sprache und Literatur an der Universität Graz.

Es hatte nichts genützt, dass Dekan Entz die außenpolitische Relevanz der Fakultät besonders hervorhob und auf die Ehrenpromotion des rumänischen Theologen und Kulturpolitikers Nichifor Crainic (1889–1972) und auf einige serbische und montenegrinische Stipendiaten verwies, welche die Brückenfunktion der Fakultät zum Balkan und zur Orthodoxie vertieften.

Die Zustimmung zur Errichtung des Lehrstuhls für Diasporakunde wurde vom Münchner Braunen Haus noch im Herbst 1940 zurückgezogen, damit

---

72 Bericht vom 20.6.1939 – Bundesarchiv Berlin, Bestand Reichskirchenministerium Bd. 21.715, fol. 89 ff.

hing das Projekt völlig in der Luft. Der Ausbau der Fakultät war gestorben, die vakanten Lehrstühle (Kirchengeschichte, Neues Testament) wurden nicht mehr nachbesetzt, sondern durch Dozenten suppliert.

Die akademischen Ambitionen des Pfarrers D. Gerhard May waren endgültig geplatzt.

Der 6. April 1941

Nach einem Staatsstreich prowestlicher Offiziere, die den Beitritt Jugoslawiens zum Dreierpakt (mit Italien, Deutschland und Japan) annullierten und eine neue Regierung einsetzten, griff am 6. April 1941 die deutsche Wehrmacht, unterstützt durch Italien und Ungarn, Jugoslawien an. Der Aprilkrieg dauerte elf Tage, in Slowenien sechs Tage, Cilli wurde am Karfreitag von deutschen Truppen besetzt. Slowenien wurde zwischen Italien, Ungarn und dem Deutschen Reich aufgeteilt, die historische Grenze der Donaumonarchie wiederhergestellt. Die ehemalige Untersteiermark wurde mit der Steiermark, Oberkrain mit Kärnten vereinigt. Johann Baron (1890–1973), Pfarrer in Marburg und Sprecher der deutschen Minderheit in der Untersteiermark, trug das Hakenkreuz an der Armbinde, als er den Reichsstatthalter Dr. Sigfried Uiberreither (1908–1984) als neuen Machthaber in Marburg willkommen hieß[73]. Schon bald darauf wurden die Mitglieder des Schwäbisch-Deutschen Kulturbundes kollektiv in den Steirischen Heimatbund überführt, Baron aber politisch vollständig ausgebootet. Die besonders grausame Slowenenpolitik trug dem Statthalter den Namen „Überleichenreither" ein. Die deutschen Okkupanten erhielten den Auftrag, dieses Land „wieder deutsch" zu machen[74]. Schon am 10. April 1941 war der selbständige Staat Kroatien proklamiert worden, das Königreich Jugoslawien war zerfallen.

In dieser Phase war Gerhard May aus seinem volkspolitischen und kulturpolitischen Auftrag ein politischer Gestaltungsauftrag zugefallen, dem er sich als verantwortlicher Leiter der Volksgruppenorganisation des Schwäbisch-deutschen Kulturbundes nicht entziehen konnte. Eine hauptamtliche politische Tätigkeit lehnte er ab, das Referat „Ahnenforschung und Sippennachweis" führte er ehrenamtlich durch, ebenso das Kulturreferat beim Bürgermeister der Stadt Cilli. In dieser Funktion verfasste er noch 1943 eine

---

[73] Tone Ferenc (Hrsg.), Quellen zur nationalsozialistischen Entnationalisierungspolitik in Slowenien 1941–1945 / Viri o nacistični raznarodovalni politiki v Sloveniji 1941–1945, Maribor 1980, 51.
[74] Jože Dežman/Alfred Elste (Hrsg.), Med kljukastim križem in rdečo zvezdo / Unter Hakenkreuz und Titostern, Slovenj Gradec-Celovec 2002, 39.

Einführung in die Stadtgeschichte[75], welche die 1941 erfolgte Revision des Grenzverlaufs legitimierte.

Als Kulturreferent hat er das kulturelle Leben der Stadt geprägt, die archäologischen Sammlungen der Römerstadt initiiert, das Musikleben, Aufbau eines städtischen Symphonieorchesters, Errichtung einer städtischen Volksbücherei und literarische Veranstaltungen gefördert und ermöglicht. Er galt aber auch als „Führer der deutschen Volksgruppe, dessen Häuflein er fest und sicher zusammenhielt"[76].

An diesem Punkt wird der schmale Grat der Volkstumskirchen in der südosteuropäischen Diaspora deutlich, nämlich zwischen der Funktion der Kirche und dem umkämpften „Volk", wo schließlich das Kirchenvolk zur Volksgemeinschaft mutiert – nicht ohne Beteiligung kirchlicher und politischer Funktionäre. Dass May bei seiner pastoralen Tätigkeit die Grenzen scharf zog, ist zu vermuten und kann durch seine literarischen Beiträge belegt werden. Dennoch wurde er bei seiner Verabschiedung von seinem Bischof Popp nicht nur als „fähigster, begabtester, fleißigster und gewissenhaftester Mitarbeiter" gepriesen, sondern auch als der „deutscheste" apostrophiert[77].

Mays Denkschrift über seinen politischen Weg (1945)

Nach dem Ende des Krieges hat May in einer persönlichen Denkschrift über seinen politischen Weg[78] die rassistische Politik der Nationalsozialisten scharf verurteilt. Er habe, so schrieb er am 17. Juli 1945, niemals den Gedanken eines Anschlusses der Untersteiermark an das Deutsche Reich vertreten. Dies schien ihm bei einem Zahlenverhältnis von 20.000 Deutschen unter 500.000 Slowenen eine „politische Ungerechtigkeit". Er hoffte vielmehr, dass „die Volksdeutschen (in Slowenien) eine weitgehende Kulturautonomie erhalten könnten" etwa wie in der Slowakei. „Was im April 1941 kam, wollte keiner von den untersteirischen Volksdeutschen, der nur eine Spur von Verantwortungsbewusstsein und Kenntnis der wirklichen Lage hatte. Was man mit dem Land und den Slowenen machte, war Wahnsinn und Verbrechen."

Er sprach darin ein Kernproblem der Volkstumskirchen zwischen dem Baltikum und Jugoslawien an, nämlich die nach 1933 veränderte Rangordnung

---

75 Gerhard May, Cilli: Stadt, Landschaft, Geschichte. Eine Einführung, Cilli 1943.
76 Ansprache des Bürgermeisters Robert Himmer, Cilli 30.10.1944 anlässlich von Mays Verabschiedung – Wien: AEvOKR Nachlass May.
77 Brief Bischof Philipp Popp an Gerhard May, Zagreb 9.6.1944 – Wien: AEvOKR Nachlass May.
78 Bischof D. Gerhard May, Meine Einstellung zur NSDAP und meine politische Vergangenheit (masch. Manuskript, Wien 17. Juli 1945, 7 S. + II Beilagen) – Wien: AEvOKR Nachlass May.

von Volk und Staat. Damit verbanden die betroffenen Kirchen die Hoffnung, dass ihre prekäre Lage durch das nationalsozialistische Deutschland gesichert würde.

Weiters betonte May, dass keiner der führenden und verantwortlichen Volksdeutschen der Untersteiermark „vorher um diese nationalsozialistischen Pläne zur Vernichtung des Slowenentums wusste". Keiner sei um Rat gefragt worden, keiner hätte Einfluss nehmen können. Ein Einspruch wäre als „Mangel an nationalsozialistischer Gesinnung" abgetan worden, wenn nicht überhaupt als „Disziplinlosigkeit, Sabotage" oder gar „als Parteinahme für den Feind".

Aus der Perspektive nach dem Zusammenbruch Hitlerdeutschlands betrachtet drückte May sein ehrliches Entsetzen über diese NS-Pläne aus, von dessen Urheber er nicht einmal zu wissen vorgab: „Und wir wissen bis heute nicht, wer sie ausgeheckt hat." Vollzogen wurden sie durch die Beauftragten des „Reichskommissars zur Festigung des deutschen Volkstums", Heinrich Himmler. Es seien zumeist SS-Angehörige gewesen, die mit fertigen Plänen aus Graz und Berlin angereist kamen. Diese hätten auch schon die Listen mitgebracht, auf denen die Namen der zu Verhaftenden und nach Serbien und Kroatien zu Deportierenden verzeichnet waren. May betonte, dass ihm lediglich eine Beschränkung der Zwangsaussiedlung der slowenischen Bevölkerung auf den Kreis Rann zu erreichen gelang und dass die beiden Grenzgemeinden Windisch-Landsberg und Rohitsch davon ausgenommen wurden und die slowenische Bevölkerung bleiben durfte.

Er, May, sei sofort aus der politischen Tätigkeit ausgeschieden, er lehnte die ihm wiederholt angebotene politische Laufbahn ab mit der Begründung, dass er als Christ niemals ein guter Nationalsozialist werden könne. Er lehnte es ebenso ab, im Rang eines Regierungsrates in die Stadtverwaltung einzutreten oder das staatliche Sippenamt zu übernehmen. Er wollte nicht in den Dienst dieses Staates treten, er wollte Pfarrer bleiben.

Man wird dem Pfarrer Gerhard May dieses persönliche Entsetzen durchaus glauben und es werden auch keine Zweifel obwalten, dass es auf seinen persönlichen Einsatz hin zu „Milderungen" gekommen ist, dass er sein Amt dafür in die Waagschale geworfen hat, um die Zwangsdeportationen zu beschränken, um für einzelne Betroffene Ausnahmeregelungen zu erwirken. Es wird weiters vielleicht auch der Gegenüberstellung Glauben geschenkt werden können, dass die mit der Situation in der Untersteiermark Vertrauten auf der einen Seite nur zusehen konnten, wie Ortsfremde die rassistischen Pläne aus

Berlin und Graz realisierten und die „Zwangsgermanisierung" durchführten[79]. Dass gleichwohl die „Sendung" der „deutschen" Kirche belastet war, weil sich ihre Repräsentanten einer erheblichen politischen Fremdbestimmung und Instrumentalisierung ausgeliefert haben, zeigte sich in Zagreb in einem erschreckenden Ausmaß, als der erste und einzige Bischof der Deutschen Evangelischen Kirche in Jugoslawien Philipp Popp nach dem zweiten Weltkrieg von den neuen Machthabern hingerichtet wurde[80]. Er hatte sich geweigert, seine Gemeinde in Zagreb zu verlassen, obwohl ihm die Gelegenheit dazu geboten wurde. Diesem Schicksal konnte May durch seine Übersiedlung 1944 entgehen. Das Bewusstsein seiner politischen Gefährdung hat er freilich nicht abstreifen können, auch als er nach Wien in die Kirchenleitung der Evangelischen Kirche in Österreich berufen wurde.

Die Berufung nach Wien (1944)

Der Bescheid des Reichserziehungsministeriums bezüglich der Umwandlung des Diaspora-Lehrstuhls in einen solchen für Bulgaristik trug das Datum 25. Oktober 1944. Zwölf Tage vorher war May durch seinen Schwiegervater D. Johannes Heinzelmann, dem dienstältesten der Superintendenten, als „Bischof der Evangelischen Kirche A.u.H.B. in Österreich" eingeführt worden. Eine Rückkehr in seine Geburtsstadt Graz, als Pfarrer an der Heilandskirche und als Superintendent, war in Erwägung gezogen, aber mit Rücksicht auf die Aufgabe der Kirchenleitung in Wien zurückgewiesen worden.

Aus Anlass der Übernahme der Amtsgeschäfte des Leitenden Geistlichen Amtsträgers der Kirche verfasste Gerhard May einen Hirtenbrief, der mit 11. September 1944 datiert ist und eine völlig neue Sprache spricht[81]. Die Brücken zur früheren Volkstumstheologie scheinen völlig abgebrochen, der Bischof artikuliert als Aufgabe der Kirche in der Zeit „der ernstesten Prüfung und Bewährung", „wirklich Kirche" zu sein und zu bleiben, d.h. aber in der gliedschaftlichen Verbundenheit mit dem Christus als dem non plus ultra zu stehen: Alles könne fehlen, nur der eine nicht, Christus. Aus dieser Verbundenheit erwachse die Aufgabe zum Zeugendienst. Wohl fällt dann noch ein knapper Hinweis auf seine bisherige Tätigkeit „im Grenzland und Grenzkampf unseres Volkes" und das Wissen, dem Volk „schlechthin und jederzeit alles" schuldig zu sein. Aber die Konkretion für diesen schuldigen Dienst weist in den eigentli-

---
79 So auch Arnold Suppan, Zwischen Adria und Karawanken, 404.
80 Matthias Merkle, Märtyrerbischof D. Dr. Philipp Popp. Leben und Wirken, Heilbronn 1985.
81 Abgedruckt in: Quellentexte, Nr. 229, 475 f.

chen spirituellen Beruf der Kirche und der Christen: den priesterlichen Dienst der Bitte und Fürbitte, der Stellvertretung vor Gott, den Zeugendienst von Jesus Christus.

Ein Monat nach Mays Amtseinführung und zwei Monate nach dem ersten Hirtenbrief wurde (mit Datum vom 16. November 1944) ein Kanzelwort für den Ewigkeitssonntag 1944 publik[82]; es trug die Unterschrift aller drei geistlichen Räte im Kollegium des Wiener Oberkirchenrates: D. Erich Stökl (1871–1950), D. Gustav Zwernemann (1872–1958) und D. Gerhard May. An einzelnen Formulierungen wird aber die Handschrift des Bischofs deutlich. Man hat den Hirtenbrief in eine Reihe mit der Stuttgarter Schulderklärung aus dem Jahr 1945 gestellt, wohl in erster Linie wegen des Bekenntnisses, „unserem Volk" viel christlichen Dienst schuldig geblieben zu sein: „Wir sind träge geworden in Gebet und Fürbitte, matt im Glauben, lau in der Liebe, lässig in der Zucht, armselig in der Brüderlichkeit, schwächlich an Bekennermut." Darum der Bußruf unter Gottes Gericht, dem sich die Kirche in tiefer Schuldgemeinschaft mit dem Volk („Wir stehen mit unserm Volk in unlösbarer Schicksals- und Schuldgemeinschaft.") zu beugen hat.

Auch wenn es Stimmen gegeben hat, die sich gegen dieses Wort noch aus der NS-Perspektive von 1944 stemmten und seine Verlesung im Gottesdienst verhinderten, so hat es nach 1945 auch an solchen nicht gefehlt, die es für allzu vage empfanden und gerade die Konkretionen vermissten und einklagten[83]. Gerhard May hat den Kriegsverlauf als eine Art Katharsis erlebt[84] – für seinen persönlichen Lebensweg, aber auch für die Kirche, deren Bischof die schwierige Aufgabe zu bewältigen hatte, die Beziehungen zur Republik Österreich, zur römisch-katholischen Schwesterkirche und zur Ökumene auf neue Grundlagen zu stellen.

Dies näher auszuführen, sprengt das vorgegebene Thema in zeitlicher und inhaltlicher Hinsicht. Es sei nur kurz bemerkt, dass May seine Kirche entschlossen entpolitisierte und so als Protagonist einer „entideologisierte[n] und entpolitisierte[n] Kirchenpolitik der Nachkriegszeit"[85] in die Geschichte einging. Eine jüngst approbierte theologische Dissertation skizziert den theologi-

---

82 Abgedruckt in: Quellentexte, 477 f.
83 Johannes Dantine: Buße der Kirche? Ekklesiologische Überlegungen im Bedenken von Geschichte (Österreich 1938–1988), in: Wolfgang Stegemann (Hrsg.), Kirche und Nationalsozialismus, Stuttgart 1990, 97–111.
84 Gerhard May, Die Zeit ist da, dass das Gericht anfange am Hause Gottes. Eine biblische Meditation über 1. Petr. 4, 17, in: Geschichtswirklichkeit und Glaubensbewährung. Festschrift für Bischof D. Friedrich Müller, Stuttgart 1957, 41–49.
85 Rudolf Leeb, Die Evangelische Kirche, 47–70.

schen Wandel von einer NS-affinen Volkstumstheologie im Jugoslawien der Zwischenkriegszeit zu einer „traditionell-konfessionalistischen" und „konservativ-hochkirchlichen" Haltung im Österreich der Nachkriegszeit nach, die mit seiner Berufung in die Kirchenleitung nach Wien 1944 Platz zu greifen begann[86]. Als Begründung weist die Arbeit aber neben der bewussten Abwendung von „parteipolitischen und parteiideologischen ‚Verirrungen' und Verstrickungen während der NS-Zeit"[87] auf theologische Reflexionen hin, die von der Liquidierung der überkommenen „Los-von-Rom-Ideologie" bis zu einer „kompromisslosen" „Verlebendigung und Vertiefung" eines „biblisch-reformatorischen Christentums"[88] reichten. Dabei habe May eine „eigenwillige Christozentrik"[89] propagiert und eine kirchenpolitische Linie verfolgt, die seine persönliche Position und die seiner Kirche „in die Nähe des konservativen Teils der Bekennenden Kirche"[90] rückte.

---

86 Leonhard Jungwirth, Politische Vergangenheiten. Entpolitisierungs- und Politisierungs-prozesse im österreichischen Protestantismus 1933/34 bis 1968, theol. Diss. Wien 2020, 56.
87 Jungwirth, ebd.
88 Jungwirth, 57.
89 Jungwirth, ebd.
90 Jungwirth, ebd.

Ein Osteuropäer aus „Profession": Hans Koch
Anmerkungen zu Biographie und Wirken

Einleitung

Das Institut für Osteuropäische Geschichte hat seinen Seminarraum als einen Ort der Erinnerung ausgestaltet. Lang bevor im Rahmen des Hundertjahr-Jubiläums eine bemerkenswerte wissenschaftsgeschichtliche Festschrift herausgebracht wurde[1], veranstaltete das Institut dort eine fotografische Dokumentation der Institutsleiter und Seminardirektoren. Dabei wurde ein Ordinarius für Osteuropäische Geschichte, nämlich der formelle Vorstand des Instituts zwischen 1940 und 1945 Hans Koch (1894–1959) nicht berücksichtigt. In der Festschrift wurde ihm eine kritische Würdigung zuteil[2], die auf sein wissenschaftliches Oevre mit Blick auf die Osteuropäische Geschichte abstellt, aber auch seine verhängnisvolle Verstrickung in Zeitgeist und Ideologie des Nationalsozialismus thematisiert. Sie verschweigt nicht, mit welchen Vorbehalten Kochs Werdegang registriert wurde und wird, sodass auch der Mangel eines Bildes im Seminarraum als Zeichen der Distanznahme zu verstehen ist. Als Begründung wird zwar mit einigem Recht auf den Umstand verwiesen, dass Koch in dem angeführten Zeitraum seiner formellen Zugehörigkeit zum Institut einer Lehrtätigkeit im eigentlichen Sinn nicht nachgekommen sei[3]. Aber diese Begründung vermag nicht restlos zu überzeugen, denn die Vorbehalte gegen ihn waren 1958 so stark, dass sie die von Unterrichtsminister Heinrich Drimmel (1912–1991) betriebene Rückberufung nach Wien verhinderten[4]. Die Osteuropaforschung wies damals eine starke Konjunktur auf; im Frühjahr 1957 war die Arbeitsgemeinschaft für Ost- und Südostforschung konstituiert worden, aus der das Österreichische Ost- und Südosteuropa-Institut hervor-

---

1   Arnold Suppan / Marija Wakounig / Georg Kastner (Hrsg.), Osteuropäische Geschichte in Wien. 100 Jahre Forschung und Lehre an der Universität, Innsbruck-Wien-Bozen 2007.
2   Andreas Kappeler, Hans Koch (1894–1959), in: Osteuropäische Geschichte, 227–254.
3   Walter Leitsch / Manfred Stoy, Das Seminar für osteuropäische Geschichte der Universität Wien 1907–1948, Wien-Köln-Graz 1983, 187; Manfred Stoy, Das Seminar für osteuropäische Geschichte der Deutschen Ostpolitik, Universität Wien 1935–1940. Ergänzungen, MIÖG 99/1–2, Wien 1991, 229–241, 241; Gernot Heiss, Von der gesamtdeutschen zur europäischen Perspektive? Die mittlere, neuere und österreichische Geschichte, sowie die Wirtschafts- und Sozialgeschichte an der Universität Wien 1945–1955, in: ders. / Margarete Grandner / Oliver Rathkolb (Hrsg.), Zukunft mit Altlasten. Die Universität Wien 1945 bis 1955, Innsbruck u.a. 2005, 189–210, 195.
4   Dazu auch Kappeler, Koch, 251 ff.

ging⁵. Deshalb war die Unterrichtsverwaltung geneigt, ein zweites Ordinariat für Osteuropäische Geschichte einzurichten und mit Koch zu besetzen, aber dagegen erhob sich seitens der Philosophischen Fakultät, initiiert vom Inhaber des Osteuropa-Lehrstuhls Heinrich Felix Schmidt (1896–1963) und unterstützt vom Historischen Institut und dessen Leiter P. Hugo Hantsch OSB (1895–1972), ein so massiver Widerspruch, dass an eine Verwirklichung der geplanten Rückberufung nicht zu denken war. Der mit den Verhandlungsgesprächen beauftragte Ministerialbeamte verfasste am 28. Oktober 1958 nach einem Gespräch mit dem Rektor der Universität Wien, dem evangelischen Theologen Erwin Eugen Schneider (1892–1969), eine abschließende Aktennotiz⁶, die geeignet ist, ein Schlaglicht auf diesen Vorgang zu werfen: „Nach alldem (...) kann man sich des Eindruckes nicht erwehren, dass alles, was Prof. Koch zum Vorwurf gemacht wird, nicht auf unehrenhaftem Verhalten und charakterlichen Mängel des Genannten eine Grundlage findet, sondern in der nicht immer von allen Seiten richtig gewürdigten Kraft seiner Persönlichkeit, vor der sehr oft die Furcht größer ist als die nur ungern anerkannte überragende Fähigkeit."

Die philosophische Fakultät in Wien hatte sich also geweigert, Koch auf eine neu geschaffene Stelle zu berufen, er sei als Parteigänger des untergegangenen NS-Regimes allzu sehr kompromittiert. In diesem Sinne wurde ein Schreiben des Berliner Slawisten Max Vasmer (1886–1962) interpretiert, der seine Wiener Kollegen geradezu vor Koch warnte⁷: Dieser gelte als einer „der ausgesprochenen Nazis unter den Vertretern des Faches (...) Es würde im Ausland (...) als ein Zeichen des Auflebens des Nationalsozialismus in Österreich gesehen werden, wenn ein Mann mit Kochs Vergangenheit durch eine Berufung nach Wien ausgezeichnet würde (...)".

Wenn ich nun als Angehöriger jener Fakultät das Wort nehme, von der Kochs akademische Laufbahn ausgegangen war, so möchte das Ziel des folgenden Beitrags darin liegen, ein interdisziplinäres Forschungsprojekt anzuregen, das Kochs Tätigkeit in der gesamten Breite in den Blick nimmt und ihn nicht nur auf seine politische Option für den Nationalsozialismus beschränkt. Seine glühende Parteinahme für den Nationalsozialismus ist unbestritten⁸, sie wird

---

5 Richard G. Plaschka, Zur Bilanz. Zwanzig Jahre Österreichisches Ost- und Südosteuropa-Institut, Österreichische Osthefte 20, Wien 1978, 1, 7–9.
6 Archiv der Republik (AdR), Bestand Unterrichtsministerium, Personalakt 99. GZ. 97352/58.
7 Schreiben Vasmer an Heinrich Felix Schmid, 12.12.1958 – zit. bei Corinna R. Unger, Ostforschung in Westdeutschland. Die Erforschung des europäischen Ostens und die Deutsche Forschungsgemeinschaft (1945–1975), Stuttgart 2007, 200 Anm. 117; Kappeler, Koch, 252 f..
8 Mitgliedschaft in der NSDAP: Nr. 3,703.936 seit 1.8.1935 – dazu Franz Graf-Stuhlhofer, Wiener Evangelische Professoren der Theologie im Spiegel der Gau-Akten, JGPrÖ 116, Wien 2000/2001, 191–225, 207.

durch seine Beteiligung an der einschlägigen Parteiliteratur bestätigt[9], er galt und gilt als Exponent einer „völkischen Wissenschaft"[10]. Dem korrespondiert andererseits aber eine zunehmende Ernüchterung und Distanzierung, die von der Forschung nicht zureichend zur Kenntnis genommen wird. Es wird nämlich berichtet, dass er im Herbst 1941 in Kiew ein aufwühlendes Damaskuserlebnis hatte. Am 19. Oktober 1941 marschierten deutsche Truppen in Kiew ein, wenige Tage später kam es am Stadtrand in der Babij-Jar-Schlucht zu einem der größten Juden-Massaker, als 33.000 Menschen, denen eine Umsiedlung vorgegaukelt worden war, von deutschen Einsatzkommandos hingemetzelt wurden[11]. Voll Entsetzen schilderte Koch diese Vorkommnisse wenige Tage später einem Abgesandten des Außenamtes, der für die Sowjetunion spionierte[12], und bald danach aufs Äußerste erregt seinem Freund Paul Zöckler (1894–1962), dessen Sohn Erasmus Augen- und Ohrenzeuge der in polnischer Sprache geführten Unterredung gewesen ist[13]. Nach diesem Erlebnis habe Koch mit dem Nationalsozialismus gebrochen, so die entschiedene Aussage seiner Familie und seiner Freunde, mochte er auch weiterhin zu den „Wohlgesinnten" (Jonathan Littell)[14] gezählt worden sein.

Ein interdisziplinäres Forschungsprojekt müsste berücksichtigen, dass Koch nicht nur als Osteuropahistoriker wirkte, sondern in der letzten Spanne seines akademischen Wirkens Osteuropa, vor allem die Sowjetunion, aus der Perspektive der Politikwissenschaft analysierte[15]. Er war ein begabter Organisator außeruniversitärer Einrichtungen, baute Osteuropa-Institute auf oder setzte deren Arbeit fort: in Königsberg das Institut für Russlandkunde (später: Institut zum Studium Osteuropas)[16], das Osteuropa-Institut Breslau (gegrün-

---

9   Hans Koch, Osteuropäische Geschichte, in: Deutsche Wissenschaft. Arbeit und Aufgabe [Festgabe für Adolf Hitler zum 50. Geburtstag], Leipzig 1939, 24–25.
10 Ray Brandon, Hans Koch, in: Ingo Haar / Michael Fahlbusch unter Mitarbeit von Matthias Berg (Hrsg.), Handbuch der völkischen Wissenschaften. Personen – Institutionen – Forschungsprogramme – Stiftungen, München 2008, 324–334.
11 Kappeler, Koch, 245; ders., Kleine Geschichte der Ukraine, München ³2009, 215 ff.
12 Gerhard Kegel, In den Stürmen unseres Jahrhunderts. Ein deutscher Kommunist über sein ungewöhnliches Leben, Berlin/DDR 1987, 306–312 – dazu Erich Müller, Ein Kommunist über Prof. Hans Koch, in: Kulturwart Nr. 175/1989, 6–11.
13 Frdl. Hinweis von Prof. Dr.med. Erasmus Zöckler, Lambrecht/Pfalz am 7.5.2004.
14 Jonathan Littell, Die Wohlgesinnten, Berlin 2008 – führt einen Hauptmann Hans Koch, im Zivilberuf „Theologieprofessor" mit einem besonderen Interesse für die Unierte Kirche der Ukraine unter den handelnden Personen; er zeichnet ihn mit einem steirischen Akzent aus und verkennt seine „pfälzische" Herkunft, wohl ein Fehler der Recherche. Denn Kochs Aufenthalt im Ennstal datiert erst mit 1945: Leopold Achberger, Hans Koch zum Abschied, Kirchenbote für die ev. Gemeinden, Wien 1953, 16.
15 Es dominieren Veröffentlichungen über Sowjetkunde, z.B. die von ihm hrsg. Bände: Sowjetbuch, Köln 1957, ²1958; 5000 Sowjetköpfe. Gliederung und Gesicht eines Führungskollektivs, Köln 1959 – vgl. Alexander Adamczyk, Schriftenverzeichnis Hans Koch, JGO 7, München 1959, 2.
16 Brandon, Koch, 328.

det 1918)[17], in Sofia das Deutsche Wissenschaftliche Institut[18] und in München das Osteuropa-Institut[19] und wurde auch um eine Expertise für den Aufbau des Wiener Ost- und Südosteuropa-Instituts angefragt[20]. Kappeler vermutet, dass das Wiener Ministerium dieser Institutsgründung wegen Koch solches Interesse entgegenbrachte[21]. Zu beachten ist weiters sein Wirken als Offizier, als der er sich über viele Jahre in Pflicht nehmen ließ, sowohl im Ersten Weltkrieg durch die österreichische Armee als auch daran anschließend im Kampf um eine freie Ukraine[22], schließlich im Zweiten Weltkrieg durch die deutsche Wehrmacht, wobei er im Rahmen der „Abwehr" wirkte und spezifische Aufgaben wahrnahm, zeitweise als Angehöriger der Division „Brandenburg" in fremder Uniform (Aktion Taras Bulba, Unternehmen „Kirn").

Nach dem Krieg fiel ihm die Aufgabe zu, als Sprecher der Landsmannschaft Weichsel-Warthe Vertreibung und Befreiung aus der Kriegsgefangenschaft zum Thema seiner politischen Tätigkeit zu machen. In dieser Funktion gehörte er zum Beraterstab des Bundeskanzlers Konrad Adenauer und begleitete diesen bei seiner ersten Moskaureise 1955[23].

Koch war ein begeisterter Erzähler, er verfasste viele Erzählungen[24] und Gedichte und machte sich auch um die Übersetzung ukrainischer Literatur verdient[25]. Nicht zuletzt war er evangelischer Theologe und als solcher promovierter Kirchenhistoriker, er stand aber auch im pastoralen Dienst im Ennstal 1945 bis 1952[26].

In dieser thematischen Breite, erweitert durch Militär- und Kriegsgeschichte, durch Ostkirchenkunde und vor allem Ukrainistik[27] und galizische

---

17 Hans Koch, 1. Oktober 1937 bis 31. März 1940, Jahrbuch des Osteuropa-Instituts Breslau 1942, 39–45; Martin Burkert, Die Ostwissenschaften im Dritten Reich I: Zwischen Verbot und Duldung, Wiesbaden 2000, 218 ff.; Ingo Haar, Historiker im Nationalsozialismus. Deutsche Geschichtswissenschaft und der „Volkstumskampf" im Osten, Kritische Studien zur Geschichtswissenschaft 143, Göttingen 2002, 294 f..
18 Frank-Rutger Hausmann, Auch im Krieg schweigen die Musen nicht. Die Deutschen Wissenschaftlichen Institute im Zweiten Weltkrieg, Göttingen 2001, 131 ff.
19 Hans Koch, Die Ostforschung in der Deutschen Bundesrepublik, in: ders. / Gerhard von Mende / Walter Hoffmann, Beiträge zur Ostforschung, Vergessene Wissenschaft. Göttingen 1954, 11–14.
20 Hans Koch, Gedanken zur Ausweitung des Studiums Osteuropas in der Republik Österreich, masch. Denkschrift, München Herbst 1957.
21 Kappeler, Koch, 251.
22 Kappeler, Koch, 229; ders., Kleine Geschichte der Ukraine, 183 ff.
23 Hans Koch, Das Fazit von Moskau, Salzburger Nachrichten 17.9.1955; ders., Die deutsch-sowjetische Konferenz von Moskau im September 1955, Konstanz 1956.
24 Hans Koch, Kyr Theodor und andere Geschichten, hrsg. von Georg Traar, Wien 1967.
25 Hans Koch (Hrsg.), Die ukrainische Lyrik 1840–1940. Ausgewählt und übertragen von Hans Koch, Wiesbaden 1955; ders., Die ukrainische Lyrik 1840–1940, JGO N.F. 3, München 1955, 202–209.
26 Herbert Rampler, Evangelische Pfarrer und Pfarrerinnen der Steiermark seit dem Toleranzpatent, Graz 1998, 384 ff.
27 Wolfdieter Biehl, Zur Ukraine-Forschung in Wien, ÖOH 36 (1994) 133–145, 139.

Landeskunde[28], müsste das Lebenswerk von Hans Koch gewürdigt werden. Dieser Facettenreichtum fasziniert, erschwert aber auch in gewisser Weise seine Rehabilitation, um die er sich zeitlebens bemüht hatte.

Dass er 1958 nicht an die Evangelisch-theologische Fakultät ausweichen wollte, wie ihm seitens des Ministeriums nahegelegt wurde, sondern auf die Berufung an jenes Institut bestand, dem er zwischen 1940 und 1945 formell zugehörte, ist nur vor diesem Hintergrund zu verstehen. Seine Begründung, dass ihm an der Theologischen Fakultät keine Möglichkeit zur Nachwuchsförderung geboten würde, leuchtet zwar ein, wenn man die Dimensionen der Osteuropa-Forschung mit der kleinen Wiener Evangelisch-theologischen Fakultät vergleicht[29], aber sie war dennoch nur vorgeschoben.

Die Herkunft

Im Folgenden versuche ich einige Aspekte zu erörtern, die in Kappelers Beitrag wohl erwähnt, aber nicht ihrem Gewicht angemessen gewürdigt wurden. Hier ist vor allem die theologische Perspektive einzufordern, die gelegentlich als Entschuldigung figuriert, um Kochs angeblich geringes literarisches Oevre zu begründen. Bei diesem Verdikt wird freilich übersehen, dass Koch ein Meister des gesprochenen Wortes gewesen ist, der durch rhetorische Meisterleistungen bestach und sich um eine klare Diktion bemühte. Ein ganz wesentlicher Zug seiner wissenschaftlichen Ambitionen war die Frage der Vermittlung, der Popularisierung des Wissens. Er war in der Lage, schwierige theologische Sachverhalte knapp auf den Punkt zu bringen. Deshalb war er als Vortragender sehr beliebt und er geizte auch nicht mit journalistischen Aufbereitungen. Vom Beginn an war er bei der evangelischen Medienarbeit dabei, er zählt zu den Gründervätern des Evangelischen Preßverbandes (1925)[30] und lieferte regelmäßig seine Beiträge für Kirchenzeitungen und Kalender, mochten sie wissenschaftlich oder auch literarisch ausgerichtet gewesen sein. Er war ein begeisternder Erzähler, wobei diese Geschichten durchaus einen historischen

---

28 Oskar Wagner, Galiziendeutsche als Universitätsprofessoren, in: Julius Krämer (Hrsg.), Heimat Galizien. Ein Gedenkbuch, Stuttgart ³1988, 240–249, 242 ff.; Sepp Müller, Galizien und sein Deutschtum. Eine Dokumentation aus Sepp Müllers Nachlass ergänzt durch Unterlagen des Hilfskomitees der Galiziendeutschen 1948-1951, bearb. von Erich Müller, Stuttgart 1999.
29 Rudolf Leeb, Zum wissenschaftlichen Profil der an der Fakultät lehrenden Kirchenhistoriker und zur österreichischen evangelischen Protestantengeschichtsschreibung, in: Karl Schwarz / Falk Wagner (Hrsg.), Zeitenwechsel und Beständigkeit. Beiträge zur Geschichte der Evangelisch-Theologischen Fakultät in Wien 1821-1996, Wien 1997, 13–48, 27–31; Karl Schwarz, „Haus in der Zeit". Die Fakultät in den Wirrnissen dieses Jahrhunderts, in: ebd. 125–204, 141–144.
30 Gustav Reingrabner, Sechzig Jahre Evang. Presseverband in Österreich, Glaube und Heimat 39 Wien 1985, 43–51.

Kern besaßen, den er literarisch überhöhte, um sie in ihrer Tendenz plastischer und eindringlicher zu gestalten. Er war zunächst Theologe mit dem Schwerpunkt der Ostkirchenkunde, mutierte dann zum Osteuropahistoriker über diese kirchengeschichtliche Schiene[31].

Den Ausgang aber bildet das konkrete Herkommen aus dem volksdeutschen Milieu der pfälzischen Dörfer Galiziens, die in einem rasanten Assimilations- und Polonisierungsprozess verfangen waren. Erst die Bildung eines Schutzbundes „Bund der christlichen Deutschen in Galizien" (1907) und eines „Deutschen Volksrates für Galizien" weckte wieder das allmählich verschüttete Deutschtumsbewusstsein. Von Hans Koch ist bekannt, dass er sich dieser Aufgabe stellte und etwa 1913 die deutschen Siedlungen mit Studienkollegen und Jugendlichen erwanderte, um die Aufgaben des Schutzbundes zu propagieren[32]. „Die Welt, in die ein Mensch hineingeboren wird, prägt ihn vom ersten Augenblick an, aber selten nur wird diese Prägung in solchem Maße für ein ganzes wandlungsreiches Leben bestimmend, wie es bei [Hans Koch] der Fall sein sollte", schrieb sein Schüler Günther Stökl (1916–1998)[33].

Die Evangelisch-theologische Fakultät – eine „Pflegerin evangelischer und deutscher Lebensinteressen"

Als Koch nach der Matura am Deutschen Staatsgymnasium in Lemberg/Lwów/L'viv 1912 das Studium an der Wiener Evangelisch-theologischen Fakultät aufnahm, fand er unter den wenigen Professoren der Fakultät zwei Lehrer vor, die aus Galizien stammten[34], den Neutestamentler Rudolf Knopf (1874–1920) aus Biala/Biała und den nur wenige Jahre älteren Dozenten für Kirchengeschichte Karl Völker (1886–1937) aus seiner unmittelbaren Heimat[35], einen Spezialisten für die Kirchengeschichte Polens. Dieser leitete auch das Theologenheim in der Wiener Blumengasse, in dem viele Studierende aus Ostmitteleuropa ein prägendes Zuhause fanden, darunter auch Koch[36]. Neben Fakultät und Theologenheim wurde auch die Studentenverbindung „Wart-

---

31 Diesen Wechsel übersieht Thomas Kaufmann, Anmerkungen zu generationsspezifischen Bedingungen und Dispositionen, in: ders. / Harry Oelke (Hrsg.), Evangelische Kirchenhistoriker im „Dritten Reich", Gütersloh 2002, 32–54, 37.
32 Erich Müller, Brief vom 2.12.2007 an den Verf.
33 Günther Stökl, Hans Koch, JGO N.F. 7, München 1959, 117–129.
34 Karl W. Schwarz, Eine „Pflegerin wichtiger evangelischer und deutscher Lebensinteressen". Die Wiener Evangelisch-theologische Fakultät und ihre Bedeutung für den Protestantismus in Galizien, Zeitweiser der Galiziendeutschen 47 (2009) 143–169.
35 Hans Koch, Karl Völker (1886–1937), JGO N.F. 4 (1956) 492 f.
36 Ernst Hofhansl / Herbert Krimm, 90 Jahre Wiener Theologenheim, Glaube und Heimat 45, Wien 1991, 68–77.

burg", genauer: „Verein deutscher evangelischer Theologen Wartburg"[37] ein ganz wichtiger Bezugspunkt für den Ortsfremden, der schon bald zum Sprecher gewählt wurde und Verantwortung für die Studentenverbindung übernahm. Es war ein durch und durch deutschnationaler Kommunikationsrahmen, in dem Koch verkehrte[38]. Die Fakultät galt als „Pflegerin" nicht nur evangelischer, sondern auch „deutscher Lebensinteressen", sie verstand ihre Aufgabe gerade auch darin, geistliche Amtsträger für die volksdeutsche Diaspora in Ost- und Südostmitteleuropa auszubilden[39]. Dort kam der evangelischen Kirche eine spezifische Aufgabe zu, zur Diasporafähigkeit der Bewohner der deutschen Streusiedlungen beizutragen. „Die volksdeutsche Sendung der Kirche", wurde dies später genannt[40], freilich auch vielfach missverstanden. Zu verstehen ist dieser Auftrag nur vor dem Hintergrund jener „doppelten Diaspora" in konfessioneller und ethnischer Hinsicht in Ost- und Südostmitteleuropa[41]. Als 1932 Überlegungen angestellt wurden, die Fakultät aus budgetären Gründen „einzusparen", haben die evangelischen Kirchenleitungen der Donauschwaben in Jugoslawien und der Sudetendeutschen in der Tschechoslowakei mit diesem Argument der volksdeutschen Interessenswahrung in Wien interveniert und der Fakultät jenes Epitheton „Pflegerin wichtigster evangelischer und deutscher Lebensinteressen" verliehen[42].

Koch als Soldat

Von der Wartburg war 1914 die Initiative ausgegangen, dass die Theologiestudenten auf das Geistlichenprivileg des österreichischen Wehrgesetzes verzichteten und sich freiwillig zur Kriegsdienstleistung zur Verfügung stellten[43]. Koch, der im Herbst 1914 in Lemberg vom Einbruch russischer Truppen

---

37 Hans Koch, Die „Wartburg" in Wien, EvDia 17 (1935) 198–206; vgl. auch Karl Schwarz, Hans Koch (1894–1959) – ein Landsknecht Gottes aus Osteuropa, in: Reinhart Waneck (Hrsg.), Wartburg-Argumente 3, Wien 1995, 29–63.
38 Brandon, Koch, 325.
39 Karl W. Schwarz, Evangelische Theologie zwischen kultureller Nachbarschaftshilfe und volksdeutschem „Sendungsbewusstsein". Die Wiener Protestantisch-theologische Lehranstalt/Fakultät und ihre Bedeutung für den Donau- und Karpatenraum, Danubiana Carpathica 1 (2007) 89–112.
40 Gerhard May, Die volksdeutsche Sendung der Kirche, Göttingen 1934 – Dazu Karl W. Schwarz, Unter dem Gesetz der Diaspora. Das Diasporaverständnis des österreichischen Theologen Gerhard May zwischen politischer Konjunktur und theologischer Metaphorik, in: ders. / Klaus Engelhardt / Johannes Hempel, Kirche und Diaspora – Erfahrungen und Einsichten, Leipzig 2006, 9–40.
41 Gerhard May, Doppelte Diaspora als Gemeinschaftsordnung, in: Hans Beyer / Hans Koch / Carl Schneider (Hrsg.), Zwischen Völkern und Kirchen. Festgabe für Bruno Geißler zum 60. Geburtstag, Leipzig 1935, 107–123.
42 Schwarz, „Pflegerin wichtiger Lebensinteressen", 143 ff.
43 Karl-Reinhart Trauner, Vom Hörsaal in den Schützengraben. Evangelische Theologiestudenten im Ersten Weltkrieg, Szentendre 2004, 123 ff.; Koch, Legende 1914–1954, in: ders., Kyr Theodor, 95–103.

(3.9.1914)⁴⁴ überrascht wurde, konnte erst im Februar 1915 heimlich die Front überschreiten und nach Wien zurückkehren. Wie seine Studienkollegen rückte er sofort ein: „Von da an machte ich den Weltkrieg bis zum letzten Schuß mit."⁴⁵

Es muss ergänzt werden: nicht nur den Weltkrieg, sondern auch als sotnik im Offiziersstab der ukrainisch-galizischen Armee, als die Ukrainer nach Ende des Ersten Weltkrieges versuchten, gegen den Widerstand der Polen und der Russen eine freie Ukraine zu errichten, aber scheiterten⁴⁶. Sie nahmen das Selbstbestimmungsrecht der Völker in Anspruch und er stellte sich in den Dienst dieses Anliegens. Die immer wieder kursierende Apostrophierung als „Ukrainer Koch" hat hierin seine Wurzel⁴⁷. Er hat diese Geschichte Galiziens nicht nur dargestellt, sondern erlebt und erlitten, sodass ein Fachkollege einmal feststellte, Koch wäre der abenteuerlichste unter den akademischen Lehrern des 20. Jahrhunderts gewesen⁴⁸.

In einer Studie über „Deutsche in den ukrainischen Armeen 1917-1920"⁴⁹ wird Koch vom ehemaligen Oberkommandierenden des ukrainischen Heeres General Tarnavskyj als ukrainischer Patriot charakterisiert – mit überdurchschnittlichem Talent für das Militär⁵⁰: Seine „hohe Intelligenz, ein phänomenales Gedächtnis, echt germanisches Pflichtbewusstsein und Disziplin [hätten] ihn für die schwierigsten Aufgaben auf dem Gebiete der Kriegskunst besonders qualifiziert. Er zeigte sich überzeugt, dass Koch eine führende Stellung im ukrainischen Staate zugekommen wäre, „wenn unsere blutigen Mühen nicht diesen traurigen Misserfolg erfahren hätten".

Im Februar 1920 geriet Koch in russische Gefangenschaft und wurde von den Sowjets als „Fremdenlegionär" zum Dienst in der Roten Armee verpflichtet⁵¹, kämpfte auf deren Seite gegen Polen, ehe er nach Ende der militärischen

---

44 Viktor Wagner, Unsere Siedlungen im Ersten Weltkrieg, in: Heimat Galizien,101-107.
45 Hans Koch, Lebenslauf (Rigorosenakten), zit. bei Kappeler, Koch, 229.
46 Arnold Suppan, Zur Nationsbildung der Ukrainer (bis 1918), Der Donauraum 34 (1994), 1-2, 12-26, 25.
47 Ilse Rhode, In memoriam Hans Koch, Jahrbuch Weichsel-Warthe 6 (1960) 24-32; Sepp Müller, Erinnerungen an Professor Hans Koch, Jahrbuch Weichsel-Warthe 40 (1994) 50-57; Erich Müller, Unsere Heimatgebiete im Lichte ihrer Persönlichkeiten, Kulturwart Nr. 184 (1991) 5-17, 13 ff.
48 Peter F. Barton, Christentum und Kirchen in Südostmitteleuropa, Hannover 1975, 21.
49 Osyp Dumin, Deutsche in den ukrainischen Armeen 1917-1920, masch. Manuskript im Archiv des Osteuropa-Instituts München. Wurde mir freundlicherweise durch Prof. Erich Müller/Berlin zugänglich gemacht.
50 V. Lassovskyj, General Tarnavskyj. Reportage [ukrainisch], Lemberg 1935, 123 f.
51 Kappeler, Koch, 229. Dass er seinen Militärdienst in der Roten Armee gegenüber der Universitätsbehörde in Königsberg „verschwieg", vermerkt Kappeler ebenso pikiert („erneut") wie die Datierung seiner russischen Kriegsgefangenschaft ohne seine Teilnahme am russisch-polnischen Krieg („fälschlicherweise"), übersieht aber die existentielle Bedrohung, der sich Koch nur durch die Meldung zur Armee entziehen konnte.

Kämpfe durch eine österreichische Kriegsgefangenen-Mission in Kiew aufgestöbert wurde, die seine Demobilisierung und Heimkehr nach Wien durchsetzte.

„Landsknecht ohne Namen"

Im Herbst 1921 konnte er als Spätheimkehrer, als „Landsknecht ohne Namen"[52], sein Studium wieder aufnehmen und es in Rekordtempo absolvieren. In seinem Lebenslauf notierte er[53]: er habe sieben Jahre an amtlichen Studiensemestern verloren – aber trotz allem auch einen großen Gewinn: eine verhältnismäßig gute Kenntnis zweier neuer Sprachen, des Ukrainischen und des Russischen – und manche Lebenserfahrung, die er nicht missen mochte. „In Russland und der Ukraina fand ich auch mein Spezialgebiet: die Geschichte Osteuropas". 1924 schloss er sein Geschichtestudium mit einer Dissertation bei seinem für sein späteres Leben entscheidenden Lehrer Hans Uebersberger (1877–1962)[54] ab: „Die Slavisierung der griechischen Kirche im Moskauer Staate als bodenständige Voraussetzung des russischen Raskol" (Wien 1924)[55], die sein bohrendes Interesse an Russland mit seinen kirchengeschichtlichen Ambitionen bestens verband und auch als „ganz vorzügliche Leistung" von seinem Doktorvater gewürdigt wurde. In rascher Folge lieferte er auch seine theologische Dissertation (1926/27) ab, die dem westlichen Einfluss (römisch-katholischer und protestantischer Observanz) auf die Orthodoxie im 18. Jahrhundert gewidmet war[56]. 1929 erfolgte seine Habilitation aufgrund der eingereichten Schrift: „Die griechische Kirche im alten Russland. Skizzen zur Kirchengeschichte Osteuropas", die nicht gedruckt wurde, aber als Typoskript in der Fachbibliothek der Evangelisch-theologischen Fakultät vorhanden ist[57]. Seine Lehrbefugnis wurde über die engere Kirchengeschichte hinaus erstreckt und umfasste ausdrücklich auch die Kirchenkunde Osteuropas.

---

52 Hans Koch, Die Dame in Grau. Aus den Papieren eines Spätheimkehrers 1921, Zeitweiser der Galiziendeutschen Stuttgart 1957, 85–90, 89.
53 Kappeler, Koch, 229 f.
54 Über diesen vgl. Arnold Suppan / Marija Wakounig, Hans Uebersberger (1877–1962), in: Osteuropäische Geschichte, 91–165.
55 Sie ist erst posthum im Druck erschienen, in: Hans Koch, Kleine Schriften zur Kirchen- und Geistesgeschichte Osteuropas, Wiesbaden 1962, 42–107.
56 Hans Koch, Die russische Orthodoxie im Petrinischen Zeitalter. Ein Beitrag zur Geschichte westlicher Einflüsse auf das ostslavische Denken", theol. Diss. Wien 1926/27, gedruckt Breslau 1929.
57 Signatur Sk 52.15 – vgl. auch Hans Koch, Byzanz, Ochrid und Kiev 987–1037. Zur 950. Wiederkehr des angeblichen Taufjahres (988–1938), Nachdruck in: ders., Kleine Schriften zur Kirchen- und Geistesgeschichte, 9–41.

Mit der Ausdehnung der Lehrbefugnis ist indirekt ein Strukturproblem der Evangelisch-theologischen Fakultät angesprochen, nämlich die mangelnde Ausstattung mit Dienstposten für Nachwuchswissenschaftler. Die Kirchengeschichte verfügte 1929 lediglich über einen Dienstposten, der mit dem gerade 43-jährigen Ordinarius Karl Völker besetzt war. So musste Koch ins Theologenheim ausweichen, wo er als Studieninspektor wenigstens Kontakt mit der Studentenschaft halten konnte, für die „mensa" musste er aber anderenorts sorgen, nämlich als Religionsprofessor am Akademischen Gymnasium.

Auf der Suche nach einem Katheder für Osteuropa-Forschung

Dass er eine Professur anstrebte, ist verständlich und er wurde auch immer wieder in Aussicht genommen (Berlin, Leipzig, Marburg, Breslau), aber diese Pläne zerschlugen sich. Weiters faszinierte ihn die Idee, in Wien eine Gesellschaft für osteuropäische Kirchenkunde zu gründen und ein einschlägiges Forschungsinstitut einzurichten – ein Projekt, für das auch der Umstand sprach, dass sich von Wien aus eine völlig neue Sicht der orthodoxen Kirchen Bahn gebrochen hatte. Hier ist ausdrücklich auf die Bedeutung des Systematikers Karl Beth (1872–1959) zu verweisen[58], der das von protestantischen Forschern geprägte Bild einer kulturell inferioren Orthodoxie korrigierte. Auch der Großmeister der protestantischen Kirchengeschichte Adolf von Harnack (1851–1930) hatte dieses Klischee aus seiner gefestigten baltischen Tradition nicht hinterfragt, sondern bestätigt. Erst Beth führte jene wichtige Korrektur herbei und wurde darin maßgeblich von Koch unterstützt. Dieser rückte von der traditionellen großrussischen Geschichtskonzeption ab und lehrte die Kirchengeschichte der Ostslawen konsequent als „Geschichte des hellenischen Geistes in der slawischen Welt" zu begreifen. Und er grub bis zu den tiefen gemeinsamen Wurzeln von Geistes-, Kultur- und Kirchengeschichte. Die geistige Eigenständigkeit Osteuropas bildete für Koch (im Unterschied zur älteren von Harnack geprägten Auffassung) keinen Gegensatz zum Westen. „Beide berühren und ergänzen sich (...) in ihren Wurzeln und an den Halmen. Ihre Wurzeln liegen beiderseits in der Antike (...) ihre Halmen aber sprießen in das Saatfeld der christlichen Kirche und bilden auf ihrem Boden eine Einheit in ökumenischer Schau."

---

58 Karl Beth, Die orientalische Christenheit der Mittelmeerländer, Berlin 1902; ders., Orthodox-anatolische Kirche, in: RGG ²IV, 1040–152.

Ukraine

Sein geistlicher Vater war Superintendent D. Theodor Zöckler (1867–1949) in Stanislau, Leiter der dortigen Diakonischen Anstalten. Ihm hat er ein literarisches Denkmal gesetzt, das bleiben wird[59]. Ihm stand er auch zur Seite, als dieser in den 20er-Jahren eine Übertrittsbewegung zum Protestantismus zu bewältigen hatte[60], die immerhin zwischen 1924 und 1935 an die 10.000 Menschen erfasste, darunter zwei unierte Priester (einer war Fedir Stazynski, der persönliche Sekretär des griechisch-katholischen Metropoliten von Lemberg[61], der später in seine ursprüngliche kirchliche Beheimatung zurückkehrte), und einen in Rom ausgebildeten katholischen Priester[62]. Den Hintergrund dieser Konversionen bildete ein „Programm zur Rettung des ukrainischen Volkes"[63], das die Abkehr von den bisherigen „erstarrten Kirchenformen der römischen Union und der griechischen Orthodoxie" und den Aufbau einer romfreien, aber auch von Russland unabhängigen, dem Westen zugewandten evangelischen Kirche verhieß, die Rückkehr zur schlichten Glaubenslehre des Urchristentums propagierte, zur Alleingeltung der Heiligen Schrift und zum allgemeinen Priestertum, schließlich aber den Anschluss an die bestehende Deutsche Evangelische Kirche A.u.H.B. in Galizien zum Ziel hatte. Dazu wurden Übersetzungen von Luthers Kleinem Katechismus (1929) und der Confessio Augustana (1933) ins Ukrainische angefertigt und eine ukrainisch-lutherische Liturgie (1933) erarbeitet[64]. Koch hat diese Bewegung wissenschaftlich analysiert und kommentiert[65] und bei der Integration einer so beachtlichen Zahl an Konversionswilligen geholfen[66].

---

59 Koch, Kyr Theodor, 5 ff. – auch abgedruckt in: Hans Strohal (Hrsg.), D. Theodor Zöckler. Zum 100. Geburtstag von Vater Zöckler, Stuttgart 1967, 86 ff.
60 Elżbieta Alabrudzińska, Der Protestantismus in den Ostgebieten Polens in den Jahren 1921–1939, Toruń 2000, 113, 120 ff., 155.
61 Alabrudzińska, Der Protestantismus in den Ostgebieten Polens, 120.
62 Theodor Jarczuk, Gottes Wort vor den Toren Russlands. Der Weg des ukrainischen Volkes zur Reformation, Erlangen 1939.
63 Hans Koch, Ukraine und Protestantismus, Ostdeutsche Wissenschaft 1 (1954) 45–68; Rudolf Wagner, Die ukrainisch-protestantische Bewegung in Ost-Galizien, phil. Diss. Marburg 1942; Oskar Wagner, Die evangelische Bewegung unter den Ukrainern (1924–1948) (1960), Nachdruck in: ders., Zwischen Völkern, Staaten und Kirchen, 171–224; ders., Ukrainische Evangelische Kirchen des byzantinischen Ritus, Oikonomia 30 (1991) 35 ff.
64 Oskar Wagner, Ukrainische Evangelische Kirchen, 55–189: „Texte der Gottesdienstordnungen der Ukrainischen evangelischen Gemeinden A.B."
65 Hans Koch, Über ukrainischen Protestantismus, EvDia 8 (1926), 17–30; ebd. 13 (1931) 102–110; ders., Die Ukraine, Zeitwende 5 (1929) 60–71.158–162; ders. Ukraine und Protestantismus, 45–68.
66 C. Erasmus Zöckler, Ein Leben für die Kinder. Theodor Zöckler und Lillie Zöckler. Das Bethel des Ostens, Bergisch Gladbach 2005, 310 ff.

Akademische Karriere im Schatten des Krieges

Die akademische Karriere von Koch ist bekannt und wurde auch schon wiederholt erörtert. Deshalb können hier ein paar Stichworte genügen. Sie führte ihn über den Lehrstuhl für Kirchengeschichte an der Preußischen Universität in Königsberg[67], verbunden mit der Direktion des Instituts für Russlandkunde (1934), dem Lehrstuhl für Osteuropäische Geschichte an der Philosophischen Fakultät der Friedrich-Wilhelms-Universität zu Breslau, verbunden mit der Leitung des Osteuropa-Instituts Breslau (1937)[68], nach Wien zurück (1940). Hier wurde ihm ein Ordinariat für Osteuropäische Geschichte (4. März 1940) und die Leitung des gleichnamigen Universitätsinstituts übertragen[69]. Diese Ära in Wien 1940-1945, im Schatten des Krieges, war freilich gekennzeichnet durch seine völlige Absenz, die Geschichte des Instituts registriert lediglich wenige Besuche[70], zu einer Lehrtätigkeit kam es überhaupt nicht. Das hing damit zusammen, dass Koch zehn Tage vor dem Ausbruch des Krieges, am 21. August 1939 als Leutnant der Reserve in die Wehrmacht einberufen wurde und am Polenfeldzug teilnahm. Im Winter 1939/40 wirkte er bei der Umsiedlung der Deutschen aus Ostgalizien mit[71] und hielt ihnen am Weihnachtstag 1939 in Lemberg eine tief empfundene Abschiedspredigt (über Lk 9,62: Wer die Hand an den Pflug legt und blickt zurück, der ist nicht geschickt für das Reich Gottes)[72]. Koch, der als Stellvertreter des Lemberger Bevollmächtigten in der deutsch-sowjetischen Repatriierungskommission mitwirkte und als Chefdolmetscher fungierte, wurde sogar attestiert, dass er „die Seele dieser Umsiedlungsaktion" gewesen sei[73]. Anfang Februar 1940 war sie abgeschlossen, sie betraf an die 55.000 Menschen, die aufgrund des Hitler-Stalin-Paktes über die Abgrenzung der deutsch-sowjetischen Interessenssphären in Polen zum Rück-

---

67 Vor dem Hintergrund seiner Herkunft aus der volksdeutschen Diaspora in Osteuropa wird plausibel (so Oskar Wagner, In memoriam H.K., Kyrios N.F. 1 (1960/61) 5-10, 5), dass Koch für die spezifischen Problemstellungen des Deutschen Kirchenkampfes wenig Verständnis entgegenbrachte. Deshalb wurden seine Lehrveranstaltungen von den Studenten der Bekennenden Kirche boykottiert, denn er galt als Anhänger der Deutschen Christen. Manfred Koschorke (Hrsg.), Geschichte der Bekennenden Kirche in Ostpreußen 1933-1945, Göttingen 1976, 191 f.
68 Burkert, Die Ostwissenschaften im Dritten Reich, 218 ff.
69 Kappeler, Koch, 240 ff.
70 Leitsch / Stoy, Das Seminar für osteuropäische Geschichte, 187; Kappeler, Koch, 240 f.
71 Hans Koch, Tagebuchaufzeichnungen über die Umsiedlung der Deutschen aus Ostgalizien, in: Aufbruch und Neubeginn. Heimatbuch der Galiziendeutschen II. Teil (Stuttgart/Bad Cannstatt 1977), 181-196; Sepp Müller, Die Umsiedlung der Galiziendeutschen 1939/40, in: Ostdeutsche Wissenschaft 7 (1960) [= Gedenkschrift für Hans Koch] 341-354.
72 Hans Koch, Die Hand am Pflug, in: Heimat Galizien II, 219-221.
73 Sepp Müller, ebd. 348 ff.

zug aus ihrer Heimat in Ostgalizien, Wolhynien, dem Narewgebiet und der Wilnaer Gegend gezwungen wurden[74].

Der nächste Auftrag führte ihn nach Bulgarien. Noch bevor Koch die Berufung nach Wien in Händen hielt, hatte das Auswärtige Amt und der Reichsminister für Wissenschaft, Erziehung und Volksbildung einen weiteren Auftrag für ihn: er sollte den Aufbau eines Wissenschaftlichen Instituts in Sofia leiten. Verbunden damit war eine Gastprofessur an der Universität. Von dieser Tätigkeit wurde offenbar angenommen, dass sie in Kombination mit dem Lehramt in Wien geleistet werden konnte. Doch Koch sah für eine solche Kombination keinen Weg, er machte dienstliche Gründe geltend, die ihn in Sofia festhielten, wobei die Vermutung geäußert wurde, dass ihm im Rahmen der Abwehr besondere Aufgaben zufielen, nämlich seinen persönlichen Zugang zur Orthodoxie zu vertiefen und politisch auszuwerten[75]. Wir bewegen uns bei diesen Überlegungen freilich nicht auf gesicherter Quellengrundlage, dennoch möchte ich an dieser Stelle die Vermutung etwas substantiieren.

Hans Koch gab seit 1936 die Vierteljahresschrift für Kirchen- und Geistesgeschichte Osteuropas „Kyrios" heraus und zwar bis zur kriegsbedingten Einstellung 1942/43. Mit dieser Zeitschrift verfolgte er ein langfristiges Ziel. Er nahm nicht nur am Panorthodoxen Theologenkongress im Herbst 1936 in Athen[76] in offizieller Funktion teil, als „wohlwollender Beobachter" und als Vertreter des Deutschen Reiches[77], von dem er zu behaupten wusste, dass es die politische Bedeutung der Ostkirche (im Blick auf die ökumenische Bewegung, die Kriegsschuldfrage und die Abwehr des Bolschewismus) rechtzeitig erkannt hätte. Nun waren die Balkankirchen über die ökumenische Bewegung (Konferenzen 1937 in Oxford und Edinburgh) immer stärker an die anglikanische Kirche herangerückt, mit der sie in der Überlieferung der alten Kirche der ersten fünf Jahrhunderte übereinstimmten und somit in einem Konsens in Lehr- und Kultusfragen standen. Das hatte zur Folge, dass sie von Deutschland abrückten und allen kulturellen und politischen Einflüssen aus Deutschland

---

74 Herrn Prälaten Dr. Alexander Ostheim-Dzerowycz, Generalvikar der Griechisch-katholischen Kirche in Wien, der als Fünfjähriger von dieser Umsiedlung betroffen war, verdanke ich zahlreiche Informationen über die freundschaftliche Beziehung zwischen seiner Familie und Hans Koch, sowie Korrespondenzen, welche die Dankbarkeit der Familie und freundschaftliche familiäre Verbundenheit über Jahre zum Ausdruck bringen.
75 Kappeler, Koch, 243 Anm. 47 – mit Hinweis auf eine Mitteilung des Verfassers.
76 Hans Koch, Die orthodoxe Kirche des Ostens (...) 1936, Osteuropa 12 (1937) 493–502, 499 ff.
77 Hans Koch, Bericht als Leiter des Osteuropa-Instituts Breslau über den Zeitraum 1. Oktober 1937 bis 31. März 1940 (begonnen vor Stalingrad, Ende November 1942, abgeschlossen im Lazarett, Mitte Januar 1943), Jahrbuch des Osteuropa-Instituts 1942.

mit zunehmendem Misstrauen begegneten und eine entsprechend antideutsche Propaganda verbreiteten. Hier setzte eine Gegenstrategie ein, deren spiritus rector, so meine Vermutung, Koch gewesen ist und die mit der Zeitschrift Kyrios über ein im wissenschaftlichen Diskurs beachtetes Organ verfügte[78]. Teil der Strategie war auch, Dozenten und Studenten durch Stipendien nach Deutschland zu locken, Gelehrte aus dem Raum der Orthodoxie durch Ehrenpromotionen mit Deutschland ins Gespräch zu bringen: Chrysostomos Papadopoulos (1868–1938) 1937 in Königsberg, Nikolaus Louvaris (1887–1961) 1938 in Göttingen, Stefan Zankow (1881–1965) aus Sofia 1940 in Berlin, Nihifor Crainic (1889–1972) aus Bukarest 1941 in Wien. In diesem Zusammenhang ist auch auf drei serbisch-orthodoxe Theologen hinzuweisen, die in den Jahren des Zweiten Weltkrieges ein Doktoratsstudium an der Wiener Evangelisch-theologischen Fakultät führten (Vaso Šipka, Nikola Vukčević, Kristivoj Kotur) – mit Hilfe eines von Koch vermittelten Stipendiums[79]. In diese kulturpolitische Strategie, Wien zu einem Zentrum für die Süd-Ost-Forschung auszubauen, auf die Theologen der Balkanländer werbend einzuwirken und das Bild des Großdeutschen Reiches zu verbessern, ordne ich den Aufenthalt Kochs in Sofia ein, seine organisatorische Kompetenz war allgemein bekannt und konnte sich beim Aufbau des Deutschen Wissenschaftsinstituts in Sofia (1940) bewähren[80]. Von Koch wird darüber hinaus berichtet, dass er Zugang zur bulgarischen Theologenausbildung gesucht und in diesem Rahmen Lehrveranstaltungen durchgeführt hätte. Das werte ich als Hinweis auf seine spezifische kulturpolitische Sendung, die freilich mit dem Beginn des Russlandfeldzugs beendet wurde.

Am 26. März 1941 wurde Koch als Hauptmann der Reserve wiederum zur Wehrmacht einberufen, als Spezialist für die Ukraine fiel ihm im Plan „Barbarossa" eine wichtige Aufgabe zu, er hatte seine Kenntnisse der ukrainischen Freiheitsbewegung („freie Ukraine") in den Dienst der NS-Ostpolitik zu stellen[81] – und zwar politisch als Verbindungsoffizier des Reichsministeriums für die besetzten Ostgebiete bei der Heeresgruppe Süd und militärisch als Offizier der Ic-Abteilung (Nachrichtendienst und Abwehr). In hohem Maße bündelte

---

78 Vgl. dazu auch Michail Shkarovskij, Die Kirchenpolitik des Dritten Reiches gegenüber den orthodoxen Kirchen in Osteuropa (1939–1945), Münster 2004, 76 ff. – In der vom Königsberger Institut herausgegebenen Zeitschrift „Osteuropa" berichtete Koch jährlich über die Entwicklung in der orthodoxen Kirche des Ostens (1934, 1935, 1936, 1937).
79 AdR Wien, Kurator, Rektorat Wien an REM GZ 473/1942-43, Bericht vom 20.11.1944.
80 Hausmann, Auch im Krieg schweigen die Musen nicht, 131 ff.
81 Shkarovskij, Kirchenpolitik des Dritten Reiches, 229 ff.

sich bei ihm die Verantwortung für den „heiklen" Versuch, „die nationalen Bestrebungen [der Ukrainer] zu Gunsten deutscher Interessen zu lenken"[82]. In diesem Sinne hielt er am 15. Juni 1941 vor dem Stab der Heeresgruppe Mitte einen Vortrag, wie es die Nationalbewegung der Ukraine als Verbündete Deutschlands zu gewinnen gelte, um die deutsche Herrschaft über die Ukraine zu stabilisieren[83]. Am 30. Juni 1941 rückte mit den deutschen Truppen auch der Nachrichtenoffizier Koch mit einem Sonderauftrag der Abwehr in Lemberg ein, um sich mit dem Metropoliten Andrej Šeptyc'kyj (1865–1944) und den ukrainischen Politikern zu treffen, die eine Unabhängigkeitserklärung verlautbaren ließen[84]. Koch hielt diese für verfrüht und bemühte sich, sie rückgängig zu machen. Die deutschen Truppen beendeten nach einer Woche die ukrainische Unabhängigkeit, sie nahmen die führenden Politiker in Haft. Kochs Haltung zugunsten einer (künftigen) ukrainischen Eigenstaatlichkeit konnte sich nicht durchsetzen, die offizielle NS-Ostpolitik ging in eine ganz andere Richtung[85].

War mit dieser politischen Entwicklung eine persönliche Enttäuschung Kochs verbunden, so stand jenes oben schon angesprochene Damaskus-Erlebnis noch bevor, das Judenmassaker von Babyn-Jar.

Der für die Ukraine zuständige Reichskommissär Erich Koch (1896–1986) veranlasste wiederholt Zurechtweisungen seines Namensvetters, im Mai 1942 die Ausweisung aus der Ukraine, weil der Verdacht bestand, dass er als Offizier der Wehrmacht die Widerstandsbewegung der Ukrainer gegen die Zivilverwaltung fördere.

Hans Koch zählte nach dem Krieg Maßregeln auf, die seine innere Entfremdung vom Nationalsozialismus erwiesen[86]. Als wichtig stufte er seine konfessionelle Gebundenheit ein, die den NS-Machthabern stets ein Dorn im Auge gewesen sei, dennoch gelang es ihm, die Zeitschrift „Kyrios" als kirchliche Zeitschrift herauszugeben. Weiters benannte er Vorgänge in Breslau, Lemberg und Sofia, wo er jeweils wegen seiner Kritik an Parteimaßnahmen gemaßre-

---

82 Brandon, Koch, 330.
83 Kappeler, Koch, 243
84 Frank Grelka, Die ukrainische Nationalbewegung unter deutscher Besatzungsherrschaft 1918 und 1941/42, Wiesbaden 2005, 153.
85 Alexander Dallin, Deutsche Herrschaft in Russland 1941–1945, Düsseldorf 1958, 129 ff.; 528; Peter Kleist, Zwischen Hitler und Stalin 1939–1945, Bonn 1950, 180 f.
86 Hans Koch, Dienstliche Meldung über mein Mitgliedsverhältnis zu der ehemaligen NSDAP (Aich-Assach 1945) – Nachlass Koch, Galiziendeutsches Heimatarchiv im Institut für pfälzische Geschichte und Volkskunde in Kaiserslautern. Für die Überlassung von Kopien sei auch an dieser Stelle Herrn Prof. Erich Müller/Berlin sehr herzlich gedankt.

gelt wurde, weil er die Interessen der einheimischen Bevölkerung stärker vertrat als die der NSDAP oder weil er die bodenständige Bevölkerung gegen die Maßnahmen der Zivilverwaltung beeinflusste. Im Juni 1943 wurde ihm sogar ein Rede- und Schreibverbot erteilt, weil er Maßnahmen der Ostverwaltung in dienstlichen Berichten kritisiert hatte.

Politische Katharsis?

Die Frage nach einer politischen Katharsis muss hier nicht beantwortet werden, aber ich gehe doch davon aus, dass er eine solche durchlebt und durchlitten hat. Ihm wurde nach 1945 der Boden unter den Füßen weggezogen. Die Rückkehr nach Wien auf die Professur für Osteuropäische Geschichte, auf die er 1940 ernannt worden war, wurde ihm nicht ermöglicht. Als Parteimitglied der NSDAP übernahm ihn die Republik Österreich nicht in ihren Personalstand und berief sich auf seine 1934 erworbene deutsche Staatsbürgerschaft. Sein wiederholter Antrag auf Zuerkennung der österreichischen Staatsbürgerschaft, die er 1934 eigentlich behalten wollte, wurde stets abgewiesen, auch als sich das Amt der steiermärkischen Landesregierung einschaltete und sich um einen positiven Bescheid bemühte. So sah er sich gezwungen, in den pastoralen Dienst zurückzukehren bzw. dort, in der Tochtergemeinde (von Gröbming) Aich-Assach im Ennstal zu bleiben, als evangelischer Pfarrer[87], genau genommen: als Vikar, weil er mangels Staatsbürgerschaft auch nicht ein Pfarramt führen durfte.

Es waren sieben lange Jahre, die ausgefüllt waren mit dem Streit um die österreichische Staatsbürgerschaft. Sie wurde ihm kategorisch vorenthalten. Kurz nach seinem 54. Geburtstag bedankte er sich für Glückwünsche mit einer Feststellung, die seine persönliche Lage ungeschminkt beschreibt[88]: Wir „nähern uns (...) dem Greisenalter, ungesichert, wie die meisten unseres Volkes, überflüssig wie die meisten unserer Generation, ungebrochen, wie hoffentlich alle unserer Art!".

---

[87] Georg Traar, Hans Koch. Der große Forscher und Lehrer und der „Vikar von Aich", in: ders., Eine Wolke von Zeugen, Wien ²1974, 302–305.
[88] Schreiben Koch an Hermine Cloeter, 14.7.1948 – Österr. Akademie der Wissenschaften Wien, Nachlass Cloeter. – Dazu Margret Friedrich (Hrsg.), Ideale und Wirklichkeiten. Aspekte der Geschlechtergeschichte. Briefwechsel zwischen Hermine Cloeter, Emma Cloeter und Otto von Zwiedineck-Südenhorst 1893–1957, Sitzungsberichte der Österreichischen Akademie der Wissenschaften Philosophische-Historische Klasse 616, Wien 1995, 539 mit einer knappen Notiz über Hans Koch, er habe sich „unklugerweise auch einen ‚Formfehler' zuschulden kommen lassen gegenüber der oest. Regierung", ohne diesen zu benennen. Ich verdanke die Kenntnis des Briefwechsels zwischen Hans Koch und der Schriftstellerin Hermine Cloeter Herrn Univ.-Prof. Fritz Fellner.

Ausgleich suchte er in der Lyrik der Ukraine, die er ins Deutsche übertrug. Er überarbeitete das Lehrbuch für den evangelischen Religionsunterricht, das sein Freund Josef Kolder (1893–1949) verfasst hatte[89]. In der Abgeschiedenheit des Ennstaler Pfarrhauses schrieb er Artikel um Artikel für Zeitungen, Zeitschriften und Kalender. Für das Ehrenmal im Schloss Trautenfels lieferte er den Sinnspruch: „Den Toten zum Gedächtnis, der Jugend zum Vermächtnis, dem Wandrer zum Bedächtnis, Gott tut, was recht ist".

Als ein Exponent der politisch belasteten Generation wurde er zu einem wichtigen Berater des steirischen Politikers Josef Krainer (1903–1971), Landeshauptmann der Steiermark zwischen 1948 und 1971, der mit dem sogenannten „Ennstaler Kreis"[90] die politische Integration der ehemaligen NSDAP-Mitglieder betrieb und der sich auch sehr bemühte, Koch in der Steiermark zu halten und ihm eine adäquate Stellung zu verschaffen. Das gelang ihm nicht. Koch galt zwar als graue Eminenz in der steirischen Pfarrerschaft[91] und wurde auch für verschiedene kirchliche Aufgaben (Leitung eines Predigerseminars, einer evangelischen Akademie in St. Andrä bei Villach[92]) in Aussicht genommen, letztlich gab aber doch die Rückkehr in den akademischen Beruf den Ausschlag. Die Rehabilitation als Universitätslehrer musste aber lange warten[93]. Ihr ging eine schwierige Phase beruflicher Irritationen und psychischer Depressionen voraus. Erst 1952 erfolgte über Vermittlung des Bundesvertriebenenministers Theodor Oberländer (1905–1998)[94], mit dem Koch seit Königsberger Tagen in Verbindung stand, eine (späte) Berufung an die Hochschule für Politik nach München, die mit dem Aufbau eines Osteuropa-Instituts verbunden war.

Nachdem eine Berufung an die Philosophische Fakultät in Heidelberg 1957[95] gescheitert war, ermöglichte ihm die Staatswissenschaftliche Fakultät der Universität München 1958 eine universitäre Gesamtbilanz seiner Osteuropaforschung: zuerst aus der Perspektive der Theologie, sodann an der Philoso-

---

89 Josef Kolder/Hans Koch, Evangelische Kirchengeschichte, Wien ²1955.
90 http://www.ennstalerkreis.at; Stefan Karner, Die Steiermark im 20. Jahrhundert. Politik, Wirtschaft, Gesellschaft, Kultur, Graz 2000, 400.
91 Heimo Begusch, Von der Toleranz zur Ökumene, in: Karl Amon/Maximilian Liebmann (Hrsg.), Kirchengeschichte der Steiermark, Graz-Wien-Köln 1993, 466–607, 586; Herbert Rampler, Die Evangelische Kirche in der Steiermark 1945–1955, in: Siegfried Beer (Hrsg.), Die „britische" Steiermark 1945–1955, Graz 1995, 401–434, 414.
92 Karl W. Schwarz, 60 Jahre Evangelische Superintendenz A.B. in Kärnten, Carinthia I 197, Klagenfurt 2007, 219–248, 237.
93 Unger, Ostforschung in Westdeutschland, 208 ff.
94 Unger, Ostforschung in Westdeutschland, 201.
95 Unger, Ostforschung in Westdeutschland, 210.

phischen Fakultät als Osteuropahistoriker, schließlich unter politikwissenschaftlichem Vorzeichen in München. Sie weist ihn als Osteuropäer „aus Profession" aus, wobei die Ableitung des Begriffs von profiteor durchschimmert.

Eine berufliche Heimkehr nach Wien kam nicht zustande. Immerhin wurde er zu Vorträgen eingeladen, die auf großes Interesse stießen: im Rahmen der Arbeitsgemeinschaft Ost[96], der Gesellschaft für die Geschichte des Protestantismus in Österreich[97] und der 14. Evangelischen Woche im Auditorium Maximum der Universität Wien[98]. Sie signalisieren auch Kochs vieldimensionalen Zugang zum Thema Osteuropa.

Heimgekehrt ist Hans Koch dann doch in sein geliebtes Ennstal, nachdem ein Herzinfarkt in den Morgenstunden des 9. April 1959 seinem Leben eine letzte Grenze gesetzt hatte. Am 12. April, einem Sonntag, wurde er am evangelischen Friedhof in Gröbming, unter großer Anteilnahme der Bevölkerung, bestattet.

---

96 Vortrag im Palais Auersperg, 24. März 1958: „Die sowjetische Ideologie als Weltanschauung und Weltgeschichte"
97 Vorträge am 20./21. Oktober 1958: „Über den slawischen Protestantismus der Gegenwart"; „Die evangelischen Grabreden am leeren Sarge des Zaren Alexander des I. in Warschau 1826" – vgl. auch Hans Koch, Die polnischen Predigten am leeren Sarge Alexanders I. in Warschau, 1826, in: Harald Kruska (Hrsg.), Gestalten und Wege der Kirche im Osten. Festgabe für Arthur Rhode zum 90. Geburtstag, Ulm 1958, 85–104.
98 Alfred Garcia Sobreira-Majer (Hrsg.), Die Evangelische Woche in Wien 1927–1938 / 1958–1995. Eine Festschrift zu ihrem Jubiläum, Wien 1995, 79: 12./13. März 1959: „Die westliche Freiheit in östlicher Deutung": I. „Freiheit und Notwendigkeit"; II. „Freiheit und Diktatur".

Prof. Gustav Entz, der von den Studierenden als „Papa Entz" verehrte, allgegenwärtige Dekan der Fakultät

Der Fall „Gustav Entz"*
Die Evangelisch-theologische Fakultät in der NS-Zeit und im ersten Nachkriegsjahrzehnt.

Einleitung

In der Ringvorlesung über die Geschichte der Universität Wien im ersten Nachkriegsjahrzehnt (Sommersemester 2006) hatte ich die Aufgabe, über die jüngste und kleinste der damaligen Fakultäten zu berichten, die Evangelisch-theologische Fakultät, die einzige ihrer Art in Österreich[1]. Dabei war mir die Tätigkeit des Dekans Gustav Entz (1884–1957) besonders wichtig, weil er von 1938 bis 1949 und im Studienjahr 1952/53 dieses akademische Leitungsamt bekleidete und die Kontinuität dieser Fakultät personifizierte. Meine Ausführungen versuchten, ihn als geschickten hochschulpolitischen Gestalter darzustellen, soweit die Zeitläufte ein „Gestalten" überhaupt zuließen. Der Kontext meiner Ausführungen rückte ihn freilich in die Nähe dessen, was der Titel der Publikation als „Altlast" bezeichnete[2]. Das hat unter seinen ehemaligen Studenten und (seit 1928) Studentinnen für erhebliche Aufregung gesorgt. Insbesondere meine Aussage, Entz sei eine der „schillerndsten" Persönlichkeiten der Fakultätsgeschichte gewesen, wurde mit Nachdruck als unangemessen und verfehlt zurückgewiesen[3]. In der Druckfassung habe ich den Ausdruck zurückgenommen, weil er, wie mir vorgehalten wurde, eine „Unehrlichkeit" suggeriert. Es war aber keineswegs meine Absicht, Entz zu unterstellen, „unehrlich" gewesen zu sein, denn ihm wurde geradezu ein „Charisma der Ehrlichkeit" (Gerhard Kittel) zugute gehalten. Deshalb habe ich den Ausdruck „schillernd" durch „widersprüchlich" ersetzt[4]. Sein Fakultätskollege Hans von Campenhausen (1903–1989), in den Kriegsjahren als

---

* Ringvorlesung an der Universität Wien, 12. November 2009.
1 Karl Schwarz / Rupert Klieber, Gerüstet für eine „Neuordnung der gesellschaftlichen Verhältnisse"? Die beiden Theologischen Fakultäten der Universität Wien von 1945 bis 1955 zwischen Rückbruch und Aufbruch, in: Margarete Grandner / Gernot Heiss / Oliver Rathkolb (Hrsg.), Zukunft mit Altlasten. Die Universität Wien 1945 bis 1955, Innsbruck u.a. 2005, 89–120, 106 ff.
2 „Auch Wiener Theologische Fakultäten stellen sich ihren ‚Altlasten'", in: kathpress Nr. 65/16.3.2006, 3 f.
3 Schreiben Harald Zimmermann, Tübingen 26.1.2006, an den Verf.; Robert Kirnbauer, Leserbrief, in: Die Saat 2006/4; Gustav Reingrabner, Gustav Entz – Prediger und Lehrer, in: Standpunkt H. 183/2006, 24–31.
4 Schwarz, ebd. 107. Der Vorabdruck „In verwüsteten Räumen, in Kälte und Hunger". Die (...) Fakultät im ersten Nachkriegsjahrzehnt, in: AuG 56 (2005) 196–204 weist diese Korrektur nicht auf.

Dozent mit der Supplierung der kirchenhistorischen Lehrkanzel beauftragt[5], nannte ihn treffend einen „lieben, ganz österreichischen Menschen (...), ein wenig filou, so dass er die schwierigen Verhandlungen mit Regierung und Partei zur Abschirmung seiner Fakultät erfolgreich führen konnte"[6]. „Filou" (frz. für „Spitzbube") entspricht nicht meinem Sprachgebrauch, aber ich stimme der damit verknüpften Schlussfolgerung vollkommen zu: Er hat das Schiff seiner Fakultät geschickt durch die Zeit zwischen der Scylla politischer Fremdbestimmung und der Charybdis einer völligen Liquidierung hindurchlaviert. Dass die Fakultät von den nationalsozialistischen Machthabern nicht geschlossen wurde, hat er verhindert[7]. Darüber sind sich seine Schülerinnen und Schüler – zwischen 1922 und 1955 sind praktisch alle evangelischen Theologen in Österreich durch seine „Schule" gegangen[8] – einig. Das hat auch Unterrichtsminister Ernst Kolb (1912–1978) bei der Überreichung des Großen Silbernen Ehrenzeichens für Verdienste um die Republik Österreich am 7. Oktober 1954 unterstrichen und meine bisherigen Forschungen zur Fakultätsgeschichte bestätigen diesen Sachverhalt[9]. Der spätere Neutestamentler Ernst Bammel (1923–2005), Wiener Student im Sommersemester 1942, attestierte ihm die „entscheidende" Rolle im Fakultätsleben, die ihm „den größten Respekt" gewonnen habe[10]. Und das gilt auch mutatis mutandis für die unmittelbare Nachkriegszeit, wie seine Schüler Kurt Niederwimmer (1929–2015) und Gustav Reingrabner (*1936) einhellig bezeugen[11] – er galt als „Muster eines protestantischen Geistlichen seiner Zeit" mit den entsprechenden Eigenschaften: würdig, gelehrt, beredt, human, liberal, auf den Punkt gebracht: „ein Archetyp des bürgerlichen österreichischen Protestantismus"[12].

---

5   Wolfgang Wischmeyer, Hans von Campenhausen in Wien, in: Karl Schwarz / Falk Wagner (Hrsg.), Zeitenwechsel und Beständigkeit. Beiträge zur Geschichte der Evangelisch-Theologischen Fakultät in Wien 1821-1996, Wien 1997, 209–214.
6   Die „Murren" des Hans von Campenhausen. „Erinnerungen, dicht wie ein Schneegestöber". Autobiografie, hrsg. von Ruth Slenczka, Norderstedt 2005, 194.
7   Wilhelm Kühnert, Univ.-Prof. D.Dr. Gustav Entz +, in: AuG 8 (1957) 11, 73 f.
8   Ernst Hofhansl, Non enim satis est literas discere: Die Wiener Professoren Skalský, Völker und Entz als Lehrer der Praktischen Theologie von 1895-1955, in: Zeitenwechsel und Beständigkeit, 487–512, 501 ff.
9   Karl Schwarz, „Grenzburg" und „Bollwerk". Ein Bericht über die Wiener Evangelisch-theologische Fakultät in den Jahren 1938–1945, in: Leonore Siegele-Wenschkewitz / Carsten Nicolaisen (Hrsg.), Theologische Fakultäten im Nationalsozialismus, Göttingen 1993, 361–389.
10 Schreiben Ernst Bammel, Cambridge 8.10.1993, an den Verf.
11 Kurt Niederwimmer, Mementote praepositorum vestrorum. Erinnerungen an Gustav Entz, in: Karl W. Schwarz (Hrsg.), Gustav Entz, Wien 2012, 63–67; Reingrabner, Gustav Entz – Prediger und Lehrer, in: Schwarz, Gustav Entz, 73–79.
12 So Niederwimmer, Entz, 67.

Eine Ausbildungsstätte für die volksdeutsche Diaspora

Mag die Wiener Fakultät im deutschen Sprachraum immer zu den kleineren Fakultäten gezählt haben, so verfügte sie doch über sechs Lehrkanzeln (Altes Testament, Neues Testament, Kirchengeschichte, Systematische Theologie A.B., Reformierte Theologie, Praktische Theologie) sowie Lehraufträge für Kirchenrecht und Kirchenmusik und vermochte so einen regulären Studienbetrieb zu gewährleisten. Ihre spezifische Sendung bestand nicht nur darin, den geistlichen Nachwuchs der Evangelischen Kirche in Österreich auszubilden, sie strahlte als Forschungs- und Ausbildungsstätte und als Ort des kulturellen und wissenschaftlichen Diskurses in den gesamten Donau- und Karpatenraum aus[13] und leistete wertvolle und schlechthin „unverzichtbare"[14] Ausbildungsarbeit für die „volksdeutschen" Diasporakirchen in Ost- und Südostmitteleuropa. Dieser Hintergrund der Fakultät verdient Beachtung, weil er ein Thema in den Mittelpunkt rückt, das für die lutherischen Minderheitskirchen in diesem Raum von äußerster Dringlichkeit gewesen ist: Konfession und Nation – die „volksdeutsche" Kirche in „doppelter" Diaspora, in fremdkonfessioneller Umgebung (katholischer oder orthodoxer Observanz) und im Gegenüber zu einem Staat, der die deutsche Minderheit integrierte und ihr in seiner ethnischen Pluriformität oft nur sehr wenig autonome Entfaltungsmöglichkeiten überließ. Daraus ist der Kirche eine subsidiäre volkspolitische Aufgabe zugewachsen. Diese wurde später auf den Begriff „volksdeutsche Sendung der Kirche"[15] gebracht – ein heute gewiss missverständlicher Buchtitel, dessen Relevanz sich nur vor dem Hintergrund der konfessionellen und politischen Situation im Jugoslawien der Zwischenkriegszeit erschließt. Die damit postulierte Aufgabe bestand aber für alle Diasporakirchen, für jene der Siebenbürger Sachsen genauso wie für die Pfälzer in Galizien oder die Donauschwaben. Darauf hatte sie die Wiener Fakultät vorzubereiten.

Die Zahl der Studierenden war immer unter hundert, nach ihrer Angliederung an die Universität Wien lässt sich eine sprunghafte Entwicklung beobachten, die im Sommersemester 1932 mit insgesamt 222 Studierenden einen Höhepunkt zeigte. Diese stammten mehrheitlich aus Deutschland (116), gefolgt von Österreich (42); dazu gesellten sich Studierende aus der Tschecho-

---

13 Karl Schwarz, Evangelische Theologie zwischen kultureller Nachbarschaftshilfe und volksdeutschem „Sendungsbewusstsein". Die Wiener Protestantisch-theologische Lehranstalt/Fakultät und ihre Bedeutung für den Donau- und Karpatenraum, in: Danubiana Carpathica 1/48 (2007) 89–112.
14 So die Kirchenleitungen einzelner volksdeutscher Diasporakirchen (1932).
15 Gerhard May, Die volksdeutsche Sendung der Kirche, Göttingen 1934.

slowakei, Polen, Jugoslawien und aus Rumänien (jeweils zwischen 10 und 20). Nach dem Anschluss gab man sich der Hoffnung hin, dass die Fakultät in den politischen Maßnahmenkatalog für den Aufbau Wiens als Kulturmetropole des Südostdeutschtums aufgenommen und zur „Grenzlandfakultät" ausgebaut würde[16] und auf diese Weise an Attraktivität für „reichs"-deutsche Studierende gewinnen könnte. Dieses Projekt „Grenzlandfakultät" sollte die Zahl der Professoren und das Studienangebot erhöhen, insbesondere ein theologisch-soziologisches Grenzfach über Diasporawissenschaften in religiöser und ethnischer Hinsicht in den Fächerkanon integrieren[17]. Obwohl die Fakultät, wie es scheint, die Gunst der Stunde für sich auszunützen versuchte und für die vakanten Lehrkanzeln einerseits etablierte Koryphäen (Gerhard Kittel [1888–1948] aus Tübingen), andererseits politisch protegierte Nachwuchswissenschaftler (Hans Georg Opitz [1905–1941] aus Berlin, Hans Wilhelm Schmidt [1903–1991] aus Bonn) gewinnen konnte, so wurde aber dem Projekt nach anfänglichen Zusagen der Boden entzogen, die neu beantragten Professuren (für Gerhard May [1898–1980], Pfarrer in Cilli/Celje für Diasporakunde[18] und für Paul Dedic [1890–1950] für Territorialkirchengeschichte der ehemaligen Habsburgermonarchie) wieder eingezogen, aufgetretene Vakanzen nicht mehr durch Neuberufungen geschlossen, sondern kommissarisch durch Dozenten (Hans von Campenhausen, Gustav Stählin [1900–1985]) besetzt. Mit der Einberufung eines Großteils der Studenten ging eine starke Abnahme der Studentenzahlen einher. Außerdem war das Theologiestudium in einer Zeit permanenter Angriffe gegen die Kirchen nicht besonders attraktiv, die Zahlen sanken in den Kriegsjahren sogar auf unter 40, über dreißig Studenten und Kandidaten folgten der NS-Propaganda, wurden „gottgläubig" und traten aus der Kirche aus[19], ab 1941 blieb die Zahl der Studierenden konstant unter zehn. Im Wintersemester 1944/45 kam es zum völligen Niederbruch, als nur mehr drei

---

16 Gernot Heiss, „... As the Universities in Austria Were More Pillars of Our Movement Than Those in the Old Provinces of the Reich". The University of Vienna from Nazification to De-Nazification, in: Digestive Diseases 1999/17, 267–278, 270.
17 Schwarz, „Grenzburg" und „Bollwerk", 377 ff.; Memorandum über die Stellung und den Ausbau der Evang.-theol. Fakultät der Wiener Universität (30.6.1938), Nachdruck in: Gustav Reingrabner / Karl Schwarz (Hrsg.), Quellentexte zur österreichischen evangelischen Kirchengeschichte zwischen 1918 und 1945, Wien 1989, 334 f.
18 Karl W. Schwarz, Gerhard May – vom volksdeutschen Vordenker in Slowenien zum bischöflichen Wegweiser der Evangelischen Kirche in Österreich, in: Südostdeutsches Archiv 46/47 (2003/4) 39–64; ders., Unter dem Gesetz der Diaspora. Das Diasporaverständnis des österreichischen Theologen Gerhard May zwischen politischer Konjunktur und theologischer Metaphorik, in: ders. / Klaus Engelhardt / Johannes Hempel, Kirche und Diaspora – Erfahrungen und Einsichten, Leipzig 2006, 9–40.
19 Reingrabner / Schwarz, Quellentexte, 658.

orthodoxe und ein altkatholischer Hörer gezählt wurden[20], welche die von Berlin verfügte Schließung der Fakultät einfach ignoriert hatten. „Papa Entz" hatte die Stellung gehalten, er war Ansprechpartner für alle Studierenden in allen Situationen, er schien an der Fakultät zu leben und ständig präsent zu sein. All die Jahre über führte er die Geschäfte eines Dekans „mit Treue, Energie und beispielgebendem Geschick"[21].

Gustav Entz

Deshalb nehme ich die Gelegenheit sehr gerne wahr, um meine eingangs zitierten Ausführungen über Gustav Entz etwas zu modifizieren und den „Fall Entz" noch einmal aus einer anderen Perspektive zu kommentieren. Für die unmittelbare Nachkriegszeit hatte ich ihn als Beispiel des „Rückbruches" namhaft gemacht, der sich mit der zweiten Republik versöhnte[22], aber keine Scheu zeigte, die „Entnazifizierung" an der Universität nach eigenen Gesichtspunkten durchzuführen und seine amtsbehinderten Kollegen zu pardonieren[23]. Jetzt gilt es, seine Tätigkeit als Dekan in der NS-Zeit zu würdigen und zu verifizieren, was die Fakultät in ihrer Parte vom Verstorbenen sagte: „[D]er in sturmbewegter Zeit die Geschicke unserer Fakultät sicher gelenkt", „den väterlichen Freund seiner Studenten, der in 35jähriger akademischer Lehrtätigkeit die späteren Amtsträger unserer Kirche entscheidend geprägt hat", „den geisterfüllten Zeugen des Evangeliums", schließlich „den gütigen, allzeit hilfsbereiten, unerschrockenen Streiter für Wahrheit und Recht".

Dass der unverheiratete Entz ein väterlicher Freund seiner Studenten war, ist ebenso wenig in Abrede zu stellen wie der Generationen prägende Einfluss seiner Lehrtätigkeit[24]. Ob er und in welcher Hinsicht ein geisterfüllter Zeuge des Evangeliums gewesen ist, muss hier nicht dargelegt werden[25], hier geht es um seine politische Option und um sein daraus resultierendes Denkschriften-

---

20 Gustav Entz, Die evangelische Theologie, in: Wilhelm Böhm (Hrsg.), Universitas Vindobonensis, Wien 1952, 116–118, 117.
21 Kühnert, Entz, 74.
22 Gustav Entz, Die evangelische Kirche im heutigen Österreich, Österreichische Monatshefte 1955/4, 15–17, 16. – Hier auch die Beobachtung einer „inneren Einbürgerung" der Evangelischen Kirche in der zweiten Republik als Folge der „der gegenseitigen Annäherung der beiden großen Konfessionen".
23 Willi Weinert, Die Entnazifizierung an den österreichischen Hochschulen, in: Sebastian Meissl / Klaus-Dieter Mulley / Oliver Rathkolb (Hrsg.), Verdrängte Schuld, verfehlte Sühne. Entnazifizierung in Österreich 1945–1955, Wien 1986, 254–269, 266 ff.
24 Fritz Zerbst, Gustav Entz +, JGPrÖ 75 (1959) 125–137.
25 Hans Rieger, Der köstlichere Weg: Grabrede für G.E[ntz], in: Erwin Brandes (Hrsg.), Kasualien. Reden für alle Fälle in der Praxis des Pfarrers III: Grabreden, Stuttgart 1963, 363–367; Georg Traar, D.Dr. Gustav Entz, in: ders., Eine Wolke von Zeugen, Wien ²1974, 291–293.

werk, schließlich aber um den „eigentlichen" Fall Entz, der in der Nachkriegszeit „konstruiert" wurde.

Von Hause aus war Entz deutschnational und großdeutsch gesinnt; die „großdeutsche" Einstellung hatte bei evangelischen Österreichern immer auch eine konfessionelle Dimension, nämlich die enge Verbundenheit mit dem „Mutterland der Reformation", die auch in personeller und materieller Hinsicht zum Ausdruck kam. Unter den Evangelischen war eine eigentümliche „Reichssehnsucht" zu beobachten, der als politische Lösung stets der „Anschluss" an das Deutsche Reich vorschwebte[26]. Genau diesem aber war durch den Staatsvertrag von St. Germain 1919 ein Riegel vorgeschoben worden. Viele evangelische Pfarrämter galten in der Folge als „Agenturen" der Anschlussbewegung, Entz gehörte zu diesem Milieu, das in seinem Fall durch verwandtschaftliche Bindungen an Schlesien und Südböhmen zusätzlich national aufgeladen war. Er behauptete von sich, dass ihn die katholische Konfessionalisierung in den Jahren des sogenannten „christlichen" Ständestaates den Nationalsozialisten in die Arme getrieben habe. So begründete er jedenfalls seine Mutation zum glühenden Anhänger des Nationalsozialismus[27]. Aus seiner entschiedenen Gegnerschaft zum klerikalen Faschismus der Jahre 1933–1938 hat er nie ein Hehl gemacht, er war stolz darauf, einer der sieben Professoren der Universität Wien gewesen zu sein, die nicht der „Vaterländischen Front" beitraten und sich durch diese Unterlassung auch nicht zum Ständestaat bekannten[28]. Er hat diesen vielmehr in Wort und Schrift bekämpft und den „Anschluss" betrieben[29]. Doch schon im Herbst 1938 wird von ihm die Aussage kolportiert[30], „wir haben uns sehr geirrt!", die allerdings durch enthusiastische Ausführungen im darauf folgenden Jahr konterkariert werden[31].

---

26 Karl W. Schwarz, „… Wie verzerrt ist nun alles!". Die Evangelische Kirche und der Anschluss Österreichs an Hitlerdeutschland im März 1938, in: Gerhard Besier (Hrsg.), Zwischen „nationaler Revolution" und militärischer Aggression. Transformationen in Kirche und Gesellschaft während der konsolidierten NS-Gewaltherrschaft 1934–1939, München 2001, 167–191.
27 Gustav Entz, Ein österreichischer Christ erlebt den Nationalsozialismus, in: Kommende Kirche Nr. 28/10.7.1938.
28 Gustav Entz, Der österreichische Protestantismus im Rahmen des gesamtdeutschen Protestantismus, in: Hans Eder (Hrsg.), Die Evangelische Kirche in Österreich. Blüte, Not und neuer Aufbau, Berlin 1940, 122–139, 138.
29 Karl-Reinhart Trauner, Eine „Pressure-Group in der Kirche". Die Evangelische Akademikergemeinschaft des Evangelischen Bundes in Österreich, in: Kirchliche Zeitgeschichte 16 (2003) 2, 346–367, 355.
30 Peter F. Barton, Evangelisch in Österreich. Ein Überblick über die Geschichte der Evangelischen in Österreich, Wien-Köln-Graz 1987, 173.
31 Gustav Entz, Die Grundlagen des deutschen Volkstums betrachtet im Licht der Reformation, Bielitz 1939, 16 ff. 19.23.

Aus dem Briefwechsel mit den Reichsstellen in Berlin und dem Ministerium in Wien bzw. dem Kurator der Wiener Hochschulen ist zu entnehmen, dass er wohl sehr geschickt die politische Konjunktur erkennt, die entsprechenden Reizworte aufgreift und versucht, seine Fakultät mit den tagespolitischen Fragen zu konfrontieren und sie für größere Aufgaben als „Grenzlandfakultät" ins Gespräch zu bringen. Für dieses Projekt setzte er sich enorm ein, selbst dann noch, als sich abzeichnete, dass die Theologischen Fakultäten reduziert würden[32]. Unter den katholischen Fakultäten in der „Ostmark" war es bereits zu Schließungen gekommen[33]. Teilweise erkennt man auch, dass Entz seine Gesprächspartner in Wien und Berlin geschickt gegeneinander ausspielt, um so die ihm anvertraute Fakultät vor diesem Los der Fakultäten in Graz, Innsbruck und Salzburg zu bewahren und durch die Wirrnisse der NS-Zeit hindurch zu lotsen.

Beitrittsgesuch zur NSDAP

Entz war ein vom Nationalsozialismus inhalierter Deutschnationaler, daran besteht kein Zweifel, aber er war kein „Märzveilchen", auch wenn er im März 1938 sein Ansuchen um Aufnahme in die NSDAP stellte und als förderndes Mitglied der SS beitrat[34]. Aber aus Karrieregründen tat er es nicht. Nach längerer Wartezeit eröffnete ihm im April 1939 die Gaugeschäftsstelle Wien, dass sein Aufnahmeansuchen „mangels ... Voraussetzungen" abgelehnt wurde. Diese „parteioffizielle Diskriminierung" der Theologen[35], ließ Entz nicht mehr zur Ruhe kommen; er zog bei den verschiedensten Stellen der Partei Erkundigungen ein, intervenierte und ließ intervenieren, um eine Klärung des Sachverhalts herbeizuführen und eine Rücknahme der Ablehnung zu erreichen. Im Ergebnis wurde aber der ablehnende Bescheid bestätigt, denn, so ließ der angesprochene Kreisleiter wissen, „im Interesse der weltanschaulichen Sauberkeit der Partei" könne „kein Maßstab streng genug sein"[36]. Gegen diesen Satz, den Entz als beleidigende Verunglimpfung seines Berufes und seiner religiö-

---

32 Eike Wolgast, Nationalsozialistische Hochschulpolitik und die theologischen Fakultäten, in: Theologische Fakultäten im Nationalsozialismus, 45–79, 66 ff.
33 Josef Kremsmair, Nationalsozialistische Maßnahmen gegen Katholisch-Theologische Fakultäten in Österreich, in: Maximilian Liebmann / Hans Paarhammer / Alfred Rinnerthaler (Hrsg.), Staat und Kirche in der „Ostmark", Frankfurt/M. u.a. 1998, 133–170; Maximilian Liebmann, Die Katholisch-Theologischen Fakultäten in Graz und Wien, in: Dominik Burkard / Wolfgang Weiß (Hrsg.), Katholische Theologie im Nationalsozialismus Bd. 1/1: Institutionen und Strukturen, Würzburg 2007, 491–510, 507.
34 Schwarz, Gustav Entz – ein Theologe in den Wirrnissen des 20. Jahrhunderts, Wien 2012, 118.
35 Kurt Meier, Theologische Fakultäten im Dritten Reich, Berlin-New York 1996, 403 ff.
36 Gustav Entz, Erinnerungen aus fünfzig Jahren kirchlicher und theologischer Arbeit, masch. Manuskript Wien 1957, 180.

sen Überzeugung und als „kränkende Verleugnung der in der nationalen Verfolgungszeit" von ihm praktizierten „Kampfgemeinschaft" empfand, erhob er Beschwerde an die Gauleitung.

Aus dieser Fallkonstellation heraus, nicht in die NSDAP aufgenommen worden zu sein, unternahm Entz eine weitläufige Korrespondenz mit Partei- und Reichsstellen. Daraus resultierte schließlich jenes in insgesamt sieben Eingaben niedergelegte Dokumentationswerk über den kirchenfeindlichen Kurs der NSDAP[37]. Es vermittelt den Eindruck, in dem streitbaren Wiener Dekan Entz sei eine tiefgreifende Veränderung vorgegangen, die aus dem begeisterten Anhänger einen distanzierten Kritiker gemacht hätte. Dieser Eindruck ist richtig und falsch zugleich. Beobachtet man den Dekan in seinem Trauerprozess, spürt man Schritt um Schritt die Veränderung: der „antichristliche Kurs" des Dritten Reiches stürzte ihn in große Anfechtung über die Ziele von Staat und Partei. Die Verfolgung politisch Andersdenkender und deren Vernichtung, den zur systematischen Judenvernichtung gesteigerten Antisemitismus sah er nicht oder er sah daran vorbei[38]. Nicht einmal die Inhaftierung eines aus Ungarn stammenden Wiener Doktoranden Zsigmond Varga (1919–1945), die aufgrund einer Predigt in der Reformierten Stadtkirche in Wien im Oktober 1944 erfolgte, und dessen Einlieferung in das KZ Mauthausen, wo dieser den Tod fand[39], veranlasste den Dekan zu einer diesbezüglichen Notiz in seinen Lebenserinnerungen[40].

Es ist also sicher verfehlt, Gustav Entz „in den Pantheon evangelischer Widerstandskämpfer einzuordnen"[41]. Er war kein Widerstandskämpfer und hat sich auch nicht als ein solcher verstanden, auch wenn über ihn berichtet wird, er habe verfolgte Juden beherbergt und unterstützt[42]. Er hat den Nationalsozialismus als solchen nicht abgelehnt, sondern nur dessen „Totengräber" im Umfeld der Münchener Parteikanzlei. In Martin Bormanns radikal christen-

---

37 „Verschlusssache betr. den politischen Kampf der ev. Kirche in der Ostmark verfasst von Prof. D. Gustav Entz", in: Ev. Zentralarchiv Berlin C2/115 – in Auszügen veröffentlicht: Heinrich Hermelink (Hrsg.), Kirche im Kampf. Dokumente des Widerstands und des Aufbaus der Evangelischen Kirche in Deutschland von 1933–1945, Tübingen 1950, 668–683.
38 Weinert, Entnazifizierung, 266 ff.
39 Albert Stein, Zsigmond Varga – ein Wiener Theologiestudent als Opfer des Faschismus und Zeuge des Evangeliums, JGPrÖ 97 (1981) 124–132.
40 Entz, Erinnerungen aus fünfzig Jahren. Unter demselben Titel veröffentlichte Entz eine Ansprache, die er anlässlich seines 70. Geburtstages (28.10.1954) hielt, in: Der Mann vor Christus 1953/54, 1, 2–13.
41 Herbert Unterköfler, Die Evangelische Kirche in Österreich und ihre „Judenchristen", JGPrÖ 107 (1991/92) 109–136,136.
42 Erika Weinzierl, Kirche und Demokratie in Österreich 1918–1945, in: Ulrich H.J. Körtner (Hrsg.), Kirche – Demokratie – Öffentlichkeit. Ort und Auftrag der Kirchen in der demokratischen Gesellschaft, Innsbruck-Wien 2002, 47 ff.

tumsfeindlicher Einstellung ortete er den entscheidenden ideologischen Kontrapunkt. Hier hakte er ein und verfasste sieben Eingaben, in denen er die „weltanschaulichen Exzesse der Partei" und ihrer „ungeheuerlichen Hybris auf religiösem Gebiet"[43] niederlegte. Noch in seinen Lebenserinnerungen gibt er sich, ungeachtet einer zugestandenen Fehleinschätzung der Person Hitlers, überzeugt, dass dieser durch die Parteikanzlei von allen Informationen abgeschnitten worden sei und von den antichristlichen Ausschreitungen nichts wusste. Man begegnet also auch hier einer Sichtweise, bei der man sich unwillkürlich fragt, wie Entz zu einer solchen Hitler entlastenden Deutung gelangte und weshalb er sich nach 1945 nicht eindeutiger distanzierte. Hat er die Zeichen der Zeit überhaupt verstanden? Ich habe mir dies damit erklärt, dass die Lebenserinnerungen, mögen sie im Einzelnen auch stimmig sein (das habe ich an Hand der Akten zur Fakultätsgeschichte feststellen können), als eine Art „Selbstrechtfertigung" zu lesen sind. Die Feder war natürlich von der Absicht geleitet, sich ins rechte Licht zu rücken und einzelne Passagen, wie die Zwangsemeritierung von Karl Beth (1872–1959) zu harmonisieren[44]. Sie sind deshalb als Quelle nur mit gewisser Vorsicht zu benützen.

Entzens Memoranden zwischen Querulanz und Wächteramt

Es handelt sich um insgesamt sieben Eingaben zwischen 1940 und 1943. Die dritte gelangte über Unterstaatssekretär Friedrich Wilhelm Kritzinger (1890–1947) bis in die Berliner Reichskanzlei und war direkt an den Reichskanzler persönlich adressiert (5.12.1941)[45]. Ihr war eine 34 Seiten umfassende Materialsammlung zur kulturpolitischen Lage beigelegt[46], welche eine Fülle an ideologischen Angriffen gegen das Christentum und die Evangelische Kirche dokumentierte. Die übrigen Memoranden verzeichneten ähnliche Vorgänge, sie sind zunächst an den stellvertretenden Wiener Gauleiter Karl Scharitzer (1901–1956) gerichtet (28.5.1940; 20.2.1941)[47], dann aber an den Wiener Gauleiter, Reichsstatthalter und Reichsleiter Baldur von Schirach (1907–1974)

---

43 Entz, Erinnerungen aus fünfzig Jahren, 241.
44 Karl Schwarz u.a., Tore der Erinnerung, in: Alfred Ebenbauer / Wolfgang Greisenegger / Kurt Mühlberger (Hrsg.), Historie und Geist. Universitätscampus Wien Bd. 1, Wien 1998, 165–184, 165 f.
45 Auszugsweise mitgeteilt in: Erinnerung aus fünfzig Jahren, 214–223; Abdruck in: Hermelink, Kirche im Kampf, 668–677, auszugsweise auch im Quellenanhang zu: Richard Wasicky, Evangelische Kirche, in: Widerstand und Verfolgung in Wien 1934–1945. Eine Dokumentation 1938–1945 Bd. 3, Wien ²1984, 150–160, 152–155.
46 Auszugsweise mitgeteilt in: Erinnerungen aus fünfzig Jahren, 223–240.
47 Auszugsweise mitgeteilt in: Erinnerungen aus fünfzig Jahren, 182–192; 193–211.

(2.7.1942; 12.2.1943; 22.10.1943)[48], schließlich auch an Staatssekretär Hermann Muhs (1894–1962) vom Reichskirchenministerium (27.11.1942)[49]. Sie erregten erhebliches Aufsehen und verursachten einige Aktenvermerke[50]. Ihr Tonfall ist außerordentlich besorgt, Entz äußert allergrößte Sorge um die Zukunft des Volkes, das durch die antichristlichen Agitationen der NSDAP „in einen heillosen Kulturbruch hineingetrieben" würde[51]. Er sah Kräfte am Werk, welche die „gesunden geistigen Fundamente" der NSDAP „verleugnen und verfälschen" und den Gegnern in ihrem Kampf gegen Deutschland „einen Schein des Rechtes" vermitteln. Er berief sich auf die Verdienste der Evangelischen Kirche in den Jahren des Ständestaates, die als „einzige öffentliche Institution (...) der verfolgten nationalsozialistischen Bewegung Rückhalt bot"[52] und deshalb 1938 den Auftrag erhielt „eine große Mission" zu erfüllen, nämlich den Tatbeweis zu erbringen, „dass ein williges und harmonisches Zusammengehen der Kirche mit dem nationalsozialistischen Staat durchaus möglich sei"[53]. Aber diese Mission werde „fast unmöglich gemacht", weil „bei uns" (wie im Sudetengau und im Wartheland) der antichristliche Radikalismus sich besonders schroff auswirke und der kleinen evangelischen Minoritätskirche die „schwersten und unbarmherzigsten Schläge" zugefügt würden. Der Duktus seiner Eingabe ist getragen von der „bitteren Enttäuschung" und von der großen „inneren Not", die seine Feder führte, schließlich von der einzigen verbleibenden Hoffnung, die er in ein direktes Eingreifen Hitlers gegen die Linie der Münchener Parteikanzlei setzte.

Es war ein kühnes Unterfangen, einen solchen Brief zu schreiben, auch wenn er wiederholt die eigene Loyalität betonte. Er setzte bei einer scheinbaren Belanglosigkeit ein, nämlich der ihm vorenthaltenen Parteimitgliedschaft, die ihn als „Treubruch und als Verleugnung der Kampfgemeinschaft"[54] schwer verletzte. Der Brief zielte aber auf den Kern der beobachteten antichristlichen Maßnahmen des NS-Staates, die auf einen „Vernichtungskrieg" hinausliefen und den Nationalsozialismus zu einem „Religionsersatz" stilisierten. Entz stellte diese Übergriffe (in seinem Brief an Baldur von Schirach nennt er es ei-

---

48 Auszugsweise mitgeteilt in: Erinnerungen aus fünfzig Jahren, 245–255; 289–310; 311–323; Teilabdruck in: Hermelink, Kirche im Kampf, 677–683 und Wasicky, Ev. Kirche, 155–159.
49 Auszugsweise mitgeteilt in: Erinnerungen aus fünfzig Jahren, 272–288.
50 Gertraud Grünzinger / Carsten Nicolaisen (Bearb.), Dokumente zur Kirchenpolitik des Dritten Reiches Bd. 5: 1939–1945, Gütersloh 2008, 150.
51 Hermelink, Kirche im Kampf, 674.
52 Hermelink, Kirche im Kampf, 675.
53 Hermelink, Kirche im Kampf, 675 f.
54 Hermelink, Kirche im Kampf, 670.

nen „Vernichtungskrieg gegen die eigentliche christliche Substanz"[55]) in eine Reihe mit der Geisteshaltung und Praxis des Bolschewismus und konstatierte eine „erschreckende Ähnlichkeit"[56]. Ein „fanatisches und hasserfülltes Antichristentum" werde geradezu als „Parteiorthodoxie" hingestellt[57].

Entz wagte sich weit vor, auch wenn er diesen Befund der kulturpolitischen Lage in wiederholte Bekenntnisse der Loyalität einfasste. Wiederholt war er (von Gerhard Kittel und dem Beamten des Reichskirchenministeriums Werner Haugg [1908-1977]) gewarnt worden, dass er sich mit diesen Eingaben massiv gefährde. Er hatte für diese Warnungen wenig übrig: Einer müsse es ja sagen, so pflegte er zu antworten, und er habe den Vorteil, durch keine Familie gebunden zu sein („ich bin ledig!")[58]. Immerhin findet sich in dem Schreiben an den Reichskanzler auch eine kurz formulierte Bitte um dessen Schutz „für die Zukunft"[59]. Dass er Hausdurchsuchungen durch die Gestapo (28.9.1944) ausgesetzt war, hat ihn nicht verdrossen, dass sie dabei sein gesammeltes Material beschlagnahmten, wusste er in Kauf zu nehmen. Aber dass jede Hoffnung auf eine Änderung vergeblich war, hat ihn erschüttert und, wie sein Schüler und Nachfolger Fritz Zerbst (1909-1994) herausarbeitete[60], zu einer veränderten Beurteilung des „entarteten Nationalsozialismus" und der „pathologischen Zwiespältigkeit des Charakters Hitlers" geführt. Am Schluss stünde die Scham über die „Teufeleien" der eigenen Machthaber.

Die Memoranden wurden nach dem Krieg vom bayerischen Landesbischof Hans Meiser (1881-1956) als „ein kirchengeschichtliches Dokument allerersten Ranges" gewürdigt[61], „dessen Bedeutung nicht in einem eventuellen Erfolg oder Misserfolg, sondern in der Tatsache seines Vorhandenseins liege", denn sie galten als Beleg dafür, dass die Kirche „ihr Wächteramt" wahrgenommen habe, „in den gefahrvollsten Stunden unseres Volkes".

Eine solche Beurteilung aus dem Munde eines prominenten deutschen Bischofs, der sich zur Bekennenden Kirche zählte, war ein „Persilschein" für Entz, der als Parteianwärter zwar registriert, aber aufgrund seiner Gegendarstellung aus den Verzeichnissen unverzüglich gestrichen wurde. Hier wusste er von sich zu behaupten, dass er sich „am kirchlichen Abwehrkampf (sic!) gegen den Nati-

---

55 Hermelink, Kirche im Kampf, 677.
56 Hermelink, Kirche im Kampf, 677.
57 Hermelink, Kirche im Kampf, 679.
58 Professor D. Dr. Gustav Entz +, Amtsblatt für die Ev. Kirche A.u.H.B. in Österreich 1957/11, 111.
59 Hermelink, Kirche im Kampf, 676.
60 Zerbst, Entz, 134.
61 Zit. Entz, Erinnerungen aus fünfzig Jahren, 242 f.

onalsozialismus bis hin zur Gefährdung [s]einer Freiheit und sozialen sowie physischen Existenz beteiligt habe". Bestärkt wurde er darin durch die Kirchenleitung, die ihm attestierte, „wie kein anderer Mann der Evang[elischen] Kirche in Österreich mit rückhaltloser Offenheit und mannhaftem Mute gegen den Nationalsozialismus ausgesprochen" und „die Einsicht in das verderbliche Wesen des Nationalsozialismus gefördert" zu haben[62].

Von hier war es dann in der Tat nur mehr ein kleiner Schritt, Entz in den Zusammenhang mit dem Widerstand gegen den Nationalsozialismus zu stellen. Das hat er selbst wahrscheinlich gar nicht gewollt, aber er hat gespürt, dass ihm damit ein Ventil geschenkt wurde, das er nun zugunsten derjenigen einsetzen konnte, die nach dem Krieg für ihre ideologische Verblendung büßen mussten. Als 1946 die Studenten auf ihre Mitgliedschaft in der NSDAP oder einer ihrer Vorfeldorganisationen überprüft wurden und diese wahrheitsgemäß auf ihre HJ- und BdM-Vergangenheit hinwiesen, nahm Entz bewusst die Lüge auf sich und ließ protokollieren, dass sie nie etwas mit der NSDAP zu tun gehabt hätten und dass deshalb gegen deren Weiterstudium nichts einzuwenden sei[63]: „Unter unseren Studenten war auch ein Ritterkreuzträger (...) Ich hätte ihn eben wegen seiner hohen militärischen Auszeichnung überhaupt nicht immatrikulieren dürfen. Selbstverständlich habe ich diese Bestimmung einfach ignoriert und hätte im Notfall erklärt, lieber mein Amt als Dekan niederzulegen als mich zum Büttel einer derartig skandalösen Vorschrift zu machen."

Die Denkschrift über das Problem der Entnazifizierung (1946)

In diesem Bewusstsein hat er dann versucht, seine betroffenen Kollegen Wilke und Schmidt in ihren Entnazifizierungsverfahren zu entlasten. Nicht nur ihm, auch seiner Fakultät käme jetzt zugute, so Entz wörtlich[64], „dass meine Bewerbung um Aufnahme in die Partei seinerzeit abgewiesen worden war".

Aus den zahlreichen Kontakten mit den Besatzungsbehörden und seinen Interventionen für Universitätskollegen und Amtsbrüder in der Kirche erwuchs eine „Denkschrift über das Problem der Entnazifizierung"[65]. Sie war durchdrungen von der Überzeugung, dass die überwiegende Zahl der Partei-

---

62 Schreiben Ev. Oberkirchenrat an das Magistratische Bezirksamt Z. 4717/47, 2.6.1947 – Archiv der Republik, Wien, Unterricht, Personalakt Entz.
63 Schreiben Prof. Harald Zimmermann, Tübingen 15.6.2005, an den Verf.; Zitat Entz, Erinnerungen aus fünfzig Jahren, 387.
64 Entz, Erinnerungen aus fünfzig Jahren, 354.
65 Abgedruckt in: Reingrabner / Schwarz, Quellentexte, 514–519.

anwärter und Parteigenossen in Österreich den Anschluss an die NSDAP „nicht aus verwerflichen, sondern aus durchaus verständlichen, ja vielfach aus ehrenhaften Gründen vollzogen haben" und durch die tatsächliche Entwicklung des Nationalsozialismus umso schrecklicher enttäuscht wurden. Das untergegangene Unrechtssystem des Nationalsozialismus könne nur dann restlos überwunden werden, wenn „die früheren Ungerechtigkeiten [nicht] mit neuen Ungerechtigkeiten übertrumpft" werden. Vor einem solchen Weg, der dazu führen könnte, „dass den Gespenstern der Vergangenheit [womöglich] neues Leben eingeflößt wird", müsse nachdrücklich gewarnt werden.

Mit dieser Einstellung versuchte er praktisch bruchlos die Kontinuität des Hochschulbetriebes zu gewährleisten; sie hat ihn deshalb in den Verdacht eines mangelnden Lernprozesses gerückt[66]. Er dachte, gleichwohl über den Dingen zu stehen und einen allgemeinen Konsens zu erzielen. Das ist ihm aber nicht in dem Maße geglückt, wie er es erhofft hatte. Wohl registrierte er die zustimmenden Reaktionen[67] des altkatholischen Bischofs Stefan Török (1903–1972), des Kardinal Theodor Innitzer (1875–1955), der Bischöfe Paulus Rusch (1903–1986) und Franz Kamprath (1871–1952), des Chefredakteurs der Furche Friedrich Funder (1872–1959), der Schriftstellerin Paula Grogger (1892–1983), des Psychiaters Erwin Stransky (1877–1962) und des Sachsenbischofs Viktor Glondys (1882–1949). Auch von Seiten der NS-Belasteten wurde ihm Anerkennung gezollt, vor allem deshalb, weil er gemeinsam mit dem Erzbischof von Salzburg Andreas Rohracher (1892–1976) das Soziale Hilfswerk gründete[68]. Das war ein Instrument, um die „politischen Häftlinge" der Nachkriegszeit, die internierten „Pg.s" [Parteigenossen] zu betreuen und deren Freilassung zu erwirken. Aber es gab auch entschiedene Gegner einer solchen Begnadigung der Inhaftierten, nämlich Bundespräsident Theodor Körner (1873–1957), der seiner Empörung über das Gesuch des Sozialen Hilfswerkes (9.12.1952) in einem Schreiben an Bundeskanzler Leopold Figl (1902–1965) Luft machte (17.12.1952)[69]. Auch andere hatten mit scharfen Geschützen auf ihn geschossen[70]. So wurde sein Ausgleichsbemühen zum „Fall" und holte ihn ein[71].

---

66 Weinert, Entnazifizierung, 267.
67 Entz, Erinnerungen aus fünfzig Jahren, 378–380.
68 Alfred Rinnerthaler, Der letzte Salzburger Fürsterzbischof Andreas Rohracher – ein Mann des Ausgleichs, ÖAKR 41 (1992) 1–2, 86–109, 96 ff.
69 Karl R. Stadler, Adolf Schärf. Mensch, Politiker, Staatsmann, Wien-München-Zürich 1982, 386–391.
70 „Ein Advokat Hitlers und der Illegalen – oder noch Schlimmeres?",Volksstimme 28.3.1947. – zit. bei Entz, Erinnerungen aus fünfzig Jahren, 380 f.
71 Weinert, Entnazifizierung, 266 ff.; „Radikale Reinigung der Hochschulen von den Nazielementen", Österreichische Zeitung, 12.6.1945.

Dass er sich nun nach dem Krieg für die belasteten Nationalsozialisten einsetzte, kam nicht von ungefähr. Sein Einsatz betraf aber nicht alle Nationalsozialisten, er schloss Täter, die während der NS-Zeit konkretes Unrecht begangen haben, davon aus. Diese müssten dafür zur Verantwortung gezogen werden. Aber jenen, die nur ihrer Gesinnung und Überzeugung wegen bestraft wurden, galt sein Engagement. Insbesondere, wenn sie diese Überzeugung als „Irrtum" erkannt und sie überwunden hatten. Zu diesem Personenkreis konnte er wohl auch sich selbst zählen. Denn von jener Gesinnung, der, wie er schreibt, „in der Zeit ihrer Entstehung jedenfalls nichts Unehrenhaftes anhaftete", war auch er tief durchdrungen. Dass er sie als „Irrtum" erkannte, dafür gibt er in seinen lesenswerten Erinnerungen Rechenschaft. Dass er eine Katharsis durchlebte, wird nicht ausdrücklich artikuliert, ergibt sich aber aus dem Zusammenhang. Denn an diesem Irrtum hatte er schwer zu tragen. So war es ein Akt der Ehrlichkeit, der ihm die Denkschrift diktierte, und der Dankbarkeit, dass ihm das Los der Internierten erspart geblieben war.

Schluss

Gustav Entz war nicht eine schillernde Persönlichkeit, sondern erstaunlich ehrlich, der seine politische Verirrung nicht verschwieg, er war offenherzig und mutig, was sein Auftreten gegenüber der „Obrigkeit" betrifft, sowohl in der Ära des Ständestaates, danach in der NS-Zeit, als er sich seine Frustrationen vom Leibe schrieb, und in der Nachkriegszeit, als ihm ein „Schweigen" vermutlich höher angerechnet worden wäre. Seine Denkschriften aus der NS-Zeit wirken heute „angepasst" und grundloyal, sie waren aber, wenn man sie vor dem Hintergrund eines totalitären Systems liest, ungeheuerlich – etwa die Sentenz (23.10.1943)[72]: „Das deutsche Volk (...) beantwortet die antichristliche Haltung der Partei in seiner großen, ja erdrückenden Mehrheit mit einem wahrhaft tiefgründigen Hass und mit dem glühenden Verlangen, dass die Herrschaft der Partei möglichst bald ihrem Ende entgegengehen möchte."

Die vorliegenden Ausführungen verstehen sich als thematische und perspektivische Ergänzung zum Bericht im Sommersemester 2006. In der Ambivalenz der beiden Ausführungen liegt ein Stück weit die methodische Schwierigkeit aufgehoben, über einen Professor berichten zu müssen, dessen Biographie in ihrer eindrucksvollen Geschlossenheit klare Konturen zeigt, aber auch den großen Irrtum seines Lebens nicht verschweigt, darüber hinaus aber noch

---

72   Entz, Erinnerungen aus fünfzig Jahren, 322; zit. in: Reingrabner / Schwarz, Quellentexte, 518.

viele Facetten aufweist: seelsorgerliche Qualität; wissenschaftliche und didaktische Kompetenz; kirchliche Gebundenheit; konservative theologische Prägung[73]; kirchenpolitische Option zu Gunsten der Deutschen Christen[74]; politische „Arglosigkeit und Naivität"[75]; Verhandlungsgeschick im Blick auf Anliegen der Fakultät gegenüber Universität, Kurator der Wiener Hochschulen und Reichsministerium in Berlin; latenter Antisemitismus[76]. Sie sind nur schwer miteinander in Einklang zu bringen und erzeugen deshalb den Eindruck einer Widersprüchlichkeit, die viele Fragen offen lässt.

---

73 Reingrabner, Entz, 76 mit dem Hinweis auf seine theologische Kritik an Karl Beth.
74 Entz galt als Protagonist der „Deutschen Christen" in Österreich, zu deren Programm er sich äußerst positiv äußerte: Reingrabner / Schwarz, Quellentexte, 97 f. Als „Beschwichtigungshofrat" auf der Linie der Thüringer D.C. nennt ihn Senioratskurator Wilhelm Dantine sen. (1876–1946) in einem Schreiben an seinen Sohn Wilhelm jun. (1911–1981) – Karl W. Schwarz, Aus der Geschichte lernen: Die Evangelische Kirche im Jahr 1938 – eine Nazikirche? In: Michael Bünker / Thomas Krobath (Hrsg.), Kirche – lernfähig in die Zukunft? Festschrift für Johannes Dantine zum 60. Geburtstag, Innsbruck-Wien 1998, 165–191, 179 f. (1.2.1938).
75 So die Einschätzung des Schülers und späteren Diakoniewissenschaftlers Prof. Herbert Krimm (1905–2002) in einem Gespräch mit dem Verf. (9.6.1982).
76 Ulrich Trinks, Herausgesagt. Persönliche Erfahrungen gelebten Christseins im 20. Jahrhundert, Wien o.J., 53.

Quellenverzeichnis

Archiv der Republik Wien
- Ministerium für innere und kulturelle Angelegenheiten
- „Kurator" der Wiener Hochschulen
- Reichskommissar Bürckel
- Reichsstatthalterei
- Allgemeines Verwaltungsarchiv (AVA)
- Kultus
- Unterricht – Ev.-Theol. Fakultät

Universitätsarchiv Wien
- Promotionsverzeichnis der Universität Wien
- Phil. Fakultät, Dekanat
- Personalakt Karl Beth

Archiv der Evangelisch-Theologischen Fakultät Wien
- Doktorenbuch
- Rigiorosenprotokoll

Archiv des Ev. Oberkirchenrates Wien (AEvOKR)
- Präsidialakten
- Neuere Allgemeine Reihe
- Fasz. 412 (Fakultät), 414, 415, 416, 433
- Registratur
- Nachlass Bischof D. Gerhard May
- Rundschreiben Sepp Meier

Pfarrarchiv Wien-Innere Stadt A.B.
- Tauf- und Trauungsmatrikel

Österr. Akademie der Wissenschaften Wien
- Nachlass Hermine Cloeter

Bundesarchiv Berlin
- R 5101 Reichsministerium für kirchliche Angelegenheiten (RKM)
- Generalakten betr. Österreich
- Politisches Archiv des Auswärtigen Amtes
- Dienststelle RL Rosenberg

Geheimes Staatsarchiv Preußischer Kulturbesitz, Abt. Merseburg

Evangelisches Zentralarchiv (EZA) Berlin
- Bestand C 2 („Verschlusssache betr. Den politischen Kampf der ev. Kirche in der Ostmark, verfasst von Prof. D. Gustav Entz")
- Bestand 5 (Österreich), 50

Bayerisches Hauptstaatsarchiv, München
- Bestand Staatsministerium für Unterricht und Kultus

Universitätsarchiv Heidelberg
- Ehrenpromotion Gerhard May

Universitätsarchiv Tübingen
- Nachlass Gerhard Kittel

Galiziendeutsches Heimatarchiv / Institut für pfälzische Geschichte und Volkskunde Kaiserslautern – nunmehr Martin-Opitz-Bibliothek Herne
- Nachlass Hans Koch

Briefe/Interviews
Prof. Ernst Bammel, Cambridge 8.10.1993
Prof. Eric W. Gritsch, Baltimore/USA, Briefwechsel 2008-2012
Pfarrer Michael Hübner, Erlangen, Mailwechsel 2020-2021
Prof. Erich Müller, Berlin, Briefwechsel 1994-2004
Prälat Alexander Ostheim-Dzcrowycz, Wien 1996-1997
Prof. Herbert Krimm, Heidelberg 9.6.1982
Prof. Günther Stökl, Köln 23.4.1994
Pfarrer Wilhelm Stritar (Tagebuch)
Prof. Harald Zimmermann, Tübingen 15.6.2005
Prof. Erasmus Zöckler 7.5.2004

Register

A
Aalders, William Jan 14
Adamovich, Ludwig 91
Adenauer, Konrad 192
Adler, Bruno 57
Alswede, Hans Theodor 131
Althaus, Paul 39
Antonescu, Ion 84, 127, 148–149
Arnim, Hans von 104
Aurelius, Erik 14

B
Bakels, Herman 14
Bammel, Ernst 209, 224
Baron, Johann 182
Barth, Karl 55, 57, 111
Basch, Franz 83
Benz, Ernst 76–77, 86, 146
Berner, Hans 103
Bertholet, Alfred 14
Beth, Erich Walter 102
Beth, Karl 8, 28, 32–33, 40–42, 53–55, 60–63, 67, 97–104, 106–109, 113–115, 128, 198, 216, 223
Beth, Marianne 32, 60, 102, 103
Beyer, Hermann Wolfgang 86
Bodelschwingh, Friedrich von 29, 57
Bohatec, Josef 10, 18, 23, 25, 32–33, 41–43, 48, 52–53, 62–63, 81, 86–88, 95, 109
Böhl, Eduard 14, 23, 101
Bormann, Martin 65, 137
Bursche, Julius 29

C
Calvin 42
Campenhausen, Hans von 56, 58, 63, 78, 86, 88, 101, 108, 124, 136, 138, 143, 182, 208, 211
Capesius, Viktor 35, 41, 49, 110, 112
Casper, Josef 138
Christian, Viktor 72, 95, 129

Čisař, Ferdinand 25
Comenius, Jan Amos 33
Crainic, Nichifor 9, 84, 145–154, 156, 158, 181, 202

D
Davis, Ozora 114
Dedic, Paul 60–65, 77, 79, 85, 108, 123, 125, 211
Dedo, Alfred 176
Dilthey, Wilhelm 98
Dobre, Ion 146
Dollfuß, Engelbert 48
Dragomir, Silviu 73
Drimmel, Heinrich 189

E
Eder, Hans 59, 113, 138–139
Egli, Johann Karl 95
Eisenhuth, Heinz Erich 140
Elert, Werner 51–52
Elze, Theodor 165
Entz, Gustav 5, 8–10, 27, 32–33, 39, 41, 45–49, 52–54, 58–60, 62–65, 71, 73–76, 78–95, 109–110, 112–115, 120, 122–125, 127, 132–133, 136–137, 140–141, 143, 145, 147, 153, 156–160, 175–177, 180–181, 207–208, 212–219, 221, 224
Ericksen, Robert P. 119

F
Fabricius, Wilhelm 145
Feine, Paul 14, 16, 22, 101–102
Feuchtwanger, Ludwig 129
Fezer, Karl 89
Figl, Leopold 220
Fischer, Ernst 54, 92, 107, 111, 176
Fitzer, Gottfried 95
Frey, Hermann-Walter 75, 83, 136–137
Frick, Robert 57
Fronius, Robert 49
Funder, Friedrich 220

G

Gamillscheg, Ernst 153
Gavrilo 151
Gerstenmaier, Eugen 7, 54–55, 111, 156, 179
Glaise-Horstenau, Edmund 123
Globotschnigg, Odilo 74
Glondys, Viktor 220
Grogger, Paula 220
Grundmann, Walter 121, 130, 139–140
Grützmacher, Richard 99
Grynszpan, Herschel 130

H

Haase, Wolfgang 18, 48
Haeften, Bernd von 155
Hagelin, Gösta 52
Hainisch, Marianne 103
Hajek, Egon 95
Halmel, Anton 101–102
Hamburger, Franz 43, 89
Harnack, Adolf von 19, 89, 98–99, 198
Hasz, Karl 109
Haugg, Werner 176, 218
Heckel, Theodor 36, 54, 62, 82, 155–156, 175
Heine, Susanne 115
Heinlein, Max Hussarek von 19
Heinzelmann, Gerhard 41, 46, 55, 90, 108, 110, 114, 185
Herrmann, Johannes 14
Heuer, Hans 54
Hildebrand, Dietrich von 39
Hoffmann, Richard A. 21, 26, 32–33, 40–41, 43, 45, 47, 50, 53, 59, 81, 95, 109–110, 114, 121, 127
Hollnsteiner, Johannes 43
Hossenfelder, Joachim Gustav 57
Hunger, Heinz 127

I

Innitzer, Theodor 220
Ionescu, Şerban 153

J

Jodl, Friedrich 104
Junginger, Horst 120, 128, 130

K

Kallbrunner, Josef 177
Kapler, Hermann 36
Kauer, Robert 41, 66–70, 76–77, 110, 112, 140
Kaufmann, Günter 125–126, 131–132, 171
Kelsen, Hans 20
Kerber, Robert 43
Kerrl, Hanns 57, 67, 69, 133
Kesselring, Rudolf 60
Killinger, Manfred Freiherr von 154
Kittel, Gerhard 5, 56, 78, 80–82, 85–86, 93, 114, 117–122, 124–133, 137, 139–143, 153, 208, 211, 218, 224
Klepper, Jochen 7, 10
Knoll, August Maria 43, 80, 111, 129
Knopf, Rudolf 102, 194
Köberle, Adolf 140
Koch, Hans 5, 9, 60, 63, 73, 155–157, 161, 189–196, 198–203, 205–206, 224
Kolb, Ernst 209
Kolder, Josef 205
Körner, Theodor 220
Kotur, Kristivoj 159, 202
Kozák, František 23
Krainer, Josef 205
Krauss, Samuel 129
Krimm, Herbert 60, 224
Kritzinger, Friedrich Wilhelm 216
Kropatschek, Friedrich 99
Krüger, Kurt 64, 75
Kühnert, Wilhelm 60, 95
Kunze, Johannes 14, 99
Kuyper, Herman Huber 14

L

Lejeune, Fritz 137
Leube, Hans 65
Lietzmann, Hans 63, 77, 86, 108, 121
Lindemann, Gerhard 128
Liptak, Heinrich 93, 138
Littell, Jonathan 191
Loebenstein, Egon 35
Loesche, Georg 26, 99, 101–102
Loewenich, Walther von 63

Lother, Helmut 86
Louvaris, Nikolaus 156, 202
Lux, Joseph August 48

M

Macfarland, Charles S. 114
Mahnert, Ludwig 166
Marchet, Arthur 86
Masaryk, Tomáš Garrigue 22, 24
Maurer, Christian 95
May, Gerhard 5, 9, 26, 72, 74, 80, 82, 85, 92, 120, 123, 125, 137–143, 163–167, 171–187, 211, 223–224
Meier, Kurt 75, 88, 223
Meinhold, Johannes 14
Meiser, Hans 138, 218
Menghin, Oswald 8, 63, 112–113
Meyer-Erlach, Wolf 51, 140
Möckel, Konrad 176
Molin, Johann 110, 112
Muhs, Hermann 69, 79, 217
Müller, Eberhard 110, 174, 176, 224

N

Najdanović, Dimitrije 160
Niederwimmer, Kurt 209
Niemeier, Gottfried 75–76

O

Oberländer, Theodor 205
Opitz, Hans Georg 63, 77, 81, 86, 88, 108, 114, 121, 123, 127, 136, 146, 211, 224
Hantsch, Hugo 190

P

Palacký, František 24
Papadopoulos, Chrysostomos 156, 202
Pernter, Hans 61
Pfleiderer, Otto 98
Plattner, Friedrich 64, 66–67, 69
Poelchau, Peter Harald 176
Popp, Philipp 38, 163, 171, 174, 176, 183, 185

R

Rath, Ernst vom 130
Redlich, Oswald 105
Reicke, Bo 95

Reingrabner, Gustav 209
Rendtorff, Franz 14, 163, 178
Řežniček, Jan 24–25
Ribbentrop, Joachim von 156
Rintelen, Anton 35
Rohracher, Andreas 220
Roth, Wilhelm 171
Ruppel, Erich 74
Rust, Bernhard 69, 78, 80, 124–125
Ruttenbeck, Walter 55, 114

S

Sapper, Karl 43
Sarenad, Dr. 160
Scapinelli, Paul 35
Scharitzer, Karl 216
Schiller, Charlotte 131
Schirach, Baldur von 124, 126, 131, 160, 216–217
Schmettan, Leonhard 71
Schmidt, Andreas 55–58, 73, 81, 85–86, 88, 93, 95, 114, 123, 127–128, 149, 190, 211, 219
Schmitz, Otto 57
Schneider, Carl 25–27, 95, 121, 139, 190
Scholder, Klaus 119
Schreiber, Georg 35–36
Schroeder, Leopold von 104–105
Schubert, Ernst 72
Schulze, Hans 111
Schwarz, ORR 1, 3, 11, 75, 83
Seberiny, Michael 22
Seckel, Emil 30
Seeberg, Erich 63, 76, 100, 140
Seipel, Ignaz 21, 104
Sellin, Ernst 14, 16, 101–102
Šeptyc'kyj, Andrej 203
Seyß-Inquart, Arthur 111–112
Siegele-Wenschkewitz, Leonore 119
Siegmund-Schultze, Friedrich 55, 172
Šipka, Vaso 159, 202
Skalský, Gustav Adolf 21–23, 26, 28, 101–102
Skrbensky, Otto 94
Soden, Hans von 77
Srbik, Heinrich 62
Stählin, Gustav 86, 88, 95, 136, 211

Stahn, Julius 69
Stazynski, Fedir 199
Steinacker, Roland 60
Steinwand, Eduard 176
Steuernagel, Carl 14
Stökl, Erich 111, 186, 194, 224
Stransky, Erwin 220
Stritar, Wilhelm 109–111, 113, 224
Stumpff, Albrecht 131–132

T

Thiel, Rudolf 133
Thümmel, Friedrich Wilhelm 14
Thun-Hohenstein, Leo 15
Tillich, Paul 56
Torm, Frederik 14
Török, Stefan 220
Traar, Georg 7, 55, 62
Trinks, Ulrich 143
Tugemann, Olga 31

U

Uckeley, Alfred 14
Uebersberger, Hans 197
Uiberreither, Sigfried 182

V

Varga, Zsigmond 10, 215
Vasmer, Max 190
Věchet, František 24–25
Vischer, Eberhard 56
Vogelsang, Erich 76
Völker, Karl 27, 32–33, 41–42, 44, 48, 53, 60, 62, 65, 67, 72, 89, 108–109, 128, 147, 150–152, 154, 194, 196, 198

Vollnhals, Clemens 128
Volz, Paul 14
Vukčević, Nikola 159, 202

W

Wacker, Otto 65, 125
Wagenmann, Julius 65
Wagner, Oskar 60
Wahl, Hans 40, 62, 78, 82, 156
Walter, Johannes von 27, 33
Wegscheider, Rudolf 104
Weisl, Marianne von 102
Werner, Friedrich 51, 70, 176, 218
Westersheim, Richard Wettstein von 104
Wilke, Fritz 26, 32–33, 35, 37, 40–41, 53, 59, 63, 71, 81, 86–88, 91–92, 94–95, 109, 114, 127, 219
Witz-Oberlin, Carl-Alphonse 101–102
Wobbermin, Georg 99–100
Wochocz, Olga 88
Wurm, Theophil 138, 140
Würthwein, Ernst 131

Z

Zahrnt, Heinz 131
Zankow, Stefan 156, 160, 202
Zerbst, Fritz 95, 218
Zimmermann, Paul von 101–102, 224
Zöckler, Erasmus 29, 191, 199, 224
Zwernemann, Gustav 31, 186